《データ本位》

でる順
仏検単語集

5級～2級 準備レベル

久松健一　編著

駿河台出版社

まえがき

『でる順』の名で好評をいただいた単語集も,刊行から10年が経過しました.その間,何度か改訂をおこない,単語の頻度順を変更したり,通貨 franc(フラン)を euro(ユーロ)に置き換えるといった手直しを繰り返してきました.しかし,それでは出題傾向が微妙に変化し続ける「未来の仏検」への備えが充分ではありません.

そこで,登場したのが

『《データ本位》でる順・仏検単語集』

本書は名前こそ旧作と似てはいますが,まったく新しい一冊.こんな特色を持って見参です.

1. 過去問題(9年分)を徹底分析.そこから,単語の頻度順はもちろん,出題された語の諸々のポイントを解明し,各級ごとの出題傾向を反映した語義,反意語,類義語等々を導きだしました.
   だから「データ本位」!

2. 頻度順の精度をあげるために,様々なフランス語に関する『頻度順の辞典』を繰りながら,独自の重要度を決定しました.
   だから,選りすぐりの「でる順」!

3. 著者6名，本書の元データを利用して2005年度（秋）の仏検3級を受験し全員合格！　その効力を体をはって実証．
　　だから，本物の「仏検単語集」！

　5級から2級準備レベルまで，積極的にフランス語を学ぼうとする人たちの座右に──　そう願いながら，本書を都合8名で1年をかけて書き下ろしました．

　　　　　　　　　　　　　　　編著（代表）　　久松健一

本書をお使いになる皆さまへ

構成と特色をズバリ！説明いたします。

5級

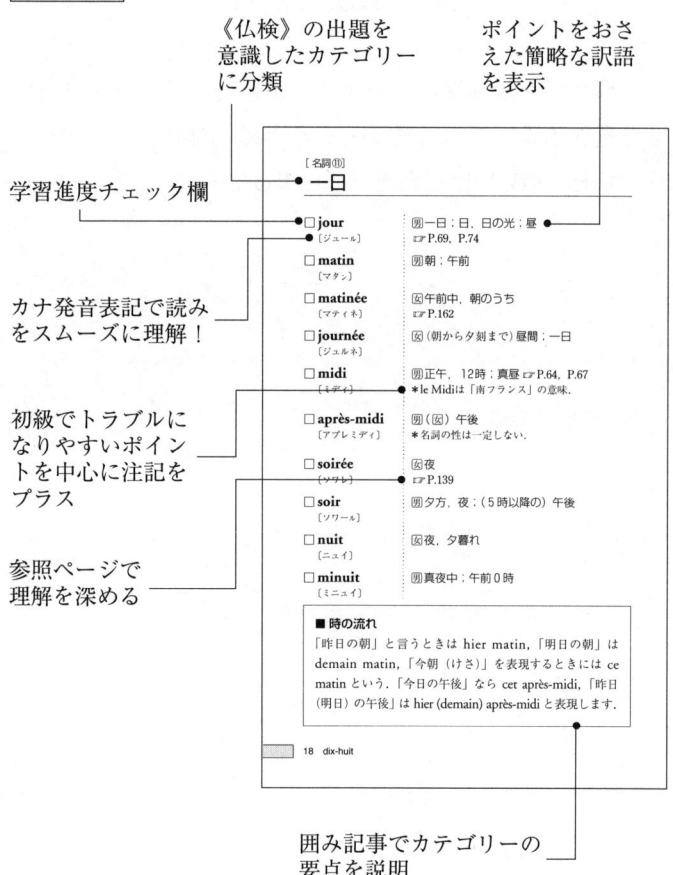

- 《仏検》の出題を意識したカテゴリーに分類
- ポイントをおさえた簡略な訳語を表示
- 学習進度チェック欄
- カナ発音表記で読みをスムーズに理解！
- 初級でトラブルになりやすいポイントを中心に注記をプラス
- 参照ページで理解を深める
- 囲み記事でカテゴリーの要点を説明

《データ本位》でる順仏検単語集

4級・3級

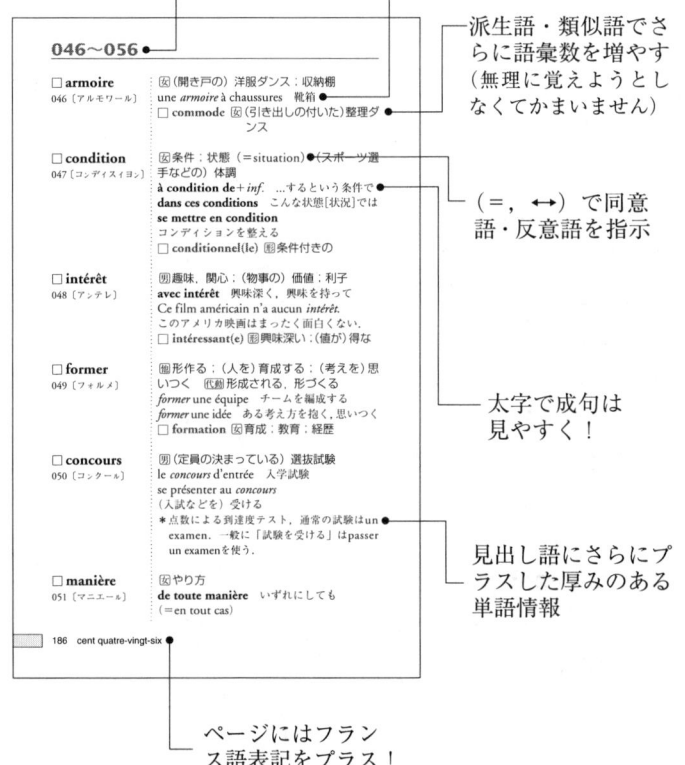

データ本位の頻度順を表示

見出し語を省略する表記をとらずイタリックで指示

派生語・類似語でさらに語彙数を増やす（無理に覚えようとしなくてかまいません）

(＝，↔) で同意語・反意語を指示

太字で成句は見やすく！

見出し語にさらにプラスした厚みのある単語情報

ページにはフランス語表記をプラス！

略語表

- 男 男性名詞
- 女 女性名詞（見出し語の形容詞の女性形も指す）
- 複 名詞・形容詞の複数
- 代 代名詞
- 疑代 疑問代名詞
- 中性代 中性代名詞
- 形 形容詞
- 疑形 疑問形容詞
- 副 副詞
- 副句 副詞句
- 疑副 疑問副詞
- 副詞的代 副詞的代名詞
- 動 動詞（派生語で採用）
- 他 他動詞
- 自 自動詞
- 非 非人称動詞
- 代動 代名動詞
- 前 前置詞
- 前句 前置詞句
- 接 接続詞
- 接句 接続詞句
- 人 国民・民族（名詞①で採用）
- 語 言語（名詞①で採用）
- 略 略語

5級

5級 (見出し語数) 793

会話・挨拶①

□ **Oui.** 〔ウィ〕
(肯定の答) はい.

□ **Non.** 〔ノン〕
(否定の答) いいえ.

□ **Si.** 〔スィ〕
(否定疑問文に肯定の答えをする際) いいえ.

□ **D'accord.** 〔ダコール〕
OK.

□ **Avec plaisir.** 〔アヴェックプレズィール〕
喜んで. (=Volontiers.)

□ **Bien sûr.** 〔ビャンスュール〕
もちろん.
☞ P.109

□ **Bonjour.** 〔ボンジュール〕
こんにちは. おはよう. はじめまして.

□ **Bonsoir.** 〔ボンソワール〕
こんばんは. さようなら. おやすみなさい.

□ **Bonne nuit.** 〔ボンニュイ〕
おやすみなさい.

□ **Salut !** 〔サリュ〕
(親しい人と出会った際・別れる際) やあ！じゃあね！

□ **Au revoir !** 〔オルヴォワール〕
さようなら！

□ **A bientôt !**〔アビャント〕	では（いずれ）また！
□ **A demain !**〔アドゥマン〕	また明日！ ☞ P.74
□ **A tout à l'heure !**〔アトゥタルール〕	（同日中に再会するとき）後ほど！

■ 疑問文への応答

「あなたはコーヒーが好きですか？」Vous aimez le café? と問われて「好き」ならば Oui, j'aime le café.,「好きでなければ」Non, je n'aime pas le café. と返答します．質問が否定疑問文のとき，つまり「あなたはコーヒーが好きではないのですか？」Vous n'aimez pas le café? とたずねられたケースでは，「好き」ならば Si, j'aime le café. と応じます．嫌いならば，Non, je n'aime pas le café. と上記と同じ返答になります．

■《À+時間の要素！》で別れの挨拶

たとえば，月曜日 lundi を添えて À lundi! とすると「また月曜日に（会いましょう）！」の意味．来週 la semaine prochaine を添えて À la semaine prochaine! とすれば「また来週（会いましょう）！」という別れ際の一言になります．前置詞 à が，英語の "See you...." に相当するわけです．

会話・挨拶②

☐ **Bon courage !** 〔ボンクラージュ〕	頑張って！
☐ **Bon voyage !** 〔ボンヴォワイヤージュ〕	よい旅を！
☐ **Bonne chance !** 〔ボンヌシャーンス〕	幸運を祈ります！
☐ **Bonnes vacances !** 〔ボンヌヴァカーンス〕	楽しい休暇［ヴァカンス］を！
☐ **Pardon. Pardon ?** 〔パルドン〕	ごめんなさい． なんとおっしゃいましたか？
☐ **Excusez-moi.** 〔エクスキュゼモワ〕	すみません．
☐ **Merci.** 〔メルスィ〕	ありがとう．
☐ **Non merci.** 〔ノン メルスィ〕	いいえ，結構です．
☐ **Je vous en prie.** 〔ジュヴザンプリ〕	（お礼に対して）どういたしまして． すみませんが（…してください）．
☐ **De rien.** 〔ドゥリヤン〕	（お礼に対して）どういたしまして．
☐ **Ne quittez pas.** 〔ヌキテパ〕	（電話で）そのままお待ちください．

《データ本位》でる順仏検単語集

NIVEAU 5

- □ **Enchanté(e).**
  〔アンシャンテ〕
  : （初対面の人に）はじめまして．
  ☞ P.142

- □ **S'il vous plaît.**
  〔スィルヴプレ〕
  : お願いします．：…をください．
  ☞ P.90

- □ **d'abord**
  〔ダボール〕
  : まず，初めに

- □ **alors**
  〔アロール〕
  : では；それじゃあ

■ 仏語 s'il vous plaît と英語 please の関係

仏語の s'il vous plaît は英語の please に相当する表現ですが，一目でわかるように語数が違います．しかし，これは同じものです．英語の "if it pleases you"（→もしそれがあなたの気に入るのならば）という表現から please が生まれたことを考えれば，s'il vous plaît との緊密なつながりが見えてきますね．

[名詞①]
国

□ **Afrique**
〔アフリック〕
女 アフリカ
人 Africain(e)

□ **Allemagne**
〔アルマーニュ〕
女 ドイツ
人 Allemand(e)　語 l'allemand

□ **Amérique**
〔アメリック〕
女 アメリカ，アメリカ大陸
人 Américain(e)　語 l'américain
* 語はアメリカ英語，米語を指す．

□ **Angleterre**
〔アングルテール〕
女 イギリス，イングランド
人 Anglais(e)　語 l'anglais

□ **Asie**
〔アズィ〕
女 アジア
人 Asiatique

□ **Belgique**
〔ベルズィク〕
女 ベルギー
人 Belge

□ **Canada**
〔カナダ〕
男 カナダ
人 Canadien(ne)

□ **Chine**
〔シィーヌ〕
女 中国
人 Chinois(e)　語 le chinois

□ **Corée**
〔コレ〕
女 朝鮮
人 Coréen(ne)　語 le coréen

□ **Espagne**
〔エスパーニュ〕
女 スペイン
人 Espagnol(e)　語 l'espagnol

□ **États-Unis**
〔エタズュニ〕
男 複 アメリカ合衆国
人 Américain(e)　語 l'américain

《データ本位》でる順仏検単語集

NIVEAU 5

- □ **Europe**
  〔ユーロップ〕
  - 囡ヨーロッパ
  - 人Européen(ne)

- □ **France**
  〔フランス〕
  - 囡フランス
  - 人Français(e) 語le français

- □ **Grèce**
  〔グレース〕
  - 囡ギリシア
  - 人Grec(que) 語le grec

- □ **Hollande**
  〔オランドゥ〕
  - 囡オランダ ＊hは有音.
  - 人Hollandais(e) 語le hollandais
  ＊男 複Pays-Basでも「オランダ」の意味.

- □ **Italie**
  〔イタリ〕
  - 囡イタリア
  - 人Italien(ne) 語l'italien

- □ **Japon**
  〔ジャポン〕
  - 男日本
  - 人Japonais(e) 語le japonais

- □ **Russie**
  〔リュスィ〕
  - 囡ロシア
  - 人Russe 語le russe

- □ **Suisse**
  〔スュイス〕
  - 囡スイス
  - 人Suisse

■ 国名の男・女の別

〈e〉のつづり字で終わる国はほんの一部を除いてすべて女性名詞として扱われます．Japon, Canada などは〈e〉の文字で終わらない国ですから男性名詞という扱いです．

[名詞②]
学校

☐ **école** 〔エコール〕	囡 学校
☐ **lycée** 〔リセ〕	男 リセ，高等学校 ＊原則として15歳から3年間． ☞P.151
☐ **université** 〔ユニヴェルスィテ〕	囡 大学
☐ **classe** 〔クラス〕	囡 学級；授業 ☞P.89
☐ **leçon** 〔ルッソン〕	囡 授業，レッスン
☐ **histoire** 〔イストワール〕	囡 歴史；物語
☐ **examen** 〔エグザマン〕	男 (一定の点をとると合格する)試験；調査 ☞P.186
☐ **point** 〔ポワン〕	男 点，時点，点数
☐ **exemple** 〔エグザーンプル〕	男 例，手本
☐ **question** 〔ケスティヨン〕	囡 質問；問題
☐ **mot** 〔モ〕	男 語，単語，言葉
☐ **livre** 〔リーヴル〕	男 本
☐ **cahier** 〔カイエ〕	男 ノート
☐ **crayon** 〔クレイヨン〕	男 鉛筆
☐ **stylo** 〔スティロ〕	男 万年筆
☐ **dictionnaire** 〔ディクショネール〕	男 辞書

《データ本位》でる順仏検単語集

[名詞③]
家・部屋

NIVEAU 5

☐ **chambre** 〔シャーンブル〕	囡(個人やホテルの)部屋，寝室；(C-)議院
☐ **salle** 〔サル〕	囡室，ホール
☐ **pièce** 〔ピエス〕	囡部屋 ＊台所囡cuisine, 浴室囡salle de bainsは含まない．
☐ **cuisine** 〔キュイズィヌ〕	囡台所，キッチン ☞P.13
☐ **fenêtre** 〔フネートゥル〕	囡窓
☐ **mur** 〔ミュール〕	男壁
☐ **lit** 〔リ〕	男ベッド
☐ **chaise** 〔シェーズ〕	囡(腕のない)椅子 ＊「ひじかけ椅子」は男fauteuilという． ☞P.148
☐ **porte** 〔ポルトゥ〕	囡扉，ドア；門 ☞P.66
☐ **radio** 〔ラディオ〕	囡ラジオ
☐ **table** 〔ターブル〕	囡テーブル，食卓
☐ **télévision** 〔テレヴィズィヨン〕	囡テレビ ＊téléと略す．
☐ **ordinateur** 〔オルディナトゥール〕	男コンピューター
☐ **clé, clef** 〔クレ〕	囡鍵，カギ ＊cléのつづりの方が頻度は高い．

[名詞④]
交通

- □ **avion**
  〔アヴィヨン〕
  : 男飛行機
  ☞P.62

- □ **aéroport**
  〔アエロポール〕
  : 男空港

- □ **bateau**(複-**x**)
  〔バトー〕
  : 男船，舟

- □ **gare**
  〔ガール〕
  : 女(鉄道の)駅　*cf.* station

- □ **train**
  〔トゥラン〕
  : 男列車，電車
  ☞P.61

- □ **station**
  〔スタスィヨン〕
  : 女(地下鉄の)駅　*cf.* gare
  ☞P.134

- □ **métro**
  〔メトゥロ〕
  : 男地下鉄

- □ **voiture**
  〔ヴォワテュール〕
  : 女自動車，車(＝une auto ＊ただし，autoはあまり使われない)

- □ **taxi**
  〔タクスィ〕
  : 男タクシー

- □ **bus**
  〔ビュス〕
  : 男《単数同形》市内バス(＝un autobus)
  ＊「観光バス」は男autocarという．
  ☞P.152

- □ **billet**
  〔ビィエ〕
  : 男(列車，飛行機などの)切符，券
  ＊地下鉄，バスの「切符」は男ticketという．
  ☞P.241

- □ **feu**(複-**x**)
  〔フゥ〕
  : 男信号
  ☞P.17

《データ本位》でる順仏検単語集

[名詞⑤]
建物

NIVEAU 5

☐ **appartement** 〔アパルトゥマン〕	男 アパルトマン，マンション ＊「ワンルームマンション」は男 studio という．appartement の集まった建物＝「ビル」は男 immeuble という． ☞ P.121, P.133
☐ **maison** 〔メゾン〕	女 (一戸建ての) 家，住宅
☐ **étage** 〔エタージュ〕	男 (家屋の) 階 ＊ premier étage で 2 階． ☞ P.142
☐ **jardin** 〔ジャルダン〕	男 庭
☐ **cour** 〔クール〕	女 中庭；校庭；裁判所
☐ **hôtel** 〔オテル〕	男 ホテル；公共建築物
☐ **bureau**(複 **-x**) 〔ビュロー〕	男 事務室，オフィス；事務机
☐ **hôpital** (複 **-aux**) 〔オピタル〕	男 病院
☐ **musée** 〔ミュゼ〕	男 美術館；博物館
☐ **église** 〔エグリーズ〕	女 教会
☐ **château**(複 **-x**) 〔シャトー〕	男 城，宮殿

onze 11

☐ **théâtre** 〔テアートゥル〕	男 劇場；演劇
☐ **banque** 〔バーンク〕	女 銀行
☐ **cinéma** 〔スィネマ〕	男 映画館 ☞ P.31
☐ **magasin** 〔マガザン〕	男 店, 商店 ＊小規模の店は一般に 女 boutique という.
☐ **boutique** 〔ブティック〕	女 店, 小売店 ＊magasin より規模が小さい.
☐ **café** 〔キャフェ〕	男 喫茶店, カフェ ☞ P.14
☐ **restaurant** 〔レストラン〕	男 レストラン

■《Il y a ⬜ près d'ici?》の表現

⬜ の欄に建物をあらわす語句を入れて「この近くに〜がありますか？」の質問は頻度が高い．たとえば「銀行」「レストラン」をたずねる Il y a une banque près d'ici? Il y a un restaurant près d'ici? などは見知らぬ土地では必須の言いまわしです．後者の一文に，たとえば形容詞を添えて Il y a un bon restaurant près d'ici? と聞けば「おいしい（すてきな）レストラン」を教えてもらえますね．

[名詞⑥]
食事①

NIVEAU 5

□ **cuisine**〔キュィズィーヌ〕	囡料理；台所 ☞P.9
□ **petit déjeuner**〔プティデジュネ〕	男朝食
□ **déjeuner**〔デジュネ〕	男昼食　自昼食をとる
□ **dîner**〔ディネ〕	男夕食　自夕食をとる ＊「夜食」は男souperという．
□ **repas**〔ルパ〕	男食事
□ **œuf**〔ウフ〕	男卵，鶏卵 ＊複œufsの発音は〔ウー〕となる．
□ **fruit**〔フリュィ〕	男果物，フルーツ
□ **légume**〔レギュム〕	男野菜
□ **gâteau**(複**-x**)〔ガトー〕	男菓子，ケーキ
□ **fromage**〔フロマージュ〕	男チーズ
□ **beurre**〔ブゥール〕	男バター
□ **soupe**〔スプ〕	囡スープ

[名詞⑦ － 部分冠詞を用いるもの －]
食事②

☐ **café** 〔キャフェ〕	男コーヒー ☞P.12
☐ **thé** 〔テ〕	男紅茶, 茶
☐ **chocolat** 〔ショコラ〕	男ココア, チョコレート
☐ **lait** 〔レ〕	男牛乳, ミルク *「カフェオレ」café au lait.
☐ **vin** 〔ヴァン〕	男ワイン
☐ **eau**(複-x) 〔オー〕	女水
☐ **bière** 〔ビエール〕	女ビール
☐ **pain** 〔パン〕	男パン *女 baguetteは「バゲット（フランスパン）」. ☞P.166
☐ **poisson** 〔ポワソン〕	男魚
☐ **viande** 〔ヴィヤーンドゥ〕	女肉
☐ **poulet** 〔プレ〕	男若鶏（の肉）
☐ **steak** 〔ステック〕	男ステーキ

■部分冠詞（du, de la, de l'）
数えられない名詞に用いられ「いくらかの量（若干量）」の意味を表すのが部分冠詞．不定冠詞（un, une, des）が数を表すのに対して，部分冠詞は量を表します．

《データ本位》でる順仏検単語集

[名詞⑧]
衣類・小物

□ **vêtement** 〔ヴェトゥマン〕	男《複で》衣服，衣類
□ **chapeau**(複-**x**) 〔シャポ〕	男 帽子
□ **cravate** 〔クラヴァトゥ〕	女 ネクタイ
□ **robe** 〔ロブ〕	女 ドレス，ワンピース
□ **chaussure** 〔ショスュール〕	女《複で》靴
□ **complet** 〔コンプレ〕	男 スーツ ＊男 costumeということが多い．
□ **veste** 〔ヴェストゥ〕	女 上着，ジャケット
□ **pantalon** 〔パンタロン〕	男 ズボン
□ **chemise** 〔シュミーズ〕	女 ワイシャツ
□ **jupe** 〔ジュップ〕	女 スカート
□ **manteau**(複-**x**) 〔マントー〕	男 コート
□ **sac** 〔サック〕	男 バック；ハンドバック ＊「ハンドバック」はsac à mainともいう．
□ **gant** 〔ガン〕	男《多く複で》手袋
□ **lunette** 〔リュネット〕	女《複で》メガネ

NIVEAU 5

quinze 15

[名詞⑨]
自然①

□ **arbre**
〔アルブル〕
男木, 樹木
☞ P.66

□ **bois**
〔ボワ〕
男森, 林, 木；木材

□ **forêt**
〔フォレ〕
女森, 森林

□ **fleur**
〔フルゥール〕
女花

□ **mer**
〔メール〕
女海
＊au bord de la mer で「海辺へ」の意味.
☞ P.153

□ **montagne**
〔モンターニュ〕
女山, 山岳

□ **côte**
〔コートゥ〕
女海岸
＊la Côte d'Azur「コート・ダジュール, 紺碧海岸」.

□ **rivière**
〔リヴィエール〕
女川
＊海に注ぐ「(大きな) 河」は男 fleuve という.
☞ P.64

□ **lac**
〔ラック〕
男湖

《データ本位》でる順仏検単語集

[名詞⑩]
自然②・動物

NIVEAU 5

[自然]
□ **étoile**
〔エトワール〕
女星

□ **pluie**
〔プリュイ〕
女雨
＊「雨が降る」動 pleuvoir.　☞P.65

□ **neige**
〔ネージュ〕
女雪
＊「雪が降る」動 neiger.

□ **terre**
〔テール〕
女大地，陸；土；地方；(la T-) 地球
＊「月」は 女 lune (☞P.157) という．

□ **soleil**
〔ソレィユ〕
男太陽；日光

□ **feu**(複**-x**)
〔フゥー〕
男火
☞P.10

[動物]
□ **animal**(複**-aux**)
〔アニマル〕
男動物

□ **chien(ne)**
〔シャン（シェヌ）〕
男 女 犬

□ **chat(te)**
〔シャ（ットゥ）〕
男 女 猫

□ **cheval**(複**-vaux**)
〔シュヴァル〕
男馬

□ **oiseau**(複**-x**)
〔ワゾー〕
男鳥

dix-sept　17

[名詞⑪]
一日

☐ **jour** 〔ジュール〕	男一日；日，日の光；昼 ☞ P.69, P.74
☐ **matin** 〔マタン〕	男朝；午前
☐ **matinée** 〔マティネ〕	女午前中，朝のうち ☞ P.162
☐ **journée** 〔ジュルネ〕	女(朝から夕刻まで)昼間；一日
☐ **midi** 〔ミディ〕	男正午，12時；真昼 ☞ P.64, P.67 *le Midiは「南フランス」の意味．
☐ **après-midi** 〔アプレミディ〕	男(女)午後 *名詞の性は一定しない．
☐ **soirée** 〔ソワレ〕	女夜 ☞ P.139
☐ **soir** 〔ソワール〕	男夕方，夜；(5時以降の)午後
☐ **nuit** 〔ニュイ〕	女夜，夕暮れ
☐ **minuit** 〔ミニュイ〕	男真夜中；午前0時

■ 時の流れ

「昨日の朝」と言うときは hier matin，「明日の朝」は demain matin，「今朝(けさ)」を表現するときには ce matin という．「今日の午後」なら cet après-midi，「昨日(明日)の午後」は hier (demain) après-midi と表現します．

《データ本位》でる順仏検単語集

[名詞⑫]
時・時間・季節

NIVEAU 5

[時・時間]

□ **date**　　　　　　　女日付；年月日
〔ダットゥ〕　　　　　☞ P.23, P.69

□ **temps**　　　　　　男時，時間；時代，時期；天候，天気
〔タン〕　　　　　　　☞ P.69, P.71

□ **moment**　　　　　男一瞬；短時間，時間
〔モマン〕

□ **lendemain**　　　　男《定冠詞とともに》翌日
〔ランドゥマン〕

□ **heure**　　　　　　女時間；時刻
〔ウール〕　　　　　　☞ P.69

□ **minute**　　　　　女分；短時間
〔ミニュトゥ〕

□ **an**　　　　　　　　男年；1年；…歳
〔アン〕　　　　　　　＊時間の長さとしての1年を指す．

□ **année**　　　　　　女年；年度
〔アネ〕　　　　　　　＊暦年・学年などの年を表す．

□ **montre**　　　　　女腕時計
〔モントル〕　　　　　＊駅や建物に取りつけられた大時計は
　　　　　　　　　　　 une horloge と言う．

[季節]

- **saison** 〔セゾン〕 — 囡 季節

- **quatre saisons** 〔キャトル セゾン〕 — 複 四季

- **printemps** 〔プランタン〕 — 男 春

- **au printemps** 〔オ プランタン〕 — 副句 春に

- **été** 〔エテ〕 — 男 夏
  * 動 êtreの過去分詞と同じつづり.

- **en été** 〔アン ネテ〕 — 副句 夏に

- **automne** 〔オートヌ〕 — 男 秋

- **en automne** 〔アン ノトンヌ〕 — 副句 秋に

- **hiver** 〔イヴェール〕 — 男 冬

- **en hiver** 〔アン ニヴェール〕 — 副句 冬に

[名詞⑬]
月

□ **mois** 〔モワ〕	男 月；1ヶ月
□ **janvier** 〔ジャンヴィエ〕	男 1月
□ **février** 〔フェヴリエ〕	男 2月
□ **mars** 〔マルス〕	男 3月
□ **avril** 〔アヴリル〕	男 4月
□ **mai** 〔メ〕	男 5月
□ **juin** 〔ジュアン〕	男 6月
□ **juillet** 〔ジュイエ〕	男 7月
□ **août** 〔ウ（ウットゥ）〕	男 8月
□ **septembre** 〔セプターンブル〕	男 9月
□ **octobre** 〔オクトーブル〕	男 10月

□ **novembre** 男 11月
〔ノヴァーンブル〕

□ **décembre** 男 12月
〔デサーンブル〕

■「○月に」の表現

たとえば「4月に」（英語 in April）を表現する場合，前置詞 en を用いて en avril とすることも，「月」mois を用いて au mois d'avril と表現することもできます．

9月～12月までの月名は英語につづりが似ています．ただし，"-er" ではなく，"-re" のつづりで終わりますのでご注意を．また，語頭を大文字で書かない点も英仏で違いがあります．

■《2006年4月1日》の表記

仏語と日本語では日付の表記の順が逆です．le premier avril 2006 となります．なお，日付は1日(ついたち)だけ序数，あとの日付は基数で deux, trois …と表記します．定冠詞 le が必要となる点にもご注意を．

[名詞⑭]
一週間

☐ **semaine** 〔スメーヌ〕	女週；1週間 ☞ P.74
☐ **lundi** 〔ランディ〕	男月曜日
☐ **mardi** 〔マルディ〕	男火曜日
☐ **mercredi** 〔メルクルディ〕	男水曜日
☐ **jeudi** 〔ジゥディ〕	男木曜日
☐ **vendredi** 〔ヴァンドゥルディ〕	男金曜日
☐ **samedi** 〔サムディ〕	男土曜日
☐ **dimanche** 〔ディマーンシ〕	男日曜日
☐ **week-end** 〔ウィケンドゥ〕	男ウィークエンド（＝fin de semaine） ＊複はweek-endsとなる．

■ 曜日をたずねる

「今日は何曜日ですか？」と聞くときには jour を用いて C'est quel jour aujourd'hui? あるいは Quel jour sommes-nous? と言った言い方をする．「何日ですか？」と日付をたずねる際には Le combien sommes-nous aujourd'hui? あるいは Quelle est la date aujourd'hui?（頻度は高くない）という．これは混同しやすい．

[名詞⑮]
職業・履歴

[職業]

□ **élève**
〔エレーヴ〕
男 女 生徒

□ **étudiant(e)**
〔エテュディヤン(トゥ)〕
男 女 学生, 大学生

□ **professeur**
〔プロフェスール〕
男 教師, 先生, 教授
＊女性にも男性形を用いる.

□ **docteur**
〔ドクトゥール〕
男 医者；博士

□ **médecin**
〔メドゥサン〕
男 医者, 医師
＊女医は femme médecin.

□ **infirmier(ère)**
〔アンフィルミエ(エール)〕
男 女 看護師

□ **avocat(e)**
〔アヴォカ(ットゥ)〕
男 女 弁護士

□ **secrétaire**
〔スクレテール〕
男 女 秘書

[履歴]

□ **vie**
〔ヴィ〕
女 生命；人生；生活

□ **nom**
〔ノン〕
男 名, 名前；名詞

□ **mariage**
〔マリアージュ〕
男 結婚

□ **adresse**
〔アドゥレス〕
女 住所, 宛名
＊英語はaddressのつづり. ☞P.151

□ **travail**
(複 **travaux**)
〔トラヴァイユ〕
男 仕事, 勉強；《複で》工事
☞P.8

《データ本位》でる順仏検単語集

[名詞⑯]
身体

☐ **tête** 〔テトゥ〕	囡 頭；顔；頭脳
☐ **cheveu** (複-x) 〔シュヴー〕	男 髪
☐ **œil** (複**yeux**) 〔ウイユ (イユー)〕	男 目，眼（両目） *「鼻」nez (☞P.95), 「耳」oreille (☞P.108).
☐ **bouche** 〔ブーシ〕	囡（人間の）口
☐ **dent** 〔ダン〕	囡 歯 ☞P.158
☐ **gorge** 〔ゴルジュ〕	囡 のど，咽喉
☐ **cœur** 〔クゥール〕	男 心臓；心；気持ち ☞P.29
☐ **bras** 〔ブラ〕	男 腕
☐ **main** 〔マン〕	囡 手
☐ **doigt** 〔ドワ〕	男 指
☐ **pied** 〔ピエ〕	男（足首からつま先まで）足
☐ **jambe** 〔ジャンブ〕	囡 脚
☐ **dos** 〔ド〕	男 背中 ☞P.191

NIVEAU 5

[名詞⑰]
人・人間・人間関係

- **gens** 〔ジャン〕 — 男 複 人々

- **monde** 〔モンドゥ〕 — 男 (集合的に) 人々
  * tout le monde「皆, すべての人々」の意味.

- **homme** 〔オム〕 — 男 人間；男, 男性 (↔ femme)

- **personne** 〔ペルソンヌ〕 — 女 人, 人間；人称

- **monsieur** 〔ムッスィゥ〕 — 男 (男性に対して) …氏 (複 messieurs)
  * 英語のMr., Sirに相当. M.と略す.

- **madame** 〔マダム〕 — 女 (既婚女性に) …さん (複 mesdames)
  * 英語のMrsに相当. Mmeと略す.

- **mademoiselle** 〔マドゥモワゼル〕 — 女 (未婚女性に) …さん (複 mesdemoiselles)
  * 英語のMissに相当. Mlleと略す.

- **dame** 〔ダーム〕 — 女 (ご)婦人, レディ
  * femmeの丁寧な言い方.

- **garçon** 〔ギャルソン〕 — 男 少年 (↔ fille), 青年；(カフェなどの) ボーイ

- **ami(e)** 〔アミ〕 — 男 女 友だち

- **camarade** 〔キャマラドゥ〕 — 男 女 仲間, 同僚, 同志

《データ本位》でる順仏検単語集

[名詞⑱]
家族①

NIVEAU 5

□ **famille**
〔ファミーユ〕
女 家族；一族；親戚

□ **parents**
〔パラン〕
男 複 両親

□ **père**
〔ペール〕
男 父, 父親
＊papa パパ, お父さん

□ **mère**
〔メール〕
女 母, 母親
＊maman ママ, お母さん

□ **mari**
〔マリ〕
男 夫, 亭主（↔ femme）

□ **femme**
〔ファム〕
女 女, 女性（↔ homme）；妻, 女房（↔ mari）

□ **fils**
〔フィス〕
男 息子（↔ fille）

□ **fille**
〔フィーユ〕
女 娘（↔ fils）；女の子（↔ garçon）, 若い娘

□ **frère**
〔フレール〕
男 兄, 弟

□ **sœur**
〔スゥール〕
女 姉, 妹

[名詞⑲]
家族②

□ **bébé** 〔ベベ〕	男 赤ん坊 ＊女の子でも男性名詞として扱う.
□ **enfant** 〔アンファン〕	男 女 子ども, 子（↔ adulte） ☞ P.71
□ **grands-parents** 〔グランパラン〕	男 複 祖父母
□ **grand-père** 〔グランペール〕	男 祖父, おじいさん
□ **grand-mère** 〔グランメール〕	女 祖母, おばあさん
□ **oncle** 〔オンクル〕	男 叔父, 伯父
□ **tante** 〔タントゥ〕	女 叔母, 伯母
□ **cousin(e)** 〔クザン（ズィヌ）〕	男 女 従兄, 従弟；従姉, 従妹

《データ本位》でる順仏検単語集

[名詞⑳]
感覚・感情①

☐ **faim** 〔ファン〕	囡空腹，飢餓 ☞ P.30
☐ **soif** 〔ソワフ〕	囡のどの渇き；渇望 ☞ P.30
☐ **sommeil** 〔ソメィユ〕	男眠り，睡眠 ☞ P.30
☐ **peur** 〔プール〕	囡恐れ；不安，心配 ☞ P.30
☐ **raison** 〔レゾン〕	囡理性；理由，道理 ☞ P.30
☐ **cœur** 〔クゥール〕	男心臓，心；気持ち ☞ P.25
☐ **attention** 〔アタンスィヨン〕	囡注意；用心
☐ **besoin** 〔ブゾワン〕	男必要；必要なもの ＊ 成句 avoir besoin de... ☞ P.30
☐ **mal**(複**maux**) 〔マル〕	男悪；苦痛；病気
☐ **amour** 〔アムール〕	男愛，恋愛
☐ **courage** 〔クラージュ〕	男勇気

vingt-neuf 29

[名詞㉑]
感覚・感情② avoirを用いたイディオム

☐ *avoir* l'air +形容詞	…のようである，…のように見える
☐ *avoir* besoin de	…が必要である
☐ *avoir* envie de	…が欲しい ☞P.140
☐ *avoir* mal à +定冠詞+身体	（身体が）痛い ☞P.25
☐ *avoir* rendez-vous avec +人	（人）と会う約束がある ☞P.33
☐ *avoir* chaud	暑い
☐ *avoir* froid	寒い
☐ *avoir* faim	空腹である
☐ *avoir* soif	のどが渇く
☐ *avoir* sommeil	眠い
☐ *avoir* raison	正しい
☐ *avoir* tort	間違っている
☐ *avoir* peur	恐ろしい

[名詞㉒]
生活・文化①

NIVEAU 5

- □ **chanson** 〔シャンソン〕 : 囡 歌, シャンソン

- □ **cinéma** 〔スィネマ〕 : 男 映画

- □ **film** 〔フィルム〕 : 男 (個々の) 映画
  * 「映画」というジャンルはcinémaという.

- □ **musique** 〔ミュズィック〕 : 囡 音楽

- □ **photo** 〔フォト〕 : 囡 写真

- □ **timbre** 〔ターンブル〕 : 男 切手

- □ **sport** 〔スポール〕 : 男 スポーツ
  ☞ P.169

- □ **jogging** 〔ジョギング〕 : 男 ジョギング

- □ **football** 〔フトゥボル〕 : 男 サッカー
  * foot 〔フトゥ〕 ともいう.

- □ **tennis** 〔テニス〕 : 男 テニス

- □ **ski** 〔スキ〕 : 男 スキー

- □ **concert** 〔コンセール〕 : 男 コンサート, 音楽会

- **piano** [ピヤノ] — 男 ピアノ

- **violon** [ヴィヨロン] — 男 ヴァイオリン

- **guitare** [ギタール] — 女 ギター

- **opéra** [オペラ] — 男 オペラ；オペラ劇場

- **tableau**(複**-x**) [タブロ] — 男 (一枚の)絵；黒板；掲示板
  *絵画という総称はpeintureという.

- **journal** (複**-aux**) [ジュルナル] — 男 新聞；日記

- **vélo** [ヴェロ] — 男 自転車（＝bicyclette）

- **bibliothèque** [ビブリォテーク] — 女 図書館；書棚

- **parapluie** [パラプリュイ] — 男 傘

- **escalier** [エスカリエ] — 男 階段

- **numéro** [ニュメロ] — 男 番号
  *un numéro de téléphone「電話番号」.

《データ本位》でる順仏検単語集

[名詞㉓]
生活・文化②

NIVEAU 5

- □ **âge**
  〔アージュ〕
  : 男年齢
  ☞ P.69

- □ **chance**
  〔シャーンス〕
  : 女運, 幸運;可能性, チャンス
  ☞ P.4

- □ **chose**
  〔ショーズ〕
  : 女こと;もの

- □ **argent**
  〔アルジャン〕
  : 男お金;銀
  ＊「小銭」は 女 monnaie という. ☞ P.155

- □ **billet**
  〔ビィエ〕
  : 男紙幣,切符
  ☞ P.10

- □ **droit**
  〔ドゥロワ〕
  : 男権利;税;料金;法律

- □ **idée**
  〔イデ〕
  : 女考え, アイディア

- □ **service**
  〔セルヴィス〕
  : 男手助け, サービス

- □ **fête**
  〔フェトゥ〕
  : 女祭り;祝祭日

- □ **cadeau**(複-x)
  〔カドー〕
  : 男贈物, プレゼント

- □ **rendez-vous**
  〔ランデヴ〕
  : 男待ち合わせ;予約;デート
  ☞ P.30

- □ **promenade**
  〔プロムナードゥ〕

  囡散歩；散歩道

- □ **voyage**
  〔ヴォワイヤージュ〕

  男旅，旅行
  ☞P.4

- □ **vacances**
  〔ヴァカンス〕

  囡 複 ヴァカンス，(長期の) 休暇
  ☞P.4

- □ **passeport**
  〔パスポール〕

  男パスポート，旅券

- □ **carte**
  〔カルトゥ〕

  囡カード；証明書；(国の) 地図；トランプ；献立表
  *une carte de crédit「クレジットカード」, une carte d'étudiant「学生証」.

- □ **devoir**
  〔ドゥヴォワール〕

  男《多く複で》宿題

- □ **bruit**
  〔ブリュィ〕

  男物音，騒音

- □ **boîte**
  〔ボワットゥ〕

  囡箱；缶詰め

- □ **bouteille**
  〔ブティユ〕

  囡びん

- □ **tabac**
  〔タバ〕

  男タバコ (屋)

- □ **euro**
  〔ウーロ〕

  男ユーロ

《データ本位》でる順仏検単語集

[名詞㉔]
場所

NIVEAU 5

□ **ville**
〔ヴィル〕
囡街，都会；（行政上の）市

□ **capitale**
〔キャピタル〕
囡首都；大文字

□ **campagne**
〔カンパーニュ〕
囡田舎；キャンペーン

□ **rue**
〔リュ〕
囡街路，通り

□ **chemin**
〔シュマン〕
男道；道程；手段
＊男chemin de ferは「鉄道」の意味．☞P.121

□ **jardin**
〔ジャルダン〕
男公園；庭

□ **parc**
〔パルク〕
男（広い）公園

□ **place**
〔プラース〕
囡場所；位置；空間；順位；広場

□ **coin**
〔コワン〕
男隅，コーナー，片隅

□ **bout**
〔ブゥ〕
男端；（時間的な）終わり
☞P.147

□ **face**
〔ファス〕
囡正面；側面；（人の）顔（＝visage）
☞P.105

- [ ] **côté**
  〔コテ〕

  男 方面, 側；面

- [ ] **tour**
  〔トゥール〕

  男 周囲；一周；順番
  * 女 tourは「塔」の意味.

- [ ] **partie**
  〔パルティ〕

  女 部分

- [ ] **village**
  〔ヴィラージュ〕

  男 村

《データ本位》でる順仏検単語集

[名詞㉕]
方角・不定代名詞

NIVEAU 5

[方角]
- □ **gauche**
  〔ゴーシュ〕
  : 囡 形 左(の), 左側(の)

- □ **droit(e)**
  〔ドゥロワ(ットゥ)〕
  : 囡 形 右(の), 右側(の)

- □ **nord**
  〔ノール〕
  : 男 形 北(の), 北部(の)

- □ **sud**
  〔スュドゥ〕
  : 男 形 南(の), 南部(の)

- □ **est**
  〔エストゥ〕
  : 男 形 東(の), 東部(の)

- □ **ouest**
  〔ウェストゥ〕
  : 男 形 西(の), 西部(の)

[不定代名詞]
- □ **autre**
  〔オートゥル〕
  : 代 別の..., もう一つの...

- □ **quelque chose**
  〔ケルクショーズ〕
  : 代 何か, あること
  ☞ P.42

- □ **quelqu'un**
  〔ケルカン〕
  : 代 ある人, 誰か
  ☞ P.42

- □ **rien**
  〔リヤン〕
  : 代 《ne とともに》何も...ない

trente-sept 37

[形容詞①]
対で覚える

- □ **grand(e)** 〔グラン(ドゥ)〕 — 形 大きい；背の高い；偉大な；重要な
- □ **petit(e)** 〔プティ(ットゥ)〕 — 形 小さい；若い

- □ **gros(se)** 〔グロ(ース)〕 — 形 太った；大きい；大量の
- □ **mince** 〔マーンス〕 — 形 やせた ☞ P.152

- □ **large** 〔ラルジュ〕 — 形 広い
- □ **étroit(e)** 〔エトゥロワ(ットゥ)〕 — 形 狭い

- □ **long(ue)** 〔ロン(ローング)〕 — 形 長い；長時間
- □ **court(e)** 〔クール(クルトゥ)〕 — 形 短い

- □ **lourd(e)** 〔ルール(ドゥ)〕 — 形 重い
- □ **léger(ère)** 〔レジェ(ール)〕 — 形 軽い

- □ **haut(e)** 〔オ(ートゥ)〕 — 形 高い 男 en haut 上に
- □ **bas(se)** 〔バ(ース)〕 — 形 低い 男 en bas 下に

- □ **difficile** 〔ディフィスィル〕 — 形 むずかしい
- □ **facile** 〔ファスィル〕 — 形 やさしい，簡単な

《データ本位》でる順仏検単語集

[形容詞②]
対で覚える

NIVEAU 5

- □ **cher(ère)**
  〔シェール〕
- □ **bon marché**
  〔ボンマルシェ〕

形 値段が高い，高価な；親しい；大切な

形 安い
☞ P.102

- □ **possible**
  〔ポスィーブル〕
- □ **impossible**
  〔アンポスィーブル〕

形 可能な

形 不可能な，ありえない

- □ **pauvre**
  〔ポーヴル〕
- □ **riche**
  〔リッシ〕

形 貧しい，貧乏な；哀れな

形 裕福な，金持ちの
＊英語のrichとはつづりが違う．☞ P.115

- □ **fort(e)**
  〔フォール（フォルトゥ）〕
- □ **faible**
  〔フェーブル〕

形 強い；すぐれている；太っている

形 弱い
☞ P.129

- □ **rapide**
  〔ラピッドゥ〕
- □ **lent(e)**
  〔ラン（トゥ）〕

形 速い；すばやい

形 遅い

- □ **clair(e)**
  〔クレール〕
- □ **sombre**
  〔ソンブル〕

形 明るい
☞ P.131
形 暗い
☞ P.172

- □ **dur(e)**
  〔デュール〕
- □ **mou (molle)**
  〔ムゥ（モル）〕

形 堅い，硬い

形 柔らかい

[形容詞③]
対で覚える

□ **ouvert(e)** 〔ウヴェール(ウヴェルトゥ)〕	形 開いている（＊ouvrirの過去分詞）
□ **fermé(e)** 〔フェルメ〕	形 閉じている（＊fermerの過去分詞）

□ **libre** 〔リーブル〕
形 自由な；ひまな；ただの

□ **occupé(e)** 〔オキュペ〕
形 忙しい；ふさがっている

□ **bon(ne)** 〔ボン(ヌ)〕
形 よい；おいしい

□ **mauvais(e)** 〔モヴェ(ーズ)〕
形 悪い

□ **meilleur(e)** 〔メイユール〕
形 よりよい；《定冠詞とともに》最もよい

□ **pire** 〔ピール〕
形 より悪い；《定冠詞とともに》最悪の

□ **vrai(e)** 〔ヴレ〕
名 形 真実(の)，本当(の)

□ **faux(fausse)** 〔フォ(ース)〕
名 形 偽(の)，嘘(の)

□ **mort(e)** 〔モール(モルトゥ)〕
形 死んだ；枯れた（＊mourirの過去分詞）

□ **né(e)** 〔ネ〕
形 生まれた（＊naîtreの過去分詞）

《データ本位》でる順仏検単語集

[形容詞④]
新旧・美醜・不定形容詞

[新旧]

□ **nouveau (nouvelle)**
〔ヌーヴォ (ヌーヴェル)〕

形 初めての；新型の，新しい

単　数	複　数
男 nouveau (nouvel)	nouveaux
女 nouvelle	nouvelles

□ **moderne**
〔モデルヌ〕

形 現代的な
☞ P.127

□ **ancien(ne)**
〔アンスィヤン(エンヌ)〕

形 古い，昔の；先輩の

□ **d'occasion**
〔ドカズィヨン〕

形句 中古の
☞ P.132

□ **neuf(ve)**
〔ヌフ(ヌーヴ)〕

形 新しい；未使用の

□ **vieux (vieille)**
〔ヴィユ (ヴィエィユ)〕

形 年をとった；古い

単　数	複　数
男 vieux (vieil)	vieux
女 vieille	vieilles

□ **jeune**
〔ジューヌ〕

形 若い

□ **âgé(e)**
〔アジェ〕

形 年とった，老年の

NIVEAU 5

[美醜]
□ **beau (belle)**
〔ボ (ベル)〕

形 きれいな；すばらしい；(天気が)よい

単 数	複 数
男 beau (bel)	beaux
女 belle	belles

□ **joli(e)**
〔ジョリ〕

形 きれいな；かわいい；すてきな

□ **laid(e)**
〔レ(ッドゥ)〕

形 醜い
☞ P.246

□ **propre**
〔プロプル〕

形 清潔な

□ **sale**
〔サル〕

形 汚れた
☞ P.181

[不定形容詞]
□ **chaque**
〔シャック〕

形 (単数形のみ) おのおのの
＊chaque jour「毎日」, chaque matin「毎朝」.

□ **quelque**
〔ケルク〕

形 ある；少しの；(複数で) いくつかの
＊quelque chose「何か」, quelqu'un「誰か」は不定代名詞という扱い.

《データ本位》でる順仏検単語集

[形容詞⑤]
性質・状態

NIVEAU 5

- [ ] **malade**
  〔マラドゥ〕
  形病気の

- [ ] **intelligent(e)**
  〔アンテリジャン(トゥ)〕
  形頭のよい，りこうな

- [ ] **gentil(le)**
  〔ジャンティ(ティユ)〕
  形親切な，やさしい

- [ ] **fou (folle)**
  〔フゥ (フォル)〕
  形気の狂った；(deの) 夢中になる

- [ ] **important(e)**
  〔アンポルタン(トゥ)〕
  形重要な；大切な
  ☞ P.144

- [ ] **excellent(e)**
  〔エクセラーン(トゥ)〕
  形優れた；素晴らしい
  ☞ P.185

- [ ] **formidable**
  〔フォルミダーブル〕
  形すごい，すてきな
  ☞ P.125

- [ ] **sûr(e)**
  〔スュール〕
  形確実な；安全な
  ☞ P.187

- [ ] **simple**
  〔サンプル〕
  形簡単な

- [ ] **même**
  〔メーム〕
  形同じ；まさしく；…自身　副…でさえも

- [ ] **différent(e)**
  〔ディフェラン(トゥ)〕
  形異なった

- [ ] **tel(le)**
  〔テル〕
  形そのような，《queを伴って》…のような

quarante-trois 43

[形容詞⑥]
天候・感情

[天候]

- **doux(ce)** 〔ドゥ(ース)〕
  形 温暖な, 暖かい；(ワインが) 甘口の
  ☞ P.193

- **sec (sèche)** 〔セック (セーシ)〕
  形 乾いた, 乾燥した；冷淡な；(ワインが) 辛口の

- **chaud(e)** 〔ショ (ドゥ)〕
  形 暑い

- **froid(e)** 〔フロワ(ドゥ)〕
  形 寒い

[感情]

- **content(e)** 〔コンタン (トゥ)〕
  形 《de...》...に満足した；...がうれしい

- **heureux(se)** 〔ウルゥー(ズ)〕
  形 幸福な；うれしい
  ☞ P.160

- **malheureux(se)** 〔マルゥルー(ズ)〕
  形 不幸な, 不運な

- **triste** 〔トゥリストゥ〕
  形 悲しい, 悲しげな

- **désolé(e)** 〔デゾレ〕
  形 申し訳ない, 残念に思う

- **intéressant(e)** 〔アンテレッサーン (トゥ)〕
  形 興味深い
  ☞ P.186

- **fatigué(e)** 〔ファティゲ〕
  形 疲れた, くたびれた；《de...》...にあきた

- **gentil(le)** 〔ジャンティ(ーユ)〕
  形 親切な；やさしい；おとなしい

44　quarante-quatre

《データ本位》でる順仏検単語集

[形容詞⑦]
順番・分量

NIVEAU 5

[順番]
- **premier(ère)** 形第一の;最初の
  〔プルミエ(ール)〕 ☞P.81

- **dernier(ère)** 形最後の;最新の
  〔デルニエ(ール)〕

- **prochain(e)** 形次の
  〔プロシャン(シャヌ)〕

[分量]
- **demi(e)** 形半分の;…半
  〔ドゥミ〕 ☞P.81

- **juste** 形正確な;ぎりぎりの
  〔ジュストゥ〕

- **tout(e)** 形…のすべて,…の全体;どの…でも;
  〔トゥ(ットゥ)〕 すべての…,…ごとに

	単 数	複 数
男	tout	tous
女	toute	toutes

- **seul(e)** 形ただ一つの;唯一の;一人きりの
  〔スゥル〕

quarante-cinq 45

[動詞①]
助動詞(に準ずる)・天候

> ◆ 動詞活用について
> pp. 46 - 58 に載せた動詞の活用については本書の姉妹編『《暗記本位》仏検対応 5・4・3 級フランス語動詞活用表』の対応番号を **0** で示している.

[助動詞 (に準ずる)]

- **avoir** 〔アヴォワール〕
  他 持つ；所有する
  1

- **être** 〔エートゥル〕
  自 ...である；存在する
  2 ☞ P.68, P.69, P.70, P.71

- **falloir** 〔ファロワール〕
  非 《il fautの形で》...が必要である；...しなければならない
  50

- **devoir** 〔ドゥヴォワール〕
  他 ...しなければならない；...にちがいない
  27 ☞ P.34

- **pouvoir** 〔プヴォワール〕
  他 ...することができる；...してもよい
  25

- **vouloir** 〔ヴロワール〕
  他 望む, 欲する；...したい
  24

[天候]

- **pleuvoir** 〔プルゥヴォワール〕
  非 雨が降る (Il pleut.)
  51

- **neiger** 〔ネジェ〕
  非 雪が降る (Il neige.)
  6

《データ本位》でる順仏検単語集

[動詞②]
好き嫌い・知覚

NIVEAU 5

[好き嫌い]
□ **aimer**　　他愛する、好む
〔エメ〕　　　3　☞P.68

□ **plaire**　　自気に入る
〔プレール〕　　＊大半はs'il vous plaîtの形で．☞P.5
　　　　　　　45

□ **préférer**　他《A à B》BよりもAを好む
〔プレフェレ〕　7

□ **choisir**　　他選ぶ
〔ショワズィール〕　4

[知覚]
□ **voir**　　他見る、見える；会う
〔ヴォワール〕　21

□ **regarder**　他見る、眺める；...に関係がある
〔ルギャルデ〕　3

□ **entendre**　他聞こえる；理解する
〔アンターンドゥル〕　35

□ **écouter**　　他聞く
〔エクテ〕　　　3

□ **savoir**　　他知っている；...できる
〔サヴォワール〕　28

□ **sentir**　　他感じる；においをかぐ
〔サンティール〕　19

quarante-sept　47

[動詞③]
寝食・売買

[寝食]
□ **boire**　他 飲む
〔ボワール〕　47

□ **manger**　他 食べる
〔マンジェ〕　6

□ **servir**　他 (食事などを) すすめる　自 役に立つ
〔セルヴィール〕　19

□ **(se) coucher**　他 寝かせる　代動 寝る, 横になる
〔(ス) クシェ〕　3

□ **dormir**　自 眠る
〔ドルミール〕　19

[売買]
□ **gagner**　他 自 (お金や時間を) 稼ぐ; 勝つ
〔ガニィエ〕　3

□ **acheter**　他 買う
〔アシュテ〕　9

□ **vendre**　他 売る
〔ヴァーンドゥル〕　35

□ **payer**　他 支払う
〔ペイエ〕　11

《データ本位》でる順仏検単語集

[動詞④]
移動 (往来発着)

NIVEAU 5

□ **aller**
〔アレ〕
自 行く；(健康状態が) ...である
13 ☞ P.70, P.71

□ **venir**
〔ヴニール〕
自 来る
18 ☞ P.60, P.70

□ **revenir**
〔ルヴニール〕
自 戻る；再び来る
18

□ **rentrer**
〔ラントゥレ〕
自 帰る，戻る
3

□ **arriver**
〔アリヴェ〕
自 到着する；《非人称構文で》起こる
3

□ **monter**
〔モンテ〕
自 上がる，登る
3

□ **descendre**
〔デサーンドゥル〕
自 降りる
35

□ **entrer**
〔アントゥレ〕
自 入る
3

□ **sortir**
〔ソルティール〕
自 外へ出る，外出する
他《de...》...から取り出す
19

□ **partir**
〔パルティール〕
自 出発する
19 ☞ P.70

□ **(se) passer**
〔(ス) パセ〕
自 通る，立ち寄る　他 (時を) 過ごす
代動 (事件などが) 起こる
＊他動詞は複合形ではavoirを用いる．3 ☞ P.68

□ **rester** 〔レステ〕	自とどまる，残る 3 ☞ P.71
□ **tomber** 〔トンベ〕	自落ちる 3
□ **mourir** 〔ムリール〕	自死ぬ 17
□ **devenir** 〔ドゥヴニール〕	自...になる 18
□ **naître** 〔ネトゥル〕	自生まれる 39 ☞ P.125

■ 移動（往来発着）のニュアンスをもつ自動詞

複合形（直説法複合過去・直説法大過去・条件法過去など）で助動詞は être をとる．過去分詞は主語の性数に一致する．

例　Il est arrivé à Paris.　彼はパリに着いた．
　　Elle est arrivée à Narita.　彼女は成田に着いた．

■ 近い未来・過去

(1) aller+*inf.*：近い未来（近接未来）（これから）〜する
(2) venir de+*inf.*：近い過去（近接過去）〜したばかりである

＊(1) の aller+*inf.* は文脈に応じて「〜しに行く」という意味にもなる．

[動詞⑤]
開閉・授受・終始

[開閉]
- **ouvrir** 〔ウヴリール〕
  - 他 開ける, 開く
  - 15 形 ouvert(e) ☞ P.40

- **fermer** 〔フェルメ〕
  - 他 閉める, 閉じる
  - 3 形 fermé(e) ☞ P.40

[授受]
- **offrir** 〔オフリール〕
  - 他 贈る
  - 15

- **donner** 〔ドネ〕
  - 他 与える；贈る
  - 3

- **recevoir** 〔ルスヴォワール〕
  - 他 受け取る
  - 26 ☞ P.89

[終始]
- **commencer** 〔コマンセ〕
  - 他 始める　自 始まる
  - 5

- **finir** 〔フィニール〕
  - 他 終える
  - 4

- **inviter** 〔アンヴィテ〕
  - 他 招待する
  - 3

[動詞⑥]
行動①

□ **aider**
〔エデ〕
他 (人を) 助ける；手伝う
3

□ **apporter**
〔アポルテ〕
他 持って来る [行く]；届ける
3

□ **faire**
〔フェール〕
他 作る；する
44 ☞ P.68, P.69

□ **parler**
〔パルレ〕
他 自 話す
3 ☞ P.68

□ **dire**
〔ディール〕
他 言う
43 ☞ P.68

□ **adresser**
〔アドゥレセ〕
他 (手紙などを) 出す
3

□ **lire**
〔リール〕
他 読む
42

□ **écrire**
〔エクリール〕
他 書く；《à...》...に手紙を書く
46

□ **chanter**
〔シャンテ〕
自 他 歌う
3

□ **danser**
〔ダンセ〕
自 踊る
3

□ **marcher**
〔マルシェ〕
自 歩く，(機械が) 動く
3

52 cinquante-deux

《データ本位》でる順仏検単語集

NIVEAU 5

- □ **courir**
  〔クリール〕

  自 走る
  16

- □ **nager**
  〔ナジェ〕

  自 泳ぐ
  6

- □ **jouer**
  〔ジュエ〕

  自 遊ぶ；《de+楽器》...を演奏する；
  《à+スポーツ》...をする
  3

- □ **pleurer**
  〔プルゥレ〕

  自 泣く
  3

- □ **habiter**
  〔アビテ〕

  自 他 住む
  3 ☞ P.70

[動詞⑦]
行動②

- **préparer** 〔プレパレ〕
  - 他 準備［用意］する
  - 3

- **réussir** 〔レユスィール〕
  - 自 他 成功する
  - 4

- **changer** 〔シャンジェ〕
  - 他 交換する；両替する
  - 6

- **(s') arrêter** 〔(サ) アレテ〕
  - 他 止める　代動 止まる
  - 3

- **laisser** 〔レセ〕
  - 他 残す；...のままにしておく
  - 3

- **chercher** 〔シェルシェ〕
  - 他 探す；出迎える
  - 3

- **trouver** 〔トゥルヴェ〕
  - 他 見つける；思う
  - 3

- **envoyer** 〔アンヴォワィエ〕
  - 他 送る
  - 12

- **travailler** 〔トゥラヴァィエ〕
  - 自 他 働く；勉強する
  - 3

- **essayer** 〔エセィエ〕
  - 他 試す；《de+*inf.*》...をしようとする
  - 11

- **(se) laver** 〔(ス) ラヴェ〕
  - 他 洗う　代動 (自分の) 身体を洗う
  - 3

□ **montrer** 〔モントゥレ〕	他見せる，示す 3
□ **prendre** 〔プラーンドゥル〕	他取る；(乗り物に) 乗る；食べる, 飲む； (風呂などに) 入る 36
□ **mettre** 〔メトゥル〕	他置く；身につける ＊porterは「身につけている (状態)」の意味. 32
□ **porter** 〔ポルテ〕	他持つ；身につけている ＊mettreは「身につける (動作)」の意味. 3

[動詞⑧]
行動③

- **poser**
  〔ポゼ〕
  : 他 置く;(質問などを)する
  : 3

- **(se) lever**
  〔(ス) ルヴェ〕
  : 他 上げる　代動 起きる
  : 8

- **pousser**
  〔プッセ〕
  : 他 押す
  : 3

- **tirer**
  〔ティレ〕
  : 他 引く
  : 3

- **attendre**
  〔アターンドゥル〕
  : 他 待つ
  : 35

- **(se) rencontrer**
  〔(ス) ランコントゥレ〕
  : 他 (人と)出会う　代動 出会う
  : 3 ☞P.111

- **revoir**
  〔ルヴォワール〕
  : 他 再び会う
  : 21

- **visiter**
  〔ヴィズィテ〕
  : 他 (建物・場所を)訪ねる, 訪れる
  : 3 ☞P.130

- **se marier**
  〔ス マリエ〕
  : 代動 結婚する
  : 3

- **se réveiller**
  〔ス レヴェイエ〕
  : 代動 目が覚める;起きる
  : 3

- **(s')intéresser**
  〔(サ) ンテレセ〕
  : 他 (人に)興味を起させる
  : 代動 《à...》...に興味がある
  : 3

- □ **(s') appeler**
  〔(サ) アプレ〕
  　他 呼ぶ，電話をかける
  　代動 ...という名前である
  　10 ☞ P.71

- □ **téléphoner**
  〔テレフォネ〕
  　自 電話する
  　3

- □ **(se) rappeler**
  〔(ス) ラプレ〕
  　他 もう一度電話する；思い出させる
  　代動 覚えている
  　10

- □ **(se) présenter**
  〔(ス) プレザンテ〕
  　他 紹介する　代動 自己紹介する
  　3

[動詞⑨]
思考

- **espérer** 〔エスペレ〕
  : 他 期待する
  7

- **penser** 〔パンセ〕
  : 自 他 考える
  3 ☞ P.68

- **comprendre** 〔コンプラーンドゥル〕
  : 他 理解する
  36

- **apprendre** 〔アプラーンドゥル〕
  : 他 学ぶ；知る
  36

- **étudier** 〔エテュディエ〕
  : 他 勉強する
  3

- **(se) connaître** 〔(ス) コネートゥル〕
  : 他 知っている　代動 知り合いである
  38

- **se souvenir** 〔ス スヴニール〕
  : 代動 思い出す；覚えている
  18

- **oublier** 〔ウブリィエ〕
  : 他 忘れる
  3

- **demander** 〔ドゥマンデ〕
  : 他 たずねる；要求する
  3

- **(se) décider** 〔(ス) デスィデ〕
  : 他 決める　代動 決心する
  3

- **croire** 〔クロワール〕
  : 他 信じる　自 ...を信じる
  48

前置詞①

à 〔ア〕	《場所・方向・時・手段》...に，...で，...ための	
□ **à sept heures**	*at* seven (o'clock)　7時に	
□ **à droite**	*to* the right　右に（↔ à gauche）	
□ **parler à M. Suzuki**	talk *to* Mr. Suzuki　鈴木氏と話す	
□ **habiter à Paris**	live *in* Paris　パリに住む	
□ **habiter au Japon**	live *in* Japan　日本に住む	
□ **à l'est**	*in* the east　東(部)に ☞P.37	
□ **à la maison**	*at* home　家に	
□ **au printemps**	*in* spring　春に ☞P.20	
□ **à temps**	*in* time　間に合って，*on* time　遅れずに	
□ **penser à vous**	think *of* you　あなたのことを考える	
□ **à pied**	*on* foot　徒歩で	
□ **facile à lire**	easy *to* read　読みやすい	

前置詞②

de [ドゥ] 《所属・起点・部分》…の, …から, …のうちで

- **de huit heures à midi** — *from* eight to noon　8時から正午まで
- **A *de* B** — A *of* B　BのA
- ***de* ta classe** — *of* your class　君のクラスの中で
- **une tasse *de* thé** — a cup *of* tea　カップ1杯の紅茶
- **une lettre *de* mon père** — a letter *from* my father　父からの手紙
- **venir *de* France** — come *from* France
  フランスから来る［出身である］
  ＊国名が女性名詞.
- **venir *du* Canada** — come *from* Canada
  カナダから来る［出身である］
  ＊国名が男性名詞.
- **parler *de* ce problème** — talk *about* [*of*] this problem
  その問題について話す
  ☞ P.132
- ***de* cette manière** — *in* this way　このように
  ☞ P.186
- **être surpris(e) *de*** — be surprised *at*　…におどろく
- **essayer *de*** — try *to* do　…してみる

60　soixante

前置詞③

en 〔アン〕	《場所・方向・手段》…に, …で
☐ habiter *en* France	live *in* France　フランスに住む
☐ aller *en* Angleterre	go *to* England　イギリスへ行く
☐ *en* classe	*in* class　授業中に
☐ *en* été	*in* (the) summer　夏に ☞ P.20
☐ *en* 2010	*in* 2010　2010年に
☐ *en* français	*in* French　フランス語で
☐ *en* train	*by* train　電車で
☐ être *en* colère	be angry　怒っている ☞ P.146
dans 〔ダン〕	《場所・時間》…の中で, …の中に；…の間に
☐ *dans* ma chambre	*in* my room　私の部屋で
☐ entrer *dans* un magasin	go *into* the shop　お店に入る
☐ *dans* le monde entier	(*all*) *over* the world　世界中で ☞ P.231
☐ *dans* deux heures	*in* two hours　（これから）2時間後に

前置詞④

pour 〔プール〕	《目的・期間・比較・割合》...のために, ...にとって, ...の予定で, ...にしては	
□ *pour* toi	*for* you 君のために	
□ partir *pour* Osaka	leave *for* Osaka 大阪に向けて出発する	
□ *pour* quelques jours	*for* a few days 数日の間(の予定で)	
□ cinq *pour* cent	five percent (*per* cent) 5パーセント ☞P.172	
□ *pour* son âge	*for* one's age 年の割には	
avec 〔アヴェク〕	《同伴・手段》...ともに, ...と一緒に, ...を使って	
□ *avec* moi	*with* me 私と一緒に	
□ *avec* un couteau	*with* a knife ナイフで	
□ *avec* plaisir	*with* pleasure 喜んで ☞P.2	
par 〔パール〕	《場所・手段・配分》...を通って, ...によって, ...につき	
□ *par* la fenêtre	*through* (*by*, *out of*) the window 窓から	
□ *par* avion	*by* air, *by* plane, *by* airmail 飛行機[航空便]で	

☐ ***par* M. Mishima**	*by* Mr. Mishima　三島氏によって
☐ ***par* an**	*per* year　1年(につき)

前置詞⑤

depuis 〔ドゥピュイ〕 《時》...以来，...前から

- ☐ *depuis* 1970 — *since* 1970　1970年から
- ☐ *depuis* deux ans — *for* two years　2年前から

jusqu'à 〔ジュスカ〕 《場所・時間・程度》...まで

- ☐ *jusqu'à* midi — *until* noon　正午まで
- ☐ aller *jusqu'à* Londres — go *as far as* London　ロンドンまで
- ☐ *jusqu'à* 10kg — *up to* 10kg　10キロまで

sur 〔スュール〕 《場所・方向》...の上に，...の上方に，...について，...に基づいて

- ☐ *sur* la table — *on* the table　テーブルの上に
- ☐ compter *sur* toi — *count on* you　君をあてにする
- ☐ *sur* la rivière — *along* the river　川に沿って
- ☐ donner *sur* la mer — *look out* on the sea　海に面する

前置詞⑥

sous 〔スーゥ〕 : 《場所》…の下に，…の下方に

- □ *sous* le bureau : *under* the desk 机の下に ☞P.11
- □ *sous* la pluie : *in* the rain 雨の中を

pendant 〔パンダン〕 : …の間(に)

- □ *pendant* six mois : *during* six months 6ヶ月間
- □ *pendant* plusieurs années : *for* several years 何年もの間

sauf 〔ソフ〕 : …は別として，除いて ☞P.205

- □ *sauf* moi : *except* me 私を除いて

entre 〔アーントゥル〕 : …の間に

- □ *entre* A et B : *between* A and B AとBの間に

après 〔アプレ〕 : …のあとで，…の次に

- □ *après* son arrivée : *after* his [her] arrival 彼［彼女］の到着後 ☞P.144

avant 〔アヴァン〕 : …以前に，…より先に，(場所について)手前に

- □ *avant* cinq heures : *before* five (o'clock) 5時前に
- □ juste *avant* cette école : just *before* this school この学校のすぐ手前に

前置詞(句) ⑦

devant
〔ドゥヴァン〕
…の前に[を]，…を前にして

☐ *devant* la porte　*before* the door　ドアの前で

☐ *devant* vous　*in front of* you　あなたの前

derrière
〔デリィエール〕
…の後ろ(に)

☐ *derrière* l'arbre　*behind* the tree　木の後ろに

à cause de
〔ア コーズ ドゥ〕
…のせいで

☐ *à cause de* cet accident　*because of* this accident　この事故のせいで

contre
〔コントゥル〕
…に対して

☐ pour ou *contre*　*for* or against　賛成か反対か
＊この例は文法上は副詞になる．

en face de
〔アンファス ドゥ〕
…の正面に

☐ *en face de* cette maison　*in front of* that house　あの家の前で

grâce à
〔グラース ア〕
…のおかげで

☐ *grâce à* vous　*thanks to* you　あなたのおかげで

前置詞⑧

chez 〔シェ〕	...の家に［で］, ...の店に［で］
□ *chez* moi	*at* home　私の家で
□ aller *chez* le docteur	go to the doctor('s)　医者へ行く
sans 〔サン〕	...なしに, ...のない, もし...がなければ
□ *sans* votre aide	*without* your help　あなたの助けなしで
vers 〔ヴェール〕	...の方へ, ...の頃に
□ *vers* midi	*about* noon　お昼頃

疑問詞①

qui 〔キ〕 　　疑 代 誰が

- ☐ *Qui* (*Qui est-ce qui*) a dit cela ?
  Who said so ?
  誰がそう言ったのですか？

- ☐ *Qui* est-ce ?
  Who is it ?
  どなたですか？

- ☐ *Qui* est-ce que tu aimes le mieux ?
  Who [*Whom*] do you like best ?
  誰が一番好きですか？

que, quoi 〔ク〕〔クワ〕 　　疑 代 何

- ☐ *Qu'est-ce qui* s'est passé ?
  What has happened ?
  何があったのですか？

- ☐ *Qu'est-ce que* c'est ?
  What is it ?
  それは何ですか？

- ☐ *Que* faites-vous ?
  What are you doing ?
  何をしていますか？

- ☐ *Que* faites-vous (dans la vie) ?
  What is your line ?
  お仕事［専門］は何ですか？

- ☐ *Qu'en* pensez-vous ?
  What do you think about it ?
  それをどう思いますか？

- ☐ De *quoi* parlez-vous ?
  What are you talking about ?
  何の話をしていますか？

疑問詞②

quel(le), quels, quelles 〔ケル〕

疑 形 どんな，何の，どれだけの
＊発音は全て〔ケル〕となる．

	単　数	複　数
男	quel	quels
女	quelle	quelles

☐ *Quelle* heure est-il ?
What time is it ?
何時ですか？

☐ *Quel* temps fait-il ?
What's the weather like ?
どんな天気ですか？

☐ *Quel* âge avez-vous ?
How old are you ?
何歳ですか？

☐ C'est *quel* jour aujourd'hui ?
What day is today ?
今日は何曜日ですか？
☞P.23

☐ *Quelle* est la date aujourd'hui ?
What's the date today ?
今日は何日ですか？
☞P.23（この表現の頻度は高くない）

☐ *Quel* est mon verre ?
Which glass is mine ?
私のグラスはどちらですか？
☞P.127

疑問詞③

quand 〔カン〕 | 疑 副 いつ

- □ *Quand* partez-vous ?
  When are you leaving ?
  いつ出発なさいますか？

- □ Depuis *quand* habitez-vous à Paris ?
  How long have you lived in Paris ?
  いつからパリに住んでいますか？

où 〔ウ〕 | 疑 副 どこに

- □ *Où* allez-vous ?
  Where are you going ?
  どちらに行かれますか？

- □ *Où* sont les toilettes ?
  Where's the bathroom [the toilet] ?
  トイレはどこですか？

- □ D'*où* venez-vous ?
  Where do you come from ?
  どこから来たのですか［ご出身は］？

疑問詞 ④

comment
〔コマン〕

疑 副 どのように, どうやって, どんな

☐ *Comment allez-vous ?*
How are you ?
お元気ですか？

☐ *Comment vous appelez-vous ?*
What is your name ?
お名前は何とおっしゃいますか？

combien
〔コンビャン〕

疑 副 いくら, どのくらい

☐ *Combien d'enfants avez-vous ?*
How many children do you have ?
お子さんは何人ですか？

☐ *C'est combien ?*
How much is this ?
(値段は) おいくらですか？

☐ *Combien de temps restez-vous ici ?*
How long are you staying here ?
ここにどれぐらいおいでですか？

pourquoi
〔プルクワ〕

疑 副 なぜ

☐ *Pourquoi ?*
Why ?
どうして (なぜ) ?

副詞(句)①

[場所]

□ **ici** 〔イスィ〕	here	ここに
□ **là** 〔ラ〕	there / here	あそこに／ここに

*「ここに」となるのはêtre làのとき.

□ **ça et là** 〔サエラ〕	here and there	あちこちに
□ **par ici** 〔パーリィスィ〕	this way	こちらから, こちらへ
□ **près (d'ici)** 〔プレ〕	near (here)	(この)近くに
□ **loin (d'ici)** 〔ロワン〕	far (from here)	(ここから)遠くに
□ **devant** 〔ドゥヴァン〕	in front, before	前に
□ **derrière** 〔デリエール〕	behind	後ろに
□ **partout** 〔パルトゥ〕	everywhere	至るところに
□ **ailleurs** 〔アイゥール〕	elsewhere	他のところに
		☞ P.259
□ **quelque part** 〔ケルクパール〕	somewhere	どこかに
		☞ P.166
□ **dedans** 〔ドゥダン〕	inside	内に, 中に
		☞ P.166
□ **dehors** 〔ドゥオール〕	outside	外に

《データ本位》でる順仏検単語集

副詞(句)②

NIVEAU 5

[程度]

☐ **assez**
〔アッセ〕
: enough 十分に

☐ **beaucoup (de)**
〔ボクー〕
: a lot, much (of) たくさん(の), 多く(の)

☐ **trop**
〔トゥロ〕
: too, too much あまりに(...過ぎる)

☐ **un peu (de)**
〔アンプゥ〕
: a bit [a little] 少し(の)

☐ **peu (de)**
〔プゥ〕
: not much [not many]
ほとんどない [ごくわずかの]

☐ **presque**
〔プレスク〕
: almost, nearly ほとんど

☐ **tout d'abord**
〔トゥダボール〕
: first of all まずもって

☐ **tout à coup**
〔トゥタクー〕
: suddenly 突然

☐ **tout de suite**
〔トゥドゥスュイットゥ〕
: straight away, at once すぐに

☐ **tout à l'heure**
〔トゥタルール〕
: just now, in a moment
《過去》さっき/《未来》やがて, 間もなく
☞ P.3

副詞(句) ③

[時]

□ **maintenant**
〔マントゥナン〕
now 今

□ **aujourd'hui**
〔オジュルデュィ〕
today 今日

□ **hier**
〔イエール〕
yesterday 昨日

□ **demain**
〔ドゥマン〕
tomorrow 明日

□ **à temps**
〔アタン〕
on time 遅れずに
☞P.59

□ **tous les deux ans**
every two years 2年ごとに

□ **tous les deux jours**
every other day 1日おきに

□ **dans huit jours**
in a week 1週間後に
*huit jours で une semaine, quinze jours で deux semaines の意味.

□ **il y a trois jours**
three days ago 3日前に

□ **il y a longtemps**
long ago だいぶ前に

□ **juste à ce moment**
just then ちょうどその時

副詞(句) ④

[頻度]

- **toujours**
  〔トゥジュール〕
  : always いつも

- **fréquemment**
  〔フレカマン〕
  : frequently, often たびたび

- **souvent**
  〔スヴァン〕
  : often しばしば

- **de temps en temps**
  〔ドゥタンザンタン〕
  : sometimes, from time to time ときどき

- **en général**
  〔アンジェネラル〕
  : usually 普通, たいてい

- **rarement**
  〔ラールマン〕
  : rarely, seldom まれに

- **jamais**
  〔ジャメ〕
  : never 《neとともに》決して〜ない

副詞(句) ⑤

☐ **puis** 〔ピュイ〕	次に，それから
[仮定，推量] ☐ **si** 〔スィ〕	副とても… 接もし…なら， かりに…だったとしたら，…かどうか
☐ **peut-être** 〔プゥテートゥル〕	たぶん，おそらく
[程度] ☐ **seulement** 〔スゥルマン〕	…だけ，たった
☐ **surtout** 〔スュルトゥ〕	とくに，何よりも
☐ **tant** 〔タン〕	非常に，あれほど
☐ **très** 〔トゥレ〕	とても，非常に
[程度（比較）] ☐ **aussi** 〔オスィ〕	…と同じく，…もまた
☐ **autant** 〔オタン〕	…と同じくらい；《名詞の比較で》…と同数の
☐ **comme** 〔コム〕	副何と…だろう 接…のように；…として

□ **mieux** 〔ミュー〕	よりよく,《定冠詞とともに》最もよく
□ **moins** 〔モワン〕	より少なく, より...でない； 《定冠詞とともに》最も少なく, 最も...でない
□ **plus** 〔プリュ〕	より多い, よりいっそう, より多くの, 《定冠詞とともに》最も多く
□ **plutôt** 〔プリュトー〕	むしろ, どちらかと言えば

[否定]

□ **pas** 〔パ〕	《neとともに》...ない
□ **pas du tout** 〔パデュトゥ〕	《neとともに》まったく...ない；(単独で否定の返事として) 全然
□ **ni** 〔ニ〕	接《ne...ni A ni B で》AもBも...ない

副詞 ⑥

[様子]

☐ **encore** 〔アンコール〕	相変わらず；まだ,《否定文で》まだ...ない
☐ **ensemble** 〔アンサンブル〕	一緒に, ともに
☐ **vraiment** 〔ヴレマン〕	本当に
☐ **facilement** 〔ファスィルマン〕	容易に（↔ difficilement）
☐ **ainsi**〔アンスィ〕	そのように ☞P.175
☐ **bien**〔ビヤン〕	よく, 上手に；たいへん；確かに
☐ **mal**〔マル〕	悪く, へたに
☐ **voici**〔ヴォワスィ〕	これが...だ, ほら...だ
☐ **voilà**〔ヴォワラ〕	そこに［あそこに］...がある

[時]

☐ **quelquefois** 〔ケルクフォワ〕	時には, ときどき
☐ **déjà**〔デジャ〕	すでに, 以前に
☐ **bientôt** 〔ビヤントー〕	まもなく, やがて ☞P.3
☐ **vite**〔ヴィットゥ〕	速く, 急いで
☐ **tôt**〔トー〕	早く, 早めに
☐ **tard**〔タール〕	遅く, 遅れて

数①

- **zéro** 〔ゼロ〕 : 男 ゼロ
- **un [une]** 〔アン (ユンヌ)〕 : 男 形 1 (の)
- **deux** 〔ドゥ〕 : 男 形 2 (の)
- **trois** 〔トゥロワ〕 : 男 形 3 (の)
- **quatre** 〔キャトゥル〕 : 男 形 4 (の)
- **cinq** 〔サンク〕 : 男 形 5 (の)
- **six** 〔スィ(ス)〕 : 男 形 6 (の)
- **sept** 〔セットゥ〕 : 男 形 7 (の)
- **huit** 〔ユィットゥ〕 : 男 形 8 (の)
- **neuf** 〔ヌゥフ〕 : 男 形 9 (の)
- **dix** 〔ディス〕 : 男 形 10 (の)
- **onze** 〔オーンズ〕 : 男 形 11 (の)
- **douze** 〔ドゥーズ〕 : 男 形 12 (の)
- **treize** 〔トゥレーズ〕 : 男 形 13 (の)
- **quatorze** 〔キャトールズ〕 : 男 形 14 (の)
- **quinze** 〔カーンズ〕 : 男 形 15 (の)
- **seize** 〔セーズ〕 : 男 形 16 (の)

- ☐ **dix-sept** 男 形 17 (の)
  〔ディセットゥ〕
- ☐ **dix-huit** 男 形 18 (の)
  〔ディズュイットゥ〕
- ☐ **dix-neuf** 男 形 19 (の)
  〔ディズヌフ〕
- ☐ **vingt** 男 形 20 (の)
  〔ヴァン〕
- ☐ **trente** 男 形 30 (の)
  〔トゥラーントゥ〕
- ☐ **quarante** 男 形 40 (の)
  〔キャラーントゥ〕
- ☐ **cinquante** 男 形 50 (の)
  〔サンカーントゥ〕
- ☐ **soixante** 男 形 60 (の)
  〔ソワサーントゥ〕
- ☐ **soixante-dix** 男 形 70 (の)
  〔ソワサーントゥディス〕
- ☐ **quatre-vingts** 男 形 80 (の)
  〔キャトゥルヴァン〕
- ☐ **quatre-vingt-dix** 男 形 90 (の)
  〔キャトゥルヴァンディス〕
- ☐ **cent** 男 形 100 (の)
  〔サン〕
- ☐ **mille** 男 形 1000 (の)
  〔ミル〕
- ☐ **million** 男 100万；多数
  〔ミリヨン〕

数②

□ **premier(ère)** 〔プルミエ(エール)〕	男 女 形 1番目(の)
□ **deuxième, second(e)** 〔ドゥズィエム, スゴン(ゴーンドゥ)〕	男 女 形 2番目(の)
□ **troisième** 〔トゥロワズィエーム〕	男 女 形 3番目(の)
□ **quatrième** 〔キャトゥリエーム〕	男 女 形 4番目(の)
□ **cinquième** 〔サンキィエーム〕	男 女 形 5番目(の)
□ **sixième** 〔スィズィエーム〕	男 女 形 6番目(の)
□ **septième** 〔セティエーム〕	男 女 形 7番目(の)
□ **huitième** 〔ユイティエーム〕	男 女 形 8番目(の)
□ **neuvième** 〔ヌゥヴィエーム〕	男 女 形 9番目(の)
□ **dixième** 〔ディズィエーム〕	男 女 形 10番目(の)
□ **vingtième** 〔ヴァンティエーム〕	男 女 形 20番目(の)
□ **vingt et unième** 〔ヴァンテーユニエーム〕	男 女 形 21番目(の)
□ **douzaine** 〔ドゥゼーヌ〕	女 ダース
□ **quart** 〔キャール〕	男 4分の1；15分
□ **demi** 〔ドゥミ〕	男 2分の1, 0.5 ＊「2時半」deux heures et demie の demi(e) は形容詞.

NIVEAU 5

色

- **couleur** 〔クルゥール〕 — 囡色, 色彩
- **jaune** 〔ジョーヌ〕 — 男 形 黄色 (の)
- **vert(e)** 〔ヴェール(トゥ)〕 — 男 形 緑 (色) (の);熟していない (↔ mûr) ☞P.242
- **bleu(e)** 〔ブルゥ〕 — 男 形 青 (い)
  *英語のblue と混同しやすい.
- **violet(te)** 〔ヴィオレ(ットゥ)〕 — 男 形 紫色 (の)
- **gris(e)** 〔グリ(ーズ)〕 — 男 形 灰色 (の);曇った
- **noir(e)** 〔ノワール〕 — 男 形 黒 (い)
- **blanc(che)** 〔ブラン(ラーンシ)〕 — 男 形 白 (い);無色の
- **blond(e)** 〔ブロン(ドゥ)〕 — 男 形 ブロンド (の), 金髪 (の)
- **brun(e)** 〔ブラン(ブリュヌ)〕 — 男 形 褐色 (の)
- **rouge** 〔ルージュ〕 — 男 形 赤 (い)
- **orange** 〔オランジュ〕 — 男 形 オレンジ (の)
- **rose** 〔ローズ〕 — 男 形 バラ色 (の) 囡 バラ

4級

4級 530語
001〜011

□ **tenir**
001〔トゥニール〕

他 手に持っている；(状態を) 保つ
自 (à に) 執着する
Elle *tient* son parapluie à la main.
彼女は手に傘を持っている．
Tiens [*Tenez*]！《間投詞として，呼びかけ・驚きなどを表して》ねえ．まあ．ほら．
tenir à+*inf.* ぜひ (どうしても)...したい
Je *tiens à aller* à ce concert.
どうしてもあのコンサートにいきたい．

□ **fois**
002〔フォワ〕

女 《頻度》回，度；倍
une *fois* par semaine 週に1度
deux *fois* par mois 月に2度
à la fois 同時に，一度に
(＝en même temps)
Il est deux *fois* plus gros que moi.
彼は私の倍太っている．

□ **revenir**
003〔ルヴニール〕

自 戻る，再び来る
Je *reviens* tout de suite. すぐ戻ります．
Elle *est revenue* à la maison.
彼女は家に帰った．

□ **perdre**
004〔ペルドゥル〕

他 失う，見失う；(勝負に) 負ける
代動 (道に) 迷う
perdre son passeport パスポートを紛失する
perdre du temps 時間を浪費する
Il *s'est perdu* dans la forêt.
彼は森で道に迷った．(＝s'égarer)

□ **rendre**
005〔ラーンドゥル〕

他 返す；〜を...にする
代動 (à, chez ...に)行く
Cette nouvelle m'*a rendu(e)* triste.
その知らせを聞いて私は悲しくなった．

*「その知らせは私を悲しくした」が直訳.
se rendre chez le coiffeur　美容院に行く

□ aussitôt
006〔オスィトー〕

副 すぐに, 直ちに（＝tout de suite）
aussitôt que possible　できるだけ早く
aussitôt que＋直説法　...するとすぐに
Appelez-moi *aussitôt que* vous *serez* prêt(e).
用意ができたらすぐに呼んでください.

□ respecter
007〔レスペクテ〕

他 尊敬［尊重］する（↔ mépriser）
Ce n'est pas quelqu'un que nous respectons.
私たちが尊敬できる人ではありません.
Je respecte son opinion.
彼［彼女］の意見を尊重する.
□ **respect** 男 尊敬, 尊重

□ pas
008〔パ〕

男 歩, 歩調；足跡, 足音
faire un *pas*　歩く（＝marcher）
pas à *pas*　一歩一歩
à grands *pas*　大股で（↔ à petits *pas*）

□ maître (maîtresse)
009〔メートゥル（メトゥレス）〕

男 女 先生, 教師（＝instituteur）；主人, 長（＝patron, chef）
Elle est *maîtresse* dans l'art des bouquets.
彼女は生け花の先生です.
un *maître* de maison　一家の主

□ paye, paie
010〔ペィ, ペ〕

女 給料（＝salaire）
C'est le jour de *paye*.　今日は給料日だ.
toucher［recevoir］sa *paye*　給与をもらう
□ **payer** 動 支払う

□ occuper
011〔オキュペ〕

他（場所を）占める, 住む；（時間を）つぶす
代動 世話する, かかわる
Ça fait longtemps que vous *occupez* ce poste?　その職について長いのですか？

Est-ce qu'on *s'occupe* de vous, Monsieur ?
(客に対して) ご用件をおうかがいしておりますか？

□ **occupé(e)** 形忙しい；ふさがった；(電話が) 話し中の

□ **façon**
012 〔ファソン〕

女 仕方, やり方（＝manière）
De quelle *façon* prépare-t-on cette viande ?
この肉はどんな風に調理しますか？
à la façon de ... ...のように, ...風に
de toute façon いずれにしても
(＝en tout cas)

□ **y**
013 〔イ〕

副詞的代 そこに [で] 中性代 それに [を]
Vous allez à la gare ? - Oui, j'*y* vais. 駅に行くのですか？ －ええ,（そこに）行きます.
Tu n'as pas répondu à sa lettre ? - Si, j'*y* ai répondu. 彼［彼女］の手紙に返事を書かなかったの？ －いや,（それに）返事は書いたよ.

□ **là-bas**
014 〔ラバ〕

副 あそこに [で], 向こうに [で]
Partez avant moi, et attendez-moi *là-bas*.
先に行って, 向こうで私を待っていてください.

□ **pourtant**
015 〔プルタン〕

副 しかし, それでも
Sophie est riche et belle, et *pourtant* elle n'a pas l'air heureuse. ソフィーは裕福で美人だが, 幸せそうに見えない.
＊しばしばet pourtantの形で用いられる. maisより意味が弱い.

□ **parfois**
016 〔パルフォワ〕

副 ときどき, ときたま（＝quelquefois）
Ma mère est *parfois* de mauvaise humeur.
母はときどき不機嫌になることがある.

《データ本位》でる順仏検単語集

□ **ensuite**
017〔アンスュイトゥ〕

副次に，それから
Et *ensuite* ? で，それから？
＊文章中でd'abord（まず）..., et ensuite（そしてそれから）の流れで使われることが多い．

□ **fin(e)**
018〔ファン（フィーヌ）〕

形細かい，薄い（↔ épais）；（体が）ほっそりした（＝mince）；（五感などが）鋭い
avoir la taille *fine* ウエストが細い，きゃしゃな体つきをしている
avoir l'oreille *fine* 耳がよい

NIVEAU 4

□ **tourner**
019〔トゥルネ〕

他向ける；（ページを）めくる
自回転する，曲がる
Au premier feu, vous *tournerez* à gauche.
最初の信号を左に曲がってください．
tourner bien [mal]
（事態・人が）よく[悪く]なる
□ **tour** 男回転；一周

□ **route**
020〔ルゥトゥ〕

女道路，街道
＊一般に男 cheminより幅の広い車道を指す．
En *route* ! さあ出発だ！
en route 途中（で）
□ **routier(ère)** 形道路の

□ **tirer**
021〔ティレ〕

他引く（↔ pousser），《A de B》BからAを引き出す 代動（de ...を）切り抜ける
tirer les rideaux カーテンを引く
tirer de l'argent de sa poche
ポケットからお金を取り出す（＝sortir）

□ **paraître**
022〔パレートゥル〕

自現れる（↔ disparaître）；発売される（＝sortir）；《非人称主語》...のようだ
Le soleil *paraît* à l'horizon.
太陽が水平線に現れる．

023〜031

Il paraît que+直説法 ...だそうだ, ...のようだ（=On dit que...）
Il paraît qu'ils se sont séparés.
彼らは離婚したらしい.

□ **langue**
023〔ラーング〕

女 言語, 国語；舌
langue parlée [écrite]　話し［書き］言葉
la *langue* française　フランス語
tirer la *langue*　舌を出す

□ **couper**
024〔クペ〕

他 切る；（水道・ガスを）止める
couper du pain avec un couteau
ナイフでパンを切る

□ **général**
（女-ale, 複-aux）
025〔ジェネラル〕

形 一般的な　男 普遍
d'une manière générale = **en général**
一般的に, 概して, 普通
En général, je me lève à six heures.
私は普通6時に起きる.
□ **généralement** 副 一般的に ☞ P.191
□ **généraliser** 動 一般化する
□ **généralité** 女 一般性；大多数

□ **servir**
026〔セルヴィール〕

他 使える, 給仕する　自（à ...の）役に立つ；役立つ　代動（de ...を）使う；利用する
Ce dictionnaire lui *a* beaucoup *servi*.
この辞書は彼［彼女］に大いに役立った.
Cela ne *sert à* rien.
それは何の役にも立たない.
Servez-vous, je vous (en) prie.
（料理などを前に）どうぞ, おとりください.
□ **service** 男 手助け；サービス（料）

□ **vivre**
027〔ヴィーヴル〕

自 生きる, 生活する；住む；生活をたてる
他 過ごす
vivre à l'étranger　外国で暮らす

Elle *vit* toute seule avec un chat.
彼女は独りぼっちで猫と暮らしている．
Je *vis* des jours très heureux.
私はとても幸せな日々を送っている．

□ **classe**
028〔クラース〕

囡クラス，教室（＝salle de classe）；授業；階級
la *classe* de français　フランス語の授業
aller en classe　学校に行く，登校する
（＝aller à l'école）
après la *classe*　放課後（に）
＊大学の「講義」の意味ではun coursを用いる．

□ **part**
029〔パール〕

囡部分，分け前
C'est de la *part* de qui ?　（人に取りつぐ電話で）どちら様でしょうか？
autre part　他の所に（＝ailleurs）
quelque part　どこかに

□ **recevoir**
030〔ルスヴォワール〕

他受け取る（↔ offrir）；（人を）迎え入れる；《受け身で》合格させる（↔ refuser）
recevoir un cadeau　プレゼントを受け取る
Il *a été reçu* au bac.
彼はバカロレアに合格した．
□ **réception**　囡受け取ること；フロント

□ **compter**
031〔コンテ〕

他数える（＝calculer）；考慮する；…するつもりである　自（sur …を）当てにする；重要である；数える
Je *compte* faire mes devoirs demain.
明日宿題をやるつもりです．
Il ne faut pas *compter* sur vos parents.
親を当てにしてはなりません．
compter jusqu'à dix　10まで数える
□ **compte**　男計算，勘定；（銀行の）口座；
　　　　　　　　報告

032〜040

□ **plaire**
032〔プレール〕

圁（人の）気に入る 代動（à ...が）気に入る
Je me *plais* beaucoup *à* Kyoto.
京都がとても気に入っている．
s'il vous [te] plaît （依頼・命令などで）お願いします．＊英語の please に相当する表現．
□ **plaisir** 男楽しみ，喜び ☞ P.95

□ **affaire**
033〔アフェール〕

囡（個人的な）問題；《複》ビジネス；所持品，衣類
C'est mon *affaire*.
これは私の問題［私に関わること］です．
＊「私にかまわないで」と相手を退ける表現．
Est-ce que vous êtes ici pour *affaires* ?
仕事でこちらにおいでですか？
ranger ses *affaires*
衣類［身の回りのもの］をかたづける

□ **prix**
034〔プリ〕

男値段；賞，賞金（品）；《複》で物価
à tout prix
どんな代価を払っても，ぜひとも
Quel est le *prix* de cette chemise, s'il vous plaît ? このシャツの値段はおいくらですか？ ＊Combien coûte cette chemise ? と同じニュアンス．
la hausse des *prix* 物価上昇

□ **plein(e)**
035〔プラン（プレーヌ）〕

形いっぱいの，満ちた（＝complet）
Cette salle est *pleine*. そのホールは満員です．
en plein＋無冠詞名詞 ...の真ん中に
en pleine nuit 真夜中に
□ **pleinement** 副完全に，まったく

□ **apprendre**
036〔アプラーンドゥル〕

他知る；学ぶ；（人に）教える；知らせる（＝informer）
J'*ai appris* qu'elle était partie pour l'Allemagne. 私は彼女がドイツに行ったという

《データ本位》でる順仏検単語集

ことを聞いた.
apprendre le français
フランス語を学ぶ（=étudier）
Il *apprend* le français à ses étudiants.
彼は学生にフランス語を教えている.
*〈à+人〉を添えると「教える」（enseigner）の意味になる.

NIVEAU 4

□ **sens**
037〔サンス〕

男(1)方向（=direction）(2)感覚；（言葉の）意味；意見
une rue à *sens* unique　一方通行の通り
dans tous les *sens*
あらゆる方向に, 全ての方向から
les cinq *sens*　五感
Quel est le *sens* de ce mot ?
この単語の意味は何ですか？

□ **valoir**
038〔ヴァロワール〕

自...の値段である, 価値がある
Il vaut mieux+*inf.*［**que**+接続法］
...する方がよい
Il vaudrait mieux attendre.
待つほうがいいでしょう.
□ **valeur** 女価値；価格 ☞P.117

□ **rire**
039〔リール〕

自笑う　男笑い声
Elle *rit* souvent aux éclats.
彼女はよく大笑いする.
C'est pour *rire*.　冗談です.
*「それは笑うためだ」が直訳.
éclater de rire　（人が）どっと笑い出す

□ **peine**
040〔ペーヌ〕

女苦労（=difficulté）；哀しさ
Je vous aide ? ‒ Non, ce n'est pas la *peine*.
お手伝いしましょうか？ ‒ いえ, それには及びません.
à peine　ほとんど...ない；やっと, かろうじて

041〜050

J'ai *à peine* le temps de vous voir.
あなたに会う時間がほとんどありません.

□ **pays**
041〔ペイ〕

男国（＝état）; 地方（＝région）
le *pays* natal　生まれ故郷; 故国
Vous venez de quel *pays* ?　お国はどこですか?

□ **conduire**
042〔コンデュイール〕

自（車を）運転する;（場所に）通じる
他連れて行く; 運転する; 指揮する
le permis de *conduire*　運転免許証
Cette route *conduit* au centre de la ville.
この道を行くと町の中心に行けます.
□ **conduite** 女運転; 行動; 指揮

□ **certain(e)**
043〔セルタン（セルテーヌ）〕

形確実な; ある…, いくつかの…
Il est [C'est] certain que＋直説法
…は確かである
Il est certain que c'est cher.
それが高価なのは確かだ.
un(e) certain(e)＋名詞
ある…; なんらかの…
Cette dame a *un certain charme*.
あの婦人はなかなか魅力がある.

□ **certainement**
044〔セルテヌマン〕

副確実に, きっと; もちろん
Il va *certainement* neiger ce soir.
今晩, きっと雪になるだろう.
Certainement !（返答として）もちろん!
＊単独で強い肯定を表す返答として. Bien sûr !,
　Évidemment ! といった表現と同意.
□ **certain(e)** 形確かな

□ **enfin**
045〔アンファン〕

副最後に; やっと（↔ déjà）; 要するに
Enfin, j'ai compris !　やっと分かった!
Enfin, on est arrivé(s) !　やっと着いた!
＊話の順序としては, d'abord「まず」で始まり,

ensuite「それから」と運んで、(et) enfin「(そして) 最後に」でしめくくる.

□ chacun(e)
046 〔シャカン (シャキューヌ)〕

代 それぞれ, おのおの; 各人
Chacune d'elles a donné son avis.
彼女たちは各人が自分の考えを述べた.
Chacun (à) son tour. 順番にどうぞ.

□ environ
047 〔アンヴィロン〕

副《数量表現の前で》およそ（＝à peu près）
男《複で》周囲, 近郊;（時間) ...頃
Il était *environ* sept heures. 7時頃だった.
aux environs de...
...の近くに;《時間》...頃, ...前後に
Elle a trouvé une maison *aux environs de* Paris. 彼女はパリの近くに家を見つけた.
partir *aux environs du* 20 janvier
1月20日頃に出発する

□ aucun(e)
048 〔オカン (オーキュンヌ)〕

《不定》形《ne, sans とともに》どんな...もない
《不定》代《ne とともに》何ひとつ［誰一人］...ない
Je n'ai *aucune* information sur la cause de cet accident. その事故原因に関する情報は何も入っていない.
Aucun de vos amis n'accepte cette proposition. あなたの友だちは誰もこの提案を受け入れない.

□ autrefois
049 〔オトゥルフォワ〕

副 昔, かつて (↔ aujourd'hui)
Autrefois, ici, il y avait une église, maintenant il y a un grand immeuble.
かつてここには教会があったが, いまは大きなマンションが建っている.

□ autour
050 〔オトゥール〕

副 まわりに［を］
autour de... ...の周りに;約...

NIVEAU 4

051〜060

La Terre tourne *autour du* Soleil.
地球は太陽の周りを回っている．
Elle a *autour de* trente ans.
彼女はだいたい30歳です．

□ **fond**
051〔フォン〕

男底，底部；奥；バック
au *fond* de la classe　教室の後ろに
au fond ＝ **dans le fond**　実は，結局は
□ **fondamental(ale)** 形基本的な，根本的な

□ **suivre**
052〔スュィーヴル〕

他後について行く（↔ précéder）；次に起こる［来る］；（流行などを）追う；（忠告などに）従う
Suivez-moi, je vous emmène jusqu'à la gare.　私についてらっしゃい，駅までお連れします．
L'été *suit* le printemps.
春が過ぎれば夏が来る．
suivre ses conseils　忠告に従う

□ **c'est-à-dire**
053〔セタディール〕

接句すなわち，つまり；言い換えると
C'est le père de ma femme, *c'est-à-dire* mon beau-père.
彼は僕の妻の父，つまり僕の義父です．

□ **obliger**
054〔オブリジェ〕

他義務を負わせる，強制する
obliger＋人＋**à**＋*inf.*
（人）に...することを強いる
Il *m'a obligé(e) à* manger du poisson.
彼は私に無理に魚を食べさせた．
être obligé(e) de＋*inf.*
...せざるを得ない（＝il faut que...）
Je *suis obligé(e) de* vous quitter.
失礼しなければなりません．
□ **obligation** 女強制，義務
□ **obligatoire** 形強制的な，義務的な

《データ本位》でる順仏検単語集

□ nez
055 〔ネ〕

男鼻；顔（の全体）
lever le *nez*　顔を上げる，上を向く
□ **nasal(ale)** 形鼻の

□ poste
056 〔ポストゥ〕

女郵便（局）（＝bureau de poste）
par la *poste*　郵便で
mettre une lettre à la *poste*　手紙を投函する
aller à la *poste*　郵便局に行く

□ plaisir
057 〔プレズィール〕

男楽しみ，快楽
avec plaisir　喜んで
Je t'accompagnerai *avec plaisir*.
喜んでお供します．
faire plaisir à＋人　（人）を喜ばせる
Ça *me fait plaisir*.　それは嬉しいな．

□ mouchoir
058 〔ムショワール〕

男ハンカチ
Il a sorti son *mouchoir* de sa poche.
彼はポケットからハンカチを取り出した．
un mouchoir en papier　ティッシュペーパー
＊商品名を使って男kleenexとも呼ばれる．

□ vue
059 〔ヴュ〕

女視覚，視力（＝vision）；眺め（＝perspective）；見ること；意見（＝opinion）；
《複で》意図
avoir une bonne *vue*　目がいい
connaître＋人＋**de vue**
（人）の顔だけは知っている

□ fatiguer
060 〔ファティゲ〕

他疲れさせる；うんざりさせる
代動疲れる；うんざりする
Ce travail m'*a* beaucoup *fatigué(e)*.
その仕事で私はひどく疲れた．
□ **fatigue** 女疲労
□ **fatigué(e)** 形疲れた

NIVEAU 4

061〜072

□ **machine**
061 〔マシーヌ〕

女 機械；タイプライター（=machine à écrire）
machine à+*inf.* ...するための機械
machine à laver 洗濯機
machine à coudre ミシン

□ **état**
062 〔エタ〕

男 状態；身分；《État》国家
l'*état* de santé 健康状態
C'est encore à l'*état* de projet.
それはまだ計画の段階だ.
en bon [mauvais] état 調子がよい［悪い］
□ **États-Unis** 男 複 アメリカ合衆国

□ **guerre**
063 〔ゲール〕

女 戦争（↔ paix）
La Première [Seconde] *Guerre* mondiale
第1［2］次世界大戦
La *guerre* a éclaté entre les deux pays.
戦争が両国間で勃発した.

□ **paix**
064 〔ペ〕

女 平和（↔ guerre）
maintenir la *paix* 平和を守る
en paix 静かに，仲良く
□ **paisible** 形 平和な

□ **moyen**
065 〔モワィヤン〕

男 手段, 方法（=façon）；《複で》財力
les *moyens* de transport 輸送手段
(Il n'y a) pas moyen de+*inf.*
...する方法はない, ...することができない
（=Il n'est pas possible de+*inf.*）

□ **cas**
066 〔カ〕

男 場合, ケース；事態；症例
en *cas* d'urgence 緊急の場合には
C'est un *cas* de vie ou de mort.
生きるか死ぬかの事態だ.
en tout cas とにかく（=de toute façon）

□ évidemment
067 〔エヴィダマン〕

副 もちろん
Évidemment, tu as raison.
もちろん，君の言うとおりだ．
□ **évident(e)** 形 明白な

□ ventre
068 〔ヴァーントゥル〕

男 腹
J'ai mal au *ventre*. お腹が痛い．
avoir [prendre] du *ventre*
腹が出ている [太る]

□ droit(e)
069 〔ドロワ (トゥ)〕

形 直立した；(線が) まっすぐな
副 まっすぐに
Cette route est bien *droite* この道はまっすぐだ．
＊droit(e)「右の」，la droite「右」と混同しないこと．☞ P.59
tout *droit* (そのまま) ずっとまっすぐに

□ dur(e)
070 〔デュール〕

形 かたい (↔ mou)；難しい；つらい
副 激しく，けんめいに
Il est *dur*, ce pain ! このパン，かたいよ！
C'est trop *dur* pour moi.
これは私には難しすぎる．
travailler *dur* 猛烈に仕事をする

□ soleil
071 〔ソレーィユ〕

男 太陽，日光
le lever [coucher] du *soleil*
日の出 [日の入り]
Il fait du *soleil*. 天気がよい．日が照っている．
des lunettes de *soleil* サングラス
□ **solaire** 形 太陽の ☞ P.238

□ permettre
072 〔ペルメトゥル〕

他 許す (↔ défendre)
Permettez-moi de + *inf.*
…することをお許しください
Permettez-moi de vous *présenter* M. Suzuki.
鈴木氏を紹介させていただきます．

Vous *permettez* ?（タバコを吸うときなどに）よろしいですか？
□ **permission** 囡許可

□ **mouvement**
073 〔ムヴマン〕

男（物・人の）動き，運動
le *mouvement* des prix 物価変動
en mouvement 動いている，活動中の

□ **lieu**(複**-x**)
074 〔リュー〕

男場所
le *lieu* de résidence 居住地
au lieu de… …の［する］代わりに
On prendra le métro *au lieu de* l'autobus.
バスではなく地下鉄に乗ります．
avoir lieu （行事などが）行われる

□ **se réveiller**
075 〔ス レヴェィエ〕

代動目が覚める，おきる（↔ s'endormir）
se réveiller de bonne heure 早起きする
□ **réveil** 男目覚め；目ざまし時計

□ **pousser**
076 〔プセ〕

他押す（↔ tirer）；（大声を）あげる；（人を）駆り立てる
代動場所をあける；押し合う
Ne *poussez* pas ! 押さないでください！
Pousse-toi, laisse-moi passer.
そこをどいて，私を通してくれ．

□ **se dépêcher**
077 〔ス デペシェ〕

代動急ぐ（＝se hâter, se presser）
Dépêchez-vous, vous allez être en retard !
急いで，遅れますよ！

□ **marié(e)**
078 〔マリエ〕

形結婚している（↔ célibataire）
男 囡新郎，新婦
Tu es *marié(e)* ? 結婚してますか？
Nous sommes *mariés* depuis dix ans.
私たちは結婚して10年になります．
□ **se marier** 動結婚する

□ corps
079 〔コール〕

男 身体；死体（＝cadavre）；集団
les mouvements du *corps*　体の動き
être sain(e) de *corps* et d'esprit
心身ともに健全である

□ sorte
080 〔ソルトゥ〕

女 種類
une sorte de...　一種の...（＝une espèce de）
en quelque sorte　いわば，ある意味で
（＝pour ainsi dire）

□ pareil(le)
081 〔パレィユ〕

形 同じような；このような，そのような
Ces deux images sont *pareilles*.
この2つの絵は同じようだ．
Je n'ai jamais vu une femme *pareille*.
こんな女性は見たことがない．

□ pomme
082 〔ポム〕

女 リンゴ；じゃがいも（＝pomme de terre）
jus de *pomme*　リンゴジュース
pommes frites　フライドポテト
＊料理用語でpomme de terre（→「大地のリンゴ」＝ジャガイモ）を略してpommeとすることがある．

□ préférer
083 〔プレフェレ〕

他（à ...より）...を好む（＝aimer mieux）
Je *préfère* le vin à la bière.
私はビールよりもワインが好きです．
Que *préférez*-vous, café ou thé ?
コーヒーか紅茶どちらにしますか？
□ **préférence** 女 好み

□ drôle
084 〔ドロール〕

形 奇妙な，変な；滑稽な
C'est *drôle*.　それは妙だ．
raconter une histoire *drôle*　滑稽な話をする
□ **drôlement** 副 奇妙に

085〜096

□ **habitude**
085〔アビテュッドゥ〕

囡（個人的な）習慣；慣れ
J'ai l'*habitude* de me lever à sept heures.
私は7時に起きる習慣です．
d'habitude いつもは，普通は
comme d'habitude いつものように
□ **habituel(le)** 形習慣的な，いつもの

□ **manquer**
086〔マンケ〕

自不足している；(de ...が) 足りない
他欠席する
Je *manque* de temps pour ce travail.
この仕事をするには時間が足りない．
Je n'y *manquerai* pas. （頼まれ仕事の応答で）
必ずそうします．承知しました．

□ **se souvenir**
087〔ス スヴニール〕

代動思い出す，覚えている（↔ oublier）
Tu *te souviens* de cette église ? - Oui, je
m'en *souviens*. この教会のことは覚えていますか？ － はい，覚えています．
Je *me souviens* de lui. 彼のことは覚えています．
□ **souvenir** 男思い出；土産物

□ **extérieur(e)**
088〔エクステリュール〕

男 形外部 [の]；外国 [の]（↔ intérieur）
à l'*extérieur* 外に，外で

□ **intérieur(e)**
089〔アンテリュール〕

男 形内部 [の]；国内 [の]（↔ extérieur）
à l'*intérieur* de la maison 家のなかに

□ **esprit**
090〔エスプリ〕

男精神；機知
avoir de l'*esprit* 才気 [エスプリ] がある
perdre l'*esprit* 正気を失う

□ **employer**
091〔アンプロワィエ〕

他用いる，使う；雇う 代動使われる
bien *employer* son temps 時間を有効に使う
Ce mot ne *s'emploie* plus du tout.
この単語はもうまったく使われていない．
□ **emploi** 男使用；職，仕事

100 cent

《データ本位》でる順仏検単語集

□ **employé(e)** 男 女 会社員, サラリーマン

□ **donc**
092 〔ドンク〕

接《結論を導く》だから, したがって
副《疑問・命令などでの強調として》いったい
Je pense, *donc* je suis.　我思う故に我あり.
＊デカルトの言葉.
Pourquoi *donc* ?　それはいったいどうして.

□ **parmi**
093 〔パルミ〕

前 (3つ以上の人・物)のなかで[へ, から]
Parmi toutes ces voitures, laquelle préférez-vous ?　このすべての車のなかでどれがお好きですか？
＊2つの物の「間」ならentreが使われる.

□ **chef**
094 〔シェフ〕

男 長, リーダー；シェフ
un *chef* de bureau [service]　課長, 主任
spécialité du *chef* (de cuisine)
シェフのお勧め料理

□ **amusant(e)**
095 〔アミュザン(トゥ)〕

形 面白い, 楽しい
C'était *amusant*, non ?
(映画などを見た後で) 面白かったよね？
□ **amusement** 男 気晴らし, 娯楽
□ **s'amuser** 動 楽しむ

□ **vide**
096 〔ヴィドゥ〕

形 (中身が)からの (↔ plein)；人がいない, すいている (↔ complet)；(de ...を)欠いた
男 (何もない)空間；真空；すき間
Le frigo est *vide*.　冷蔵庫がからっぽだ.
une maison *vide*　空き家
Le bus est parti à *vide*.
バスが空のまま発車した.
□ **vider** 動 飲みほす；(容器・部屋を)空にする

NIVEAU 4

097〜107

□ **tuer**
097〔テュエ〕
他 殺す；台無しにする
代動 自殺する；(事故で) 死ぬ
tuer le temps 時間[暇]をつぶす
se tuer en voiture 自動車事故で死ぬ
□ **tueur(se)** 男 女 殺人者

□ **marché**
098〔マルシェ〕
男 市, 市場
aller au *marché* 市場に行く
(à) bon marché 《形容詞的に》安い；《副詞的に》安く (=pas cher ↔ cher)
Est-ce que tu connais un restaurant *bon marché* près d'ici ?
この近くに安いレストランを知らない？

□ **marche**
099〔マルシュ〕
女 徒歩；(乗り物の) 運行, (機械の) 動き；(階段の) ステップ
à dix minutes de *marche* 徒歩10分で
en marche (機械などが)動作中の, 進行中の
un train *en marche* 運行中の列車

□ **appareil**
100〔アパレイユ〕
男 電話；器具；カメラ (=appareil photographique)
Allô ! Qui est à *l'appareil* ? (電話で)もしもし, どなたですか. ＊直接の通話相手に使う. 人に電話を取りついで「どちら様でしょうか」とたずね場合はC'est de la part de qui ? と言う.
charger son *appareil*
カメラにフィルムを入れる
＊une caméra は「(映画・テレビの) カメラ」のこと.

□ **absolument**
101〔アプソリュマン〕
副 絶対に；《強意》全く
Il faut *absolument* lui téléphoner ce soir.
今晩どうあっても彼[彼女]に電話をしなくてはならない.
Je ne suis pas *absolument* d'accord avec

vous. あなたと完全に意見が一致しているわけではない. *部分否定の語順. ne ... absolument pas の語順は全部否定.
□ **absolu(e)** 形絶対の；完全な

□ **milieu**(複**-x**)
102〔ミリュ〕

男中央；環境；風土
un *milieu* naturel　自然環境
au milieu de...　...の真ん中に［で］
Ne marchez pas *au milieu de* la route.
道の真ん中を歩かないで.

□ **personnel(le)**
103〔ペルソネル〕

形個人の（=individuel），私的な（=privé）
une opinion *personnelle*　私見
□ **personne** 女人，人間
□ **personnellement** 副個人的に

□ **privé(e)**
104〔プリヴェ〕

形私的な，個人的な（=principal）；私立の
（↔ public）
la vie *privée*　私生活

□ **public(que)**
105〔ピュブリク〕

形公の，公共の（↔ privé）
l'opinion *publique*　世論

□ **endroit**
106〔アンドゥロワ〕

男場所；（身体などの）部位，箇所
habiter dans un *endroit* perdu　人里離れた場所に住む　*形容詞や補語をともなう表現が多い. なお, la placeと混同しやすい. endroitは土地と関連した「場所」を指し, placeは「(人・物が占めている) 場所・余地」のこと.
Tu vas à quel *endroit* au Canada ?
カナダのどこに行くの？

□ **continuer**
107〔コンティニュエ〕

他続ける
自（仕事や雨などが）続く（=durer）
continuer à［**de**］+*inf.*　...し続ける
Il *continue de pleuvoir*.　雨が降り続いている.

Continuez!
(話や仕事などを) そのまま続けて!
Continuez tout droit.
(道を) そのまままっすぐ行ってください.

□ **réussir**
108 〔レュスィール〕

自 成功する　他 ...に成功[合格]する
J'ai essayé plusieurs fois, mais je n'*ai* jamais *réussi*.　何度もやってみたが成功しなかった.
réussir son examen　試験に合格する
＊passer un examen は「試験を受ける」.
□ **réussite** 女 成功

□ **volontiers**
109 〔ヴォロンティエ〕

副 喜んで, 心から (＝avec plaisir) ☞P.2
Tu viens avec moi ? - *Volontiers*!　一緒に来ますか? －ええ, 喜んで (行きますとも)!

□ **camion**
110 〔カミヨン〕

男 トラック
transporter ... par *camion*
トラックで...を輸送する
＊(類語) une camionnette は「小型トラック」, camionneur は「トラック運転手」の意味. ただし, 長距離のトラック運転手は routier という.

□ **enlever**
111 〔アンルヴェ〕

他 (衣服などを) 脱ぐ (↔ mettre); 取り除く, 運び出す; 誘拐する
enlever ses lunettes　メガネをはずす
enlever les ordures　ゴミを回収する
□ **enlèvement** 男 取り除くこと

□ **manteau**(複-**x**)
112 〔マントー〕

男 (紳士用・婦人用) コート, オーバー
mettre [enlever] son *manteau*
コートを着る [脱ぐ]

□ **retrouver**
113 〔ルトゥルヴェ〕

他 再び見つける; 再び会う (＝rejoindre); 思い出す　代動 再会する

Tu *as retrouvé* ta clef ? 鍵は見つかった？
Où est-ce qu'on *se retrouve* ?
どこで落ち合いますか？

☐ **gaz**
114〔ガーズ〕

男ガス，気体；（光熱用）ガス
allumer [éteindre] le *gaz*
ガスをつける［消す］
le chauffage au *gaz*　ガス暖房

☐ **remarquer**
115〔ルマルケ〕

他気づく，注目する（＝constater, observer）；（気づいた点を）指摘する
remarquer les défauts des autres
他人の欠点に気づく
se faire remarquer　注意を引く，目立つ

☐ **ordre**
116〔オルドゥル〕

男秩序，整理（＝arrangement）；順番；命令
mettre sa chambre en *ordre*
部屋をかたづける　＊mettre＋物・場所＋en ordreで「（物・場所）を整理する」の意味．
par ordre　順番に［順序に従って］
☐ **ordonner** 動命令する；（考えなどを）整理する
☐ **ordonné(e)** 形（物が）整理された；（人が）きちんとした

☐ **impression**
117〔アンプレスィヨン〕

女印象，感想；印刷
Quelle est votre *impression* sur lui ?
彼についてどう思いますか？
J'ai l'*impression* qu'elle est fatiguée.
彼女は疲れているように思う．
☐ **impressionnant(e)** 形強い印象を与える；（量的に）大きい

☐ **visage**
118〔ヴィザージュ〕

男顔（＝figure）；顔色（＝mine），顔つき；（比喩として）顔
Il a le *visage* rond.　彼は丸顔だ．

119〜128

faire bon [mauvais] visage à+人
(人)によい[嫌な]顔をする
le vrai *visage* de Paris　パリの素顔

□ **espèce**
119 [エスペス]

囡種類；《覆で》現金
une espèce de+無冠詞名詞
一種...のようなもの（=une sorte de...）
payer en *espèces*　現金で支払う
*「現金」はl'argent liquide, du liquideという言い方もする．

□ **forme**
120 [フォルム]

囡形，形状；(内容に対して) 形式；《覆で》体型；(体の) 調子
en forme de+無冠詞名詞　...の形をした
en forme de cœur　ハート形をした
être en (pleine) forme　元気である
（=tenir la forme）

□ **naturellement**
121 [ナテュレルマン]

副もちろん，当然，本来；自然に
Tu as gagné ? - *Naturellement*!
勝った？ －もちろん！（=bien sûr）
□ **naturel(le)** 形自然の；生まれつきの

□ **cours**
122 [クール]

男講義，授業；(水や時間などの) 流れ
Tu as combien de *cours* aujourd'hui ?
今日，授業はいくつあるの？
Le *cours* de français, ça commence à quelle heure ?
フランス語の授業は何時に始まりますか？
le *cours* des saisons　季節の移り変わり

□ **assurer**
123 [アスュレ]

他断言する，保証する
代動 (de...を) 確かめる
Je vous *assure* !　本当だよ！
Je vous *assure* que cela est vrai.
それが本当であることは請け合います．

□ **assurance** 囡自信；確証，保証；保険

□ **expliquer**
124〔エクスプリケ〕

他説明する
Expliquez-moi pourquoi vous avez agi ainsi. どうしてそんなことをしたのか説明してください．
□ **explication** 囡説明，解説

□ **course**
125〔クルス〕

囡《複》で（食料品などの）買い物；走ること，競争；《複》で競馬
faire des *courses* 買い物する　＊faire des courses は「（日用品・食料品などの）買い物に行く」という意味．faire des achatsなら「ショッピングに行く」の意味になる．
faire la *course* (avec ...) (...と) 競争する

□ **étude**
126〔エテュドゥ〕

囡勉強，研究；《複》で学業
faire ses *études* en France フランスに留学する（=aller étudier en France）
finir ses *études* 学業を終える［卒業する］
□ **étudier** 動勉強する

□ **dame**
127〔ダーム〕

囡レディー，女性；既婚女性，奥さん
(↔ demoiselle, jeune fille)
Comment s'appelle cette dame ?
あのご婦人はなんというお名前ですか？
＊femmeの丁寧な言い方．ちなみに《Dames》の掲示は「（トイレの）婦人用」の意味．

□ **répéter**
128〔レペテ〕

他繰り返して言う（=redire），反復する
répéter toujours la même chose
いつも同じことを言う
Vous pourriez *répéter*, s'il vous plaît?
もう一度おっしゃっていただけますか？
□ **répétition** 囡繰り返し，反復

129〜138

□ **qualité**
129 〔カリテ〕

女質，品質；長所；資格
La *qualité* importe plus que la quantité.
量より質が大事だ．
de (bonne) qualité 上質の
un film français *de qualité*
優れたフランス映画

□ **oreille**
130 〔オレィュ〕

女耳；聴力
avoir de l'*oreille*　音感がよい
avoir mal à l'*oreille*　耳が痛い

□ **cause**
131 〔コーズ〕

女原因（↔ résultat）；訴訟
Je suis arrivé(e) en retard à *cause* de la pluie.
雨のせいで遅れました．
＊à cause de＋人・物で「…のせいで」の意味．
よくない原因を示すために使われるケースが
大半．よいことはgrâce à …「…のおかげで」
が使われる．☞P.66
Quelle est la *cause* de cet accident ?
その事故の原因は何ですか？
□ **causer** 動…の原因となる

□ **amener**
132 〔アムネ〕

他（人を）連れて来る［行く］
J'*ai amené* mes parents à Tokyo.
両親を東京へ連れてきた．＊話者のいる場所
へ「人を連れてくる［行く］」の意味．
Il m'*a amené(e)* à la gare en voiture.
彼は車で私を駅まで送ってくれた．
＊物が目的語のときは通常apporterを用いる．

□ **jeter**
133 〔ジュテ〕

他（物を）投げる
代動身を投げる；飛び込む
se jeter sur son lit　ベッドに飛び込む

□ **adorer**
134 〔アドレ〕

他大好きである，熱愛する；（神などを）
崇拝する

J'*adore* le fromage. チーズには目がない.
Il *adore* faire du ski. 彼はスキーが大好きだ.
□ **adoration** 囡熱愛；崇拝

□ **plat(e)**
135〔プラ（トゥ）〕

男(一品の) 料理；大皿
形平らな，平たい
Quel est le *plat* du jour ? （レストランで）
本日のおすすめ料理はなんですか？
＊総称としての「料理」はla cuisineを用いる．
お店の「自慢料理」はla spécialité de la maisonと呼ぶ．

□ **casser**
136〔カセ〕

他割る，壊す
代動(自分の)...を折る；壊れる
Elle *a* encore *cassé* un verre.
彼女はまたコップを割った．
Cette montre *est cassée*.
この時計は壊れている．
se casser la jambe au ski　スキーで足を折る

□ **particulier(ère)**
137〔パルティキュリエ（エール）〕

形特別な；(à ...に) 固有の；私的な，個人の（↔ public）
avoir un talent *particulier* pour...
...に対して特別な才能を持っている
en particulier 特に，とりわけ；個別に
□ **particulièrement** 副特に

□ **naturel(le)**
138〔ナテュレル〕

形自然の；生まれつきの　男気取りのなさ
le gaz *naturel* 天然ガス
Il est [C'est] naturel que＋接続法
...なのは当然だ
avec naturel 自然に，気取らずに
(↔ avec préciosité)
□ **naturellement** 副自然に；もちろん
　　　　　　　　　(＝bien sûr)；当然

NIVEAU 4

139〜148

□ fin
139 〔ファン〕

女 終り，最後；《多くは 複 で》目的（＝but）
Quelle est la *fin* de cette histoire ?
その話の最後はどうなったの？
à la *fin* du mois　月の終わりに
à la *fin*　最終的に，ついに
arriver à ses *fins*　目的を達する
□ **finalement** 副 ついに，最後に

□ tendre
140 〔ターンドゥル〕

他 ぴんと張る；(物を) 差し出す
自 (à, vers ...を) 目指す
代動 ぴんと張られる，緊張する
tendre un filet de tennis
テニスのネットを張る
Il m'*a tendu* son mouchoir.
彼はハンカチを差し出した．
□ **tendu(e)** 形 緊張した

□ s'asseoir
141 〔サッソワール〕

代動 座る（↔ se lever）
s'asseoir sur une chaise.　椅子に腰かける
s'asseoir dans un fauteuil　ひじかけ椅子に座る
Asseyez-vous, je vous (en) prie.
どうぞお座りください
□ **assis(e)** 形 座った ☞ P.154

□ maladie
142 〔マラディ〕

女 病気（↔ santé）
attraper une *maladie*　病気にかかる
Il a guéri d'une longue *maladie*.
彼はやっと病気が治った．
□ **malade** 形 病気の　男 女 病人

□ instituteur (trice)
143 〔アンスティテュトゥール (トゥリス)〕

男 女 (小学校の) 教諭，先生（＝professeur des écoles）
＊中学以上の先生にはprofesseurを使う．

□ normal
(囡-ale, 複-aux)
144 〔ノルマル〕

形 正常な, 標準の, 普通の (=ordinaire)
Elle n'est pas *normale*.　彼女は普通じゃない.
C'est *normal*.
(相手の発言に対して) 当然のことです.
C'est *normal* que tu sois en retard.
君が遅れるのはもっともだ.
□ **normalement** 副 正常に

□ rencontrer
145 〔ランコントゥレ〕

他 出会う；遭遇する；(スポーツで) 対戦する
代動 出会う
Je l'*ai rencontrée* par hasard.
ばったり彼女に会った.
Nous *nous sommes rencontrés* dans un restaurant.　私たちはレストランで出会った.
□ **rencontre** 囡 出会い；(政治的) 会談

□ peinture
146 〔パンテュール〕

囡 ペンキ；《総称》絵画, 絵
＊一枚の絵は un tableau という. ☞P.32
Peinture fraîche 《掲示》「ペンキ塗り立て」
Ma mère adore la *peinture*.
母は絵が大好きだ.
faire de la *peinture*　絵を描く
□ **peindre** 動 (ペンキで) 塗る；(絵を) 描く

□ ménage
147 〔メナージュ〕

男 家事, 家の掃除；夫婦
faire le *ménage*　家の掃除をする (=nettoyer)
se mettre en ménage　所帯を持つ
□ **ménager(ère)** 形 家事の
□ **ménagère** 囡 主婦

□ coûter
148 〔クテ〕

自 値段が...である
coûter cher　値段が高い；高くつく
Combien *coûte* cette cravate ?
このネクタイはいくらですか？

149〜159

□ **avis**
149 〔アヴィ〕

男(個人的な) 意見（=opinion）
Je suis de votre *avis*.
あなたと同意見です [賛成です].
À votre *avis* ? あなたの考えはいかがですか？ ＊自分の意見を述べる際に文頭で使われる À mon avis「私の考えでは」の形を疑問文にして，相手の意見を打診する形．

□ **frapper**
150 〔フラペ〕

他打つ，殴る（=battre）；（心を）打つ
自 (à ...を) ノックする
frapper＋人＋**à [sur, dans]** ＋身体
（人）の（身体）を殴る
Il *a frappé* Marie au visage.
彼はマリの顔を殴った．
On *frappe* à la porte.
誰かがドアをノックしている．
entrer sans *frapper*　ノックせずに入る

□ **faux(fausse)**
151〔フォ (フォース)〕

形間違った，偽りの
C'est vrai ou c'est *faux* ?
それは本当ですか，間違いですか？
une *fausse* dent　入れ歯
□ **faute** 女間違い，ミス ☞P.117

□ **genou**(複**-x**)
152 〔ジュヌゥ〕

男ひざ
à *genoux*　ひざをついて，ひざまずいて
se mettre à *genoux*　ひざまずく

□ **sérieusement**
153 〔セリゥズマン〕

副まじめに；（程度が）ひどく
Faites votre travail *sérieusement* !
まじめに働きなさい！
être *sérieusement* malade　重病である
□ **sérieux(se)** 形まじめな

□ **sérieux(se)**
154 〔セリゥ(-ズ)〕

形まじめな，深刻な　男まじめ，真剣
C'est *sérieux* !　本気です！

avec sérieux まじめに
□ **sérieusement** 副まじめに；ひどく

□ **empêcher**
155〔アンペシェ〕

他妨げる，邪魔する
empêcher＋人・物＋**de**＋*inf.*
〜が...するのを妨げる
La neige *l'a empêché de sortir*.
雪のために彼は外出できなかった．
□ **empêchement** 男都合；さしつかえ

□ **louer**
156〔ルゥエ〕

他（à ...に）賃貸しする；賃借りする
J'*ai loué* mon appartement à Jean.
ジャンにアパルトマンを貸した．
une maison à *louer*　貸家
louer une voiture　車をレンタルする

□ **offrir**
157〔オフリール〕

他贈る（↔ recevoir），プレゼントする；提供する
Elle m'*a offert* des fleurs.
彼女が私に花を贈ってくれた．
Il *a offert* sa place à une personne âgée.
彼は老人に席をゆずった．

□ **parfait(e)**
158〔パルフェ（トゥ）〕

形完全な（＝excellent）
vivre dans une *parfaite* tranquillité
まったく平穏に暮らす
C'est *parfait*.　それで結構です．［それでよろしい．よかった．］
□ **parfaitement** 副完璧に
□ **perfection** 女完全；完成

□ **large**
159〔ラルジュ〕

形（幅の）広い，大きな（↔ étroit）
une *large* rue　広い通り
être *large* d'épaules　肩幅が広い
□ **largement** 副広く；大きく
□ **largeur** 女幅；横

160〜170

□ **plan**
160〔プラン〕

男(都市などの) 地図；計画，プラン；平面
Je voudrais un *plan* de métro, s'il vous plaît.　地下鉄の地図［案内図］をいただけますか．＊国を描いた地図はune carteという．
□ **plan(e)** 形平らな，平面の

□ **tranquille**
161〔トゥランキル〕

形静かな（＝calme）；おとなしい（＝sage）
se tenir *tranquille*
静かにしている，黙っている
Laissez-moi *tranquille* !
ほっといてください！　私にかまわないで！
□ **tranquillité** 女静けさ

□ **nombre**
162〔ノンブル〕

男数，数量
Les chambres de cet hôtel sont au *nombre* de cinquante.　このホテルの部屋数は50です．
□ **nombreux(se)** 形多くの ☞P.190

□ **installer**
163〔アンスタレ〕

他設置する
代動居住する，身を落ちつける
installer le climatiseur　エアコンを取り付ける
s'installer à Lyon　リヨンに居を定める
□ **installation** 女取り付け；(住居に) 落ち着くこと

□ **voler**
164〔ヴォレ〕

自飛ぶ　他 (à ...から) 盗む
se faire voler＋所有物(金品)　...を盗まれる
Je *me suis fait voler* mon vélo.　私は自転車を盗まれた．(＝On m'a volé mon vélo.)
□ **voleur(se)** 男女泥棒 ☞P.138

□ **apercevoir**
165〔アペルスヴォワール〕

他見える，目に入る（＝voir）；認める
代動気づく（＝remarquer）
Je l'*ai aperçu* à la gare ce matin.
今朝，駅で彼を見かけた．
Je *me suis aperçu(e)* de mon erreur.

私は自分の誤りに気づいた．

prochain(e)
166 〔プロシャン（シェヌ）〕

形 次の，今度の（↔ dernier）
la semaine *prochaine*　来週
l'année *prochaine*　来年
À la *prochaine* !
《別れ際の挨拶》また今度！
□ **prochainement** 副 近いうちに

rare
167 〔ラール〕

形 珍しい，まれな（↔ fréquent）；
（髪などが）まばらな
Les vrais amis sont *rares*.
真の友というのはめったにいない．
Il est rare de+*inf.* [**que**+接続法]
…するのはまれである
□ **rarement** 副 まれに，めったに…ない

riche
168 〔リッシ〕

形 金持ちの（↔ pauvre）；(en …に) 富んだ
Je ne suis pas assez *riche* pour acheter une maison.
家を買えるほどの金持ちではありません．
Si tu étais *riche*, qu'est-ce que tu achèterais ?
もし君がお金持ちなら，何を買います？
□ **richesse** 女 富（↔ pauvreté）

commander
169 〔コマンデ〕

他 (店員に) 注文する；命じる；指揮する
Vous *avez* déjà *commandé* ?
（カフェなどで）ご注文はお済みですか？
＊名詞を使って　Vous avez déjà passé la commande ? としても同じ意味．
Je n'*ai* pas *commandé* ça.　これは頼んでません．
□ **commande** 女 注文

sembler
170 〔サンブレ〕

自 …のように思われる；…のように見える
Il me semble que…
…のように見える；…みたいだ

NIVEAU 4

*Il me semble qu'*elle attend un bébé.
私には彼女が妊娠しているように見える．

□ **lampe**
171 〔ランプ〕

女電灯，電球（＝ampoule d'une lampe）
allumer [éteindre] une *lampe*
電灯をつける［消す］

□ **réserver**
172 〔レゼルヴェ〕

他予約する
Je voudrais *réserver* une chambre.
部屋を予約したいのですが．
Vous devez *réserver* à l'avance.
事前に予約すべきです．
□ **réservation** 女予約

□ **suffire**
173 〔スュフィール〕

自（物が à ...に）十分である，足りる；満足させる
Ça me *suffit*. それで私には十分だ．
Ça *suffit* ! もうたくさん［それで充分］！
＊相手の話を打ち切るときに使う．
□ **suffisant(e)** 形十分な
□ **suffisamment** 副十分に

□ **tromper**
174 〔トゥロンペ〕

他だます，裏切る　代動間違える
tromper sa femme　妻を裏切る，浮気する
Pardon ! Je *me suis trompé(e)* de numéro (de téléphone).
すみません，番号を間違えました．

□ **début**
175 〔デビュ〕

男初め，始まり；《複で》デビュー
au *début* (＝tout au début, au tout début)
始めは，最初のうちは
au début de...　...の初めに
au début du mois d'avril　4月の初めに
□ **débutant(e)** 男女初心者，新人

□ valeur
176 〔ヴァルゥール〕

女価値（＝prix），（物の）価格；（人の）値打ち，長所
prendre de la *valeur*
価値が上がる，値が上がる
de grande valeur 高価な；優秀な
□ **valoir** 動...の価値がある ☞P.91

□ rond(e)
177 〔ロン(ロードゥ)〕

形丸い；端数のない　男丸；《話》お金
ouvrir des yeux *ronds*　（驚いて）目を丸くする
cent euros tout *ronds*　100ユーロきっかり
Je n'ai pas un *rond*.　文無しなんだ．
en rond　円を描いて；丸くなって
□ **arrondir** 動丸くする

□ exister
178 〔エグズィステ〕

自存在する；生きる
Il *existe* de nombreuses églises dans ce quartier.　この界隈にはたくさん教会がある．
＊非人称でil y a「...がある」の意味．
□ **existence** 女存在；生活

□ recommencer
179 〔ルコマンセ〕

他再び始める；やり直す　自再び始まる
Il *a recommencé* à pleuvoir.
また雨が降り出した．
Tout est à *recommencer*.
何もかもやり直しだ．
Les cours *recommencent* au mois de septembre.　講義は9月に再開する．

□ usine
180 〔ユズィヌ〕

女工場
travailler dans une *usine*　工場で働く

□ faute
181 〔フォートゥ〕

女間違い，ミス；責任
Ce n'est pas ma *faute*.
私のミス［責任］ではない．
＊会話ではCe n'est pas de ma faute. とも言う．
sans faute　必ず，間違いなく

□ **faux (fausse)** 形間違った ☞P.112

□ **papier**
182〔パピエ〕

男紙，書類；《複で》身分証明書
Il faut remettre du *papier*.
（コピー機で）紙を補充しなければならない．
Vos *papiers*, s'il vous plaît.
身分証明書をお見せください．＊身分証には「パスポート」le passeport,「運転免許証」le permis de conduireが含まれる．

□ **cacher**
183〔カシェ〕

他隠す
代動隠れる；（所持品が）見えなくなる
L'arbre *cache* la forêt.
【諺】木を見て森を見ず．
Où *se cache* ma montre ?
私の腕時計はどこにいったのだろう？
□ **cache-cache** 男かくれんぼ

□ **vérité**
184〔ヴェリテ〕

女真実，真理
dire la *vérité* 本当のことを言う（↔ dire un mensonge）
Il faut que je sache la *vérité*.
真実を知らなくてはならない．
en vérité 実際（は），本当に
□ **véritable** 形本当の；まったくの
□ **véritablement** 副本当に

□ **nouvelle**
185〔ヌヴェル〕

女知らせ，情報；《複で》便り，ニュース
Donnez-moi de vos *nouvelles* ! （しばらく会えない相手に）知らせをくださいね！
J'ai écouté ces *nouvelles* à la radio.
ラジオでそのニュースを聞いた．

□ **vent**
186〔ヴァン〕

男風
Il y a [Il fait] du *vent* aujourd'hui.
今日は風がある［吹いている］．

《データ本位》でる順仏検単語集

NIVEAU 4

□ **toucher**
187〔トゥシェ〕

他 触る；(金などを)受け取る (=recevoir)
自 (à ...に) 手で触る；手を出す
Ne *touche* pas! 触らないで！
Ne *touchez* pas à mon ami!
僕の友だちに手をだすな！

□ **élever**
188〔エルヴェ〕

他 (物・値段を) 上げる；(人を) 育てる
代動 上がる (↔baisser)；(à ...に) 達する (=atteindre)
élever la température　温度を上げる
Il *a été élevé à* la campagne.
彼は田舎で育った.

□ **matière**
189〔マティエール〕

女 物質, 材料；題材 (=sujet), (学校の) 教科
En quelle *matière* est ce tapis?　このカーペットはどんな素材でできていますか？
□ **matériel(le)** 形 物質的な；金銭的な

□ **avancer**
190〔アヴァンセ〕

他 前に出す；(時間を) 早める
自 (時計が) 進む, 前進する
avancer un réveil de dix minutes
目覚ましを10分進める
Ta montre *avance* [Tu *avances*] de cinq minutes.　君の時計は5分進んでいる.
＊Tu avances...と時計を主語にしなくても文は成り立つ.
□ **avance** 女 前進；先行 ☞P.162

□ **vitesse**
191〔ヴィテス〕

女 速さ, スピード
faire de la *vitesse*　スピードを出す
à toute vitesse　大急ぎで；全速力で
T.G.V. (=train à grande vitesse)
(フランスの) 新幹線
□ **vite** 副 速く；すぐに

cent dix-neuf　119

192～204

□ **situation**
192〔スィテュアスィヨン〕
囡状況, 情勢；立場；地位
se trouver dans une *situation* délicate
微妙な立場にある
perdre sa *situation*　職を失う

□ **commerce**
193〔コメルス〕
男商業, 貿易；商店（＝boutique, magasin）
être dans le *commerce*　販売されている
ouvrir un *commerce*　店を開く, 開業する
□ **commercial(ale)** 形商業の
□ **commerçant(e)** 男囡商人

□ **se promener**
194〔スプロムネ〕
代動散歩する
Elle *s'est promenée* dans le parc.
彼女は公園を散歩した.
se promener en voiture　ドライブする
□ **promenade** 囡散歩；散歩道
□ **promeneur(se)** 男囡散歩者

□ **agréable**
195〔アグレアーブル〕
形快適な（＝confortable）；感じのよい
（＝sympathique）
agréable à vivre　暮らしやすい
Ce sont des gens très *agréables*.
彼らはとても感じのよい人たちだ.
□ **agréablement** 副快適に, 心地よく

□ **météo**
196〔メテオ〕
囡天気予報（＝météorologie）☞P.188
selon la *météo*　天気予報によれば

□ **ennuyer**
197〔アンニュィエ〕
他退屈させる；困らせる；うんざりさせる
代動退屈する
Ce roman m'*a ennuyé(e)* à mourir.
この小説は死ぬほど退屈だった.
On ne *s'ennuie* pas avec elle.
彼女といると退屈しない.
□ **ennuyeux(se)** 形嫌な；困った；退屈な
□ **ennui** 男心配事；困ること

□ immeuble
198 〔イムゥブル〕

男 大きな建物, ビル (＝bâtiment)；不動産
Mon bureau est au deuxième étage de cet immeuble.　私のオフィスはこのビルの3階です.
＊事務所や店舗, 住居などに用いる建物を指す.
□ **immobilier(ère)** 形 不動産の

□ pêche
199 〔ペーシ〕

女 (1)釣り　(2)桃（の実）
aller à la *pêche*　釣りに行く

□ disque
200 〔ディスク〕

男 レコード；(コンピューターの) ディスク
un *disque* compact　コンパクトディスク
(＝un compact-disc, un C.D.)
un *disque* dur
(コンピューターの) ハードディスク

□ refuser
201 〔ルフュゼ〕

他 拒否する, 拒む (↔ accepter)；(試験で) 落とす (↔ recevoir)
J'*ai refusé* de participer à cette réunion.
私はその会合に出席するのを断った.
Elle *a été refusée* à son examen.
彼女は試験に落ちた.
□ **refus** 男 拒否

□ dépendre
202 〔デパーンドゥ〕

自 ...による, ...次第である；...に依存する
Ça *dépend*.　場合によります.
Ça *dépend* du prix [de l'heure].
値段 [時間] によります.
□ **dépendance** 女 依存（関係）

□ fer
203 〔フェール〕

男 鉄
Il faut battre le *fer* quand il est chaud.
【諺】鉄は熱いうちに打て.
le chemin de *fer*　鉄道

□ engager
204 〔アンガジェ〕

他 雇う；参加させる
代動 約束する；雇われる

cent vingt et un

Elles *ont été engagées* la même année.
彼女たちは同期の入社だ.
Paul *s'est engagé* à tout payer.
ポールは全て支払うと約束した.
□ **engagement** 男約束, 契約；参加

□ **dépenser**
205〔デパンセ〕

他（金を）使う, 支出する；消費する
(＝consommer)
Il *dépense* beaucoup d'argent en livres.
彼は本に多くのお金を使う.
□ **dépense** 女出費, 支出

□ **culture**
206〔キュルテュール〕

女文化, 教養；耕作
la *culture* orientale [occidentale]
東洋［西洋］文化
Il a une solide *culture*.
彼にはしっかりした教養がある.
□ **culturel(le)** 形文化の
□ **cultiver** 動耕す ☞P.203

□ **étranger(ère)**
207〔エトランジェ
（ール）〕

形外国の；（à ...に）関係のない
男女外国人　男外国
une langue *étrangère*　外国語
voyager à l'*étranger*　海外旅行をする
Vous êtes déjà allé(e)(s) à l'*étranger* ?
外国へ行かれたことはありますか？

□ **ordinaire**
208〔オルディネール〕

形普通の, 並の, 平凡な
d'ordinaire　普段は, たいていは
Il rentre *d'ordinaire* à vingt heures.
彼は普段午後8時に帰宅する.
comme d'ordinaire　いつものように
(＝comme à l'ordinaire, comme d'habitude)
□ **ordinairement** 副普段は

□ contraire
209 〔コントゥレール〕

形 逆の, 反対の　男 逆, 反対
aller en sens *contraire*
反対方向に進む;（時代に）逆行する
au contraire　それどころか；とんでもない；反対に
□ **contrairement** 副（à ...に）反して

□ voix
210 〔ヴォワ〕

女 声；（選挙の）票
à haute voix　大声で（=**à voix haute**）
avoir de la voix　声がよい, 声が通る

□ chauffage
211 〔ショファージュ〕

男 暖房（↔ climatisation）
mettre [allumer] le *chauffage*　暖房をつける
chauffage central　セントラル・ヒーティング

□ discuter
212 〔ディスキュテ〕

他 討議する；異議を唱える（=protester）
自 (de, sur ...について) 議論する
Ne *discutez* pas !　文句を言わないで！
De quoi *discutez*-vous ?
何の話をしているのですか？
□ **discussion** 女 討論；口論

□ importer
213 〔アンポルテ〕

自（à ...にとって）重要である
ce qui *importe* à mon fils
息子にとって大事なこと
n'importe＋疑問詞
n'importe qui [quoi]　だれ [何] でも
n'importe où [quand]　どこ [いつ] でも

□ pont
214 〔ポン〕

男 橋
passer [traverser] le *pont*　橋を渡る
faire le pont
休日にはさまれた日を休みにする

□ salon
215 〔サロン〕

男 応接間, 居間；（営業用の）店
faire entrer＋人＋**dans le salon**　応接間に

216〜226

(人)を通す
Elle travaille dans un *salon* de coiffure.
彼女は美容院で働いている.

□ **social**
(囡-ale, 複-aux)
216〔ソシィアル〕

形 社会の, 社会的な；会社の
entrer dans la vie *sociale* 社会に出る
□ **société** 囡社会；会社 ☞ P.184
□ **sociologie** 囡社会学

□ **entrée**
217〔アントゥレ〕

囡入口, 玄関；入学；入場（券）；(料理で)
アントレ
On s'attend dans l'*entrée*.
入口［玄関］で待ってます.
Qu'est-ce que tu prends comme *entrée* ?
アントレは何にする？
＊主菜の前に出る料理が「アントレ」.
□ **sortie** 囡出口 ☞ P.192

□ **bâtiment**
218〔バティマン〕

男建物；建設業
Ce *bâtiment*-là, qu'est-ce que c'est ?
あの建物は何ですか？
Mon père travaille dans le *bâtiment*.
父の仕事は建設業です.
□ **bâtir** 動建てる, 建設する

□ **résultat**
219〔レズュルタ〕

男結果；(試験の) 成績
Les *résultats* du concours ont été publiés hier.
昨日試験の結果が発表された.
aboutir à un *résultat* favorable 好結果を得る
□ **résulter** 動(de ...から) 結果として生じる；原因がある

□ **principal**
(囡-ale, 複-aux)
220〔プランスィパル〕

形主要な, 主な 男重要なこと
les villes *principales* 主要都市
□ **principalement** 副主として, 特に

《データ本位》でる順仏検単語集

NIVEAU 4

□ **formidable**
221〔フォルミダーブル〕
形(内容が) 素晴らしい, 素敵な；(数量や力が) すごい
C'est *formidable*! すごい [すばらしい]！
Quel homme *formidable*!
なんて素敵な男性だ！

□ **figure**
222〔フィギュール〕
女 顔 (＝visage)；顔つき, 表情
se laver la *figure* 顔を洗う
changer de *figure* 顔色 [表情] を変える
□ **se figurer** 動 想像する, 心に描く

□ **naître**
223〔ネートゥル〕
自 生まれる；生じる
Elle *est née* à Paris. 彼女はパリで生まれた.
Quand *êtes*-vous *né(e)(s)*?
生まれたのはいつですか？
□ **naissance** 女 誕生

□ **tendre**
224〔タンドゥル〕
形 (肉などが) 柔らかい (↔ dur)；優しい
Ce steak est bien *tendre*.
このステーキはとても柔らかい.
Il n'est pas *tendre* pour sa fille.
彼は娘に対してつらく当たる.
□ **tendresse** 女 優しさ；愛情 (＝amour)
□ **tendrement** 副 優しく

□ **couler**
225〔クーレ〕
自 (川・液体などが) 流れる；(de …から) 流れ出る
La Seine *coule* à Paris.
セーヌ川はパリを流れている.
Le temps *coule* lentement.
時がゆっくりと流れる.

□ **ferme**
226〔フェルム〕
形 堅い, しっかりした 女 農家, 農場
une voix *ferme* 力強い声
être ferme avec＋人
(人)に対して確固たる態度をとる

227〜236

□ **responsable**
227〔レスポンサーブル〕
形 (de ...に対して) 責任がある
男 女 責任者；代表者
Il est *responsable* de cet accident.
彼はその事故に責任があります．
Voulez-vous me passer un *responsable* ?
(電話で) 責任者 [担当の方] をお願いできますか？
□ **responsabilité** 女 責任

□ **cuiller,
    cuillère**
228〔キュィエール〕
女 スプーン
Je voudrais une *cuillère*, s'il vous plaît.
(食事の際に) スプーンをください．
* コーヒースプーン（小さじ）は cuillère à café, スープスプーン（大さじ）は cuillère à soupe.
* (類語) fourchette 女 「フォーク」 couteau 男 「ナイフ」．

□ **retraite**
229〔ルトゥレットゥ〕
女 引退，退職；年金
Il est à la *retraite*.　彼は引退している．
prendre sa *retraite*　退職する
□ **se retirer** 動 引退する ☞ P.251

□ **santé**
230〔サンテ〕
女 健康 (状態)，体調
Je suis en bonne [mauvaise] *santé*.
体の調子がよい [悪い]．
(À votre) *santé* !　乾杯！
* 「あなたの健康を祝して」の意味から．
□ **sain(e)** 形 健康な；体によい

□ **effort**
231〔エフォール〕
男 (精神的・身体的) 努力
sans *effort*　楽々と（＝facilement）
faire des *efforts*　努力する
Merci pour tous vos *efforts*.
ご苦労さまでした．*「あなたのあらゆる努力 [骨折り] に感謝します」が直訳．
□ **s'efforcer** 動 努力する，努める

126　cent vingt-six

《データ本位》でる順仏検単語集

□ **sage**
232〔サージュ〕

形(子どもが)おとなしい；賢明な
(＝raisonnable)
Soyez *sage* !　おとなしくしてなさい！
Il serait plus *sage* de＋*inf*.
...するほうが賢明だ
□ **sagesse** 女従順さ；賢明
□ **sagement** 副賢明に

□ **verre**
233〔ヴェール〕

男ガラス(＝glace), コップ；(眼鏡の)レンズ
boire un *verre* d'eau
水を一杯[コップ一杯]飲む
des *verres* de contact　コンタクトレンズ

□ **centre**
234〔サーントゥル〕

男中心, 中央, 中心地(部)
J'habite dans le *centre*.　町の中心部に住んでいます. ＊「町の中心部」はle centre ville (標識などではcentre-villeと表記される)ともいう.

□ **habiller**
235〔アビィエ〕

他(服を)着せる
代動服を着る, 身につける
être bien [mal] *habillé(e)*
センスのよい[悪い]かっこうをしている
Il est toujours mal *habillé*.
彼の着ているものはいつもかっこ悪い.
Elle *s'habille* toujours très bien.
彼女はいつも着こなしが素晴らしい.
□ **habillé(e)** 形(人が)服を着た

□ **moderne**
236〔モデルヌ〕

形現代の, モダンな(↔ ancien, vieux)；近代の
les temps *modernes*　現代
Ils ont des idées *modernes*.
彼らは現代的な考えをしている.
□ **moderniser** 動現代化する

NIVEAU 4

237〜247

□ **nécessaire**
237 〔ネセセール〕

形 必要な；不可欠な　男 必要なこと
l'argent *nécessaire* pour le voyage
旅行に必要なお金
Il est *nécessaire* de manger pour vivre.
生きるためには食べなくてはならない．
□ **nécessairement** 副 どうしても；必然的に
□ **nécessité** 女 必要

□ **ressembler**
238 〔ルサンブレ〕

自 (à ...に) 似ている，類似している
代動 互いに似ている
Elle *ressemble* plutôt à son père.
彼女はどちらかといえば父親似だ．
□ **ressemblance** 女 類似

□ **voisin(e)**
239 〔ヴォワザン
　　 (ズィーヌ)〕

形 隣の；近所の　男 女 隣の人，近くの人
les villages *voisins* de Dijon
ディジョン近隣の村
□ **voisinage** 男 近所の人々；近所

□ **pratique**
240 〔プラティク〕

形 実用的 [現実的] な；便利な
女 実行，実践
Prenez le métro, c'est plus *pratique*.　地下鉄で行きなさい，その方が便利ですから．
passer de la théorie à la *pratique*
理論を実践に移す
□ **pratiquement** 副 実際には；ほとんど

□ **moto**
241 〔モト〕

女 オートバイ
aller à [en] *moto*　オートバイで行く
monter sur une *moto*　オートバイに乗る
(＝monter à [en] *moto*)

□ **dessiner**
242 〔デスィネ〕

他 デッサンする，(図形などを) 描く
Tu aimes *dessiner* ?
絵を描くのが好きですか？　＊名詞を使って
Tu aimes le dessin ? とも言える．

dessiner un paysage au crayon
鉛筆で風景を描く
□ **dessin** 男 デッサン

□ **dessin**
243 〔デッサン〕

男 絵を描くこと，デッサン；製図；図面
faire un *dessin* デッサンを描く
Je ne suis pas doué(e) en *dessin*.
絵を描くのはうまくありません．＊絵具を使った絵画（作品）はla peintureという．
□ **dessiner** 動 デッサンする

□ **coup**
244 〔クゥ〕

男 打つこと，一撃；（身体の）素早い動き
donner un coup de téléphone
電話をかける
jeter un coup d'œil ざっと目を通す
tout à coup 〔トゥタクゥ〕 突然
tout d'un coup 一挙に；急に

□ **garage**
245 〔ガラージュ〕

男 ガレージ；自動車整備工場
rentrer sa voiture au *garage*
ガレージに車を入れる

□ **faible**
246 〔フェーブル〕

形 （体が）弱い；(en ...に) 弱い；(avec ... に対して) 弱い
avoir la vue *faible* 視力が弱い
Tu es *faible* en anglais ?
君は英語が苦手ですか？
Il est *faible* avec sa fille. 彼は娘には甘い．
□ **faiblesse** 女 弱さ

□ **grave**
247 〔グラーヴ〕

形 重大 [重要] な (＝important)
un problème *grave* 重大問題
Ce n'est pas *grave*. たいしたことではない．
□ **gravement** 副 重く；厳かに

NIVEAU 4

248〜258

□ **visite**
248〔ヴィズィトゥ〕

女訪問；見学
rendre visite à+人 （人）を訪れる
Je *lui ai rendu visite*.
私は彼［彼女］を訪問した．
*建物・場所を「訪問する」の意味では通常
visiterを用いる．〈faire la visite de＋建物〉と
もいう．☞P.56

□ **connaissance**
249〔コネサーンス〕

女知り合うこと，面識；《複で》知識
Je suis heureux(se) de faire votre *connaissance*. お近づきになれて嬉しく思います．
Il a des *connaissances* dans tous les domaines.
彼はあらゆる分野に知識が豊富だ．
□ **connaître** 動知る
□ **connu(e)** 形知られている，有名な

□ **connu(e)**
250〔コニュ〕

形既知の；よく知られた，有名な（＝célèbre）
C'est une chose *connue*.
それは周知のことだ．
un écrivain très *connu* 非常に有名な作家

□ **goût**
251〔グゥ〕

男味，風味；センス，趣味
avoir bon goût
（料理が）おいしい；趣味がよい
avoir du goût センスがよい
à mon goût
《多く文頭で》私の趣味［好み］で言うと
□ **goûter** 動味わう；(à ...の) 味をみる

□ **goûter**
252〔グテ〕

他味わう 自味をみる
Goûtez à ce plat. この料理の味をみてください．
Il *goûte* bien ce qu'il mange.
彼は食べるものを十分に味わう．
goûter la musique 音楽を味わう［楽しむ］
□ **goût** 男味；好み

□ départ
253〔デパール〕

男出発（↔ arrivée）
le point de *départ*　出発点, 発端, 起こり
fixer l'heure du *départ*　出発の時刻を決める
au départ　はじめは（=au début）;（スポーツで）位置について
□ **partir** 動出発する

□ détester
254〔デテステ〕

他大嫌いである（↔ adorer）
Il *déteste* la bière.　彼はビールが嫌いだ.
détester+*inf.*　...するのを嫌う
Elle *déteste manger* toute seule.
彼女は一人きりで食事をするのが大嫌いだ.

□ électrique
255〔エレクトゥリク〕

形電気の
une lampe *électrique*　電灯, 電気スタンド
□ **électricité** 女電気；電灯 ☞P.208

□ magnifique
256〔マニフィク〕

形素晴らしい, 見事な（=splendide, superbe）
Il fait un temps *magnifique*.
素晴らしい天気だ.
C'était *magnifique* !
（見たもの, 感じたものが）すばらしかった！

□ taper
257〔タペ〕

他打つ, たたく；タイプを打つ
taper sur la table　（腹を立てて）机をたたく
taper à la machine　タイプを打つ

□ clair(e)
258〔クレール〕

形明るい；色が薄い；明快な
副明るく；はっきりと
un ciel *clair*　明るく晴れた空
Il est *clair* que Pierre a tort.
ピエールが間違っていることは明らかだ.
□ **clarté** 女明るさ；光
□ **clairement** 副はっきりと

259〜270

□ **occasion**
259〔オカズィヨン〕

女好機, 機会
à l'occasion de... ...の機会に, ...の折りに
à l'occasion de votre anniversaire
あなたの誕生日の折りに
d'occasion 中古の (↔ neuf)
un vélo *d'occasion* 中古の自転車

□ **se baigner**
260〔ス ベニェ〕

代動 (海や川などで) 水浴びする
se baigner dans la mer 海水浴をする
aller *se baigner*
泳ぎに行く *この言い回しはprendre un bain「風呂に入る」の意味では用いられない.
□ **baignoire** 女浴槽 □ **bain** 男風呂

□ **enseigner**
261〔アンセニェ〕

他教える, 教育する
enseigner le français フランス語を教える
□ **enseignement** 男教育
□ **enseignant(e)** 男女教師

□ **capable**
262〔カパーブル〕

形...する力量がある, ...できる (↔ incapable);...するかもしれない
Il est *capable* de comprendre mon explication. 彼は私の説明が理解できる.
□ **capacité** 女能力;力量

□ **brave**
263〔ブラーヴ〕

形《名詞の後で》勇敢な (=courageux),
《名詞の前で》正直な;まじめな
un homme *brave* 勇敢な人
un *brave* homme きまじめな人
□ **bravement** 副勇ましく

□ **problème**
264〔プロブレム〕

男問題
Pas de *problème*. 問題ない [大丈夫です].
Elle me pose beaucoup de *problèmes*.
彼女はいろいろ面倒を起こす.
résoudre un *problème* 問題を解決する

□ emmener
265〔アンムネ〕

他 連れて行く；(物を) 持って行く
(＝emporter)
Je dois *emmener* mon fils chez le dentiste.
息子を歯医者に連れて行かなくてはならない.
Je vous *emmène* à la gare ?
駅まで送りましょうか？

□ addition
266〔アディスィヨン〕

女 (飲食店の) 勘定 (書)
L'*addition*, s'il vous plaît.
(カフェなどで) お勘定をお願いします.
＊ホテルの「勘定」はla note,「請求書［明細書］」は一般にla facture,「領収証（レシート）」はle reçuといわれる.

□ compagnie
267〔コンパニ〕

女 (人と) 一緒にいること；(保険や金融などの) 会社 (＝société)
en compagnie de＋人
(人)と一緒に，(人)と連れだって (＝avec)
Il était *en compagnie d'*une amie.
彼は女友だちと一緒だった.
tenir compagnie à＋人　(人)の相手をする

□ panne
268〔パンヌ〕

女 故障；停止
être en panne　故障している
tomber en panne　故障する

□ terminer
269〔テルミネ〕

他 終える，完了する
代動 (休みなどが) 終る
terminer ses études　学業を終える, 卒業する
Vous avez *terminé* ?
(レストランなどで) 食事はお済みですか？

□ studio
270〔ステュディオ〕

男 ステュディオ，ワンルームマンション
J'ai loué un *studio* pour un mois.
1ヶ月間ステュディオを借りた.

271〜281

□ **station**
271〔スタスィヨン〕

女(地下鉄の) 駅；(タクシーの) 乗り場
Je descends à la prochaine *station*.
次の駅で降ります.
＊市内のバス停はun arrêt (d'autobus), 鉄道の駅は une gare という.

□ **égal**
(女-ale, 複-aux)
272〔エガール〕

形 等しい；平等な
Ça m'est *égal*. (そんなことは) どうでもよい. どちらでもかまわない.
Dedans ou dehors ? - Ça m'est *égal*.
(カフェなどで) 外にする内にする？ －どっちでもいいよ.
□ **également** 副 等しく □ **égalité** 女 平等

□ **presser**
273〔プレセ〕

他 押す；搾る；(仕事などを) 急がせる
自 急を要する 代動 急ぐ (＝se dépêcher)；
《de+*inf*.》急いで...する
presser un citron レモンを搾る
Mon ami m'*a pressé* de partir.
友だちが私に出かけるようせき立てた.
Pressez-vous！ 急ぎなさい！
□ **pressé(e)** 形 急いでいる

□ **pressé(e)**
274〔プレセ〕

形 急いでいる, 搾った
Je suis *pressé(e)*. 私は急いでいる.
être pressé(e) de+*inf*.
...することを急いでいる
Il est pressé de partir.
彼は早く出発したがっている.

□ **frais(fraîche)**
275〔フレ(ーシ)〕

形 (心地よく) 冷たい；(気候が) 涼しい；
新鮮な；生の
boire de l'eau *fraîche* 冷たい水を飲む
Il fait *frais* ce soir. 今晩は涼しい [肌寒い].
＊文法上このfraisは副詞になる.
des légumes *frais* 生野菜

《データ本位》でる順仏検単語集

□ **retard**
276〔ルタール〕

男(時間的な)遅れ(↔ avance)
Le train a un *retard* de dix minutes.
列車は遅れています.
en retard 遅れて(↔ en avance)
Excusez-moi d'être *en retard*.
遅刻してすみません.

□ **prêt(e)**
277〔プレ(ットゥ)〕

形準備[用意]ができた;着替えができた
Tu es *prêt(e)* ? 準備はいい?
Je suis *prêt(e)* à sortir.
外出する準備はできている.

□ **salade**
278〔サラッドゥ〕

女サラダ
une *salade* niçoise ニース風サラダ
＊ニンニク,アンチョビ,オリーヴなどが入ったニース地方を思わせるサラダ.

□ **se reposer**
279〔ス ルポゼ〕

代動休息する,休む
Je n'ai pas le temps de *me reposer*.
休む暇がない.
Repose-toi un peu. ちょっと休みなさい.
□ **repos** 男休息,休み ☞P.157

□ **tellement**
280〔テルマン〕

副とても,非常に;それほど
tellement＋形・副＋**que...** とても~なので...
Elle parle *tellement vite que* personne ne la comprend. 彼女はあまりに早くしゃべるので誰も彼女の言うことが分からない.
Pas *tellement*.
(質問への返答として)それほどでもない.

□ **fumer**
281〔フュメ〕

他(タバコを)吸う 自タバコを吸う
Mon père *fume* deux paquets par jour.
父は一日に2箱タバコを吸う.
Est-ce que je peux *fumer* ?
タバコを吸ってもいいですか?

NIVEAU 4

cent trente-cinq 135

282〜293

☐ **fumeur(se)** 男 女 喫煙者

☐ **erreur**
282 〔エルゥール〕

女 間違い，誤り
Vous faites *erreur*. （電話で）番号違いです．
＊C'est une erreur. とも表現する．
par erreur　間違って

☐ **traverser**
283 〔トゥラヴェルセ〕

他 横切る；貫通する；（時期を）経過する
traverser la rue　通りを横切る［渡る］
☐ **traversée** 女 横断；（川などを）渡ること

☐ **retour**
284 〔ルトゥール〕

男 帰ること，戻ること
un (billet d') aller et *retour*　往復切符
Il sera de *retour* à Nantes.
彼はナントに戻るだろう．
☐ **retourner** 動 戻る ☞P.214

☐ **port**
285 〔ポール〕

男 港
entrer dans le *port*　入港する
quitter le *port*　出港する

☐ **sympathique**
286 〔サンパティク〕

形 感じのよい，好ましい；愉快な
（＝agréable）
Je le trouve très *sympathique*.
彼はとても好感の持てる人だ．
＊会話ではしばしば sympa と略される．
☐ **sympathie** 女 好感；共感

☐ **indiquer**
287 〔アンディケ〕

他 指し示す，教える；（時間・場所を）
決める（＝fixer）
indiquer l'adresse　住所を教える
Vous pouvez m'*indiquer* le chemin de la gare ?
駅へ行く道を教えてくださいますか？
Indiquez-moi l'heure du rendez-vous.
待ち合わせの時間を指定してください．
☐ **indication** 女 指示

□ **bagage**
288〔バガージュ〕

男 荷物

J'aimerais faire enregistrer ces *bagages*.
この荷物を預けたいのですが.
＊空港での荷物のチェックインの際に使う.
Je ne retrouve pas mon *bagage*.
私の荷物が見つかりません.

□ **fameux(se)**
289〔ファムゥ(ーズ)〕

形《名詞の前で》例の；素晴らしい；有名な
（＝célèbre）
les plus *fameux* médecins de la ville
町の一番名高い医師たち
un vin *fameux*　上等な［すばらしい］ワイン

□ **actuellement**
290〔アクチュエルマン〕

副 現在（は），目下
Il est *actuellement* à Paris.
彼は今パリにいます.
□ **actuel(le)** 形 現代の；現在の

□ **sourire**
291〔スーリール〕

自 微笑む　男 微笑み
Elle *a souri* à son bébé.
彼女は赤ちゃんに微笑みかけた.
faire un *sourire* à＋人　（人）に微笑む

□ **déranger**
292〔デランジェ〕

他 （人の）邪魔をする；（物を）散らかす
代動 （仕事を）中断する；席を立つ
Excusez-moi de vous *déranger*.
お邪魔してすみません.
Ne vous *dérangez* pas.
どうぞそのまま（お続けください）.
□ **dérangement** 男 邪魔；混乱

□ **secret(ète)**
293〔スクレ(ットゥ)〕

形 秘密の
garder un *secret*　秘密を守る
en secret　秘密に（＝secrètement）
□ **secrètement** 副 秘密に

294〜306

□ réunion
294 〔レユニヨン〕

女 会合，集まり；結合
une salle de *réunion*　会議室
avoir une *réunion*　会議がある
être en *réunion*
会議中である，会議に出ている
□ **réunir** 動 集まる，集める

□ voleur(se)
295 〔ヴォルゥール（ーズ）〕

男 女 泥棒
La police a arrêté le *voleur*.
警察は泥棒をつかまえた．
Au *voleur*!　泥棒！
□ **voler** 動 盗む ☞P.114

□ tremblement
296 〔トゥランブルマン〕

男 ふるえ，痙攣 ☞P.231
un *tremblement* de terre　地震

□ équipe
297 〔エキプ〕

女 （スポーツ・作業などの）チーム，グループ
une *équipe* de foot　サッカーチーム

□ science
298 〔スィヤーンス〕

女 科学；学問
les *sciences* humaines　人文科学
homme de *science*
科学者（↔ homme de lettres 文学者）
les *sciences* et les lettres
理系の学問と文系の学問
□ **scientifique** 形 学問の；科学の

□ chèque
299 〔シェク〕

男 小切手
un *chèque* cadeau　商品券
payer par *chèque*　小切手で払う
＊payer en espècesは「現金で払う」の意味．

□ queue
300 〔クゥ〕

女 （動物の）尾，しっぽ（↔ tête）；（列などの）最後；（人の）行列
faire la *queue*　順番を待つ，並ぶ

《データ本位》でる順仏検単語集

□ **sentiment**
301〔サンティマン〕

男感情, 気持；印象（＝impression）
avec sentiment 感情［気持］をこめて
Ne faites pas tant de *sentiments*.
感情的にならないでください.
□ **sentir** 動感じる

□ **douceur**
302〔ドゥスゥール〕

女柔らかさ；優しさ；甘さ；《複で》甘いもの, 菓子
répondre avec *douceur* 優しく答える
en douceur 静かに, こっそりと
（＝doucement）
□ **doux (ce)** 形優しい ☞ P.193
□ **doucement** 副静かに；ゆっくりと

□ **correct(e)**
303〔コレクトゥ〕

形間違いのない；礼儀正しい；きちんとした
Ce n'est pas *correct*. 正しくありません.
une phrase grammaticalement *correcte*
文法的に誤りのない文
un repas *correct* まずまずの食事
□ **correctement** 副正確に；礼儀正しく

□ **Noël**
304〔ノエル〕

男クリスマス
le Père *Noël* サンタクロース
Joyeux *Noël*！ メリークリスマス！

□ **soirée**
305〔ソワレ〕

女（午後・夕方から就寝までの）夜, 晩
Bonne *soirée*！
（夕方の別れ際に）では, よい晩を！
Que fais-tu dans la *soirée*？
晩には何をするの？

□ **cuire**
306〔キュイール〕

他（食べ物を）煮る；焼く
自（食べ物が）焼ける
faire *cuire* de la viande 肉を焼く ＊他動詞
cuireより, faire cuireの形で「焼く, 焼ける」

cent trente-neuf 139

の意味を表現することが多い.
faire *cuire* à l'eau　ゆでる, 煮る
à cuire　加熱用の, 調理用の

□ **cuit(e)**
307〔キュイ(トゥ)〕

形煮た, 焼いた, 火の通った（↔ cru）
J'aime la viande bien *cuite*.
よく焼いた肉が好きだ.
□ **cuire** 動煮る, 焼く；煮える, 焼ける

□ **envie**
308〔アンヴィ〕

女欲望
avoir envie de...　...がほしい；...したい
J'*ai envie de dormir*.　眠たい.
faire envie（à+人）
（人に）欲しい気持ちを起こさせる
Cette villa *me fait envie*.　この別荘が欲しい.

□ **taille**
309〔ターィユ〕

女身長；（洋服などの）サイズ；ウエスト
Vous faites quelle *taille* ?　身長はどれぐらいですか？　＊洋服のサイズやウェストの意味でも使われる. Quelle est votre taille ?　でも同意. なお, 靴のサイズにはla pointureが使われる.
Cette veste n'est pas à ta *taille*.
そのジャケットは君の体には合わない.

□ **jeunesse**
310〔ジュネス〕

女青年期；（集合的に）青年
Dans sa *jeunesse*, elle voulait être pianiste.
若い頃, 彼女はピアニストになりたかった.
＊enfance 女「幼年期」とadolescence 女「青春時代」を含めた時代.
□ **vieillesse** 女老年期

□ **danse**
311〔ダーンス〕

女ダンス, バレエ
danse classique　クラシックバレエ
□ **danser** 動踊る
□ **danseur(se)** 男女バレリーナ, 踊り手

《データ本位》でる順仏検単語集

NIVEAU 4

□ **avenue**
312〔アヴニュ〕

女大通り，並木道 ＊av. と略す.
l'*avenue* des Champs-Élysées
（パリの）シャンゼリゼ通り
＊男 boulevardは並木のある大通り，女 avenue は記念建造物に向かう大通りを指す. ☞ P.143

□ **double**
313〔ドゥブル〕

形二重（の），2倍（の）
une chambre *double*
（ホテルで）ダブル（の部屋）
＊「シングル」はune chambre individuelle.
en double 二重に，重複して
□ **doubler** 動2倍にする；2倍になる

□ **arrondissement**
314〔アロンディスマン〕

男（パリなどの）区
Il habite dans le seizième *arrondissement* de Paris. 彼はパリ16区に住んでいる.

□ **feuille**
315〔フゥイユ〕

女葉；（紙の）一枚
des *feuilles* mortes 枯れ葉
écrire sur une *feuille* de papier
一枚の紙に書く
□ **feuillage** 男（樹木全体の）葉

□ **conseil**
316〔コンセィユ〕

男助言，アドバイス；会議（＝assemblée）
donner un conseil à＋人 （人）に忠告する
demander conseil à＋人 （人）に相談する
J'ai un *conseil* à vous demander.
相談したいことがあるのですが.
□ **conseiller** 動助言する，勧める ☞ P.217

□ **instant**
317〔アンスタン〕

男瞬間，一瞬（＝moment）
Attendez un *instant* !
ちょっとお待ちください！（＝Un *instant* !）
Pour l'*instant*, tout va bien.
今のところ，すべて順調です.
dans un instant 間もなく

318〜328

□ obéir
318 〔オベイール〕

自 (à ...に) 従う, 服従する
(↔ désobéir)
Il *obéit* à ses parents.
彼は親の言うことをよく聞く.
□ **obéissance** 女 服従
□ **obéissant(e)** 形 従順な

□ vente
319 〔ヴァーントゥ〕

女 販売 (↔ achat);売却
être en *vente* 売りに出ている, 発売中である
□ **vendre** 動 売る

□ période
320 〔ペリオドゥ〕

女 期間, 時期;時代
Le printemps est une bonne *période* pour visiter ce parc.
春はあの公園を訪れるのによい時期だ.
□ **périodique** 形 定期的な, 周期的な
□ **périodiquement** 副 定期的に

□ rez-de-chaussée
321 〔レドゥショセ〕

男 《不変》(建物の) 1 階
habiter au *rez-de-chaussée* 1 階に住む
＊エレベータのボタンなどでは〈rc〉と略される. le premier étageは「2 階」の意味.

□ enchanté(e)
322 〔アンシャンテ〕

形 満足した, とても嬉しい
Enchanté (e). はじめまして. ＊初対面の相手に対して「よろしくお願いします」の意味で.
Je *suis enchanté(e)* de mon séjour à Paris.
パリでの滞在に満足しています.
□ **enchanter** 動 魅了する;大いに喜ばせる

□ répondre
323 〔レポーンドゥル〕

自 (à ...に) 答える;返事を書く
他 (人に) ...と答える
Répondez vite à ma question !
はやく私の質問に答えてください!
Tu *réponds* au téléphone ?
電話にでてくれない?

Il m'*a répondu* qu'il ne pouvait pas venir.
彼は来られないと私に答えた．
□ **réponse** 囡返事

□ **incroyable**
324〔アンクロワィヤーブル〕

圏信じられない（＝étonnant）
C'est *incroyable* !　それはすごい！まさか！
une chance *incroyable*　信じられない幸運

□ **réponse**
325〔レポンス〕

囡返事，答え（↔ question）；応答
faire [recevoir] une *réponse*
返事をする［受け取る］
Il m'a donné une *réponse* négative.
彼は否定の返事をよこした．
Nous n'avons pas de *réponse* à notre appel.
私たちの呼びかけには何の応答もない．

□ **boulevard**
326〔ブルヴァール〕

男（並木のある環状の）大通り　＊boul. あるいはbd. と略す．
le *boulevard* Saint-Michel
サン＝ミッシェル大通り　＊同じ並木のある大通りでも，大きな建造物に通じる直線道路はune avenueと呼ばれる．☞P.141

□ **prêter**
327〔プレテ〕

他貸す（↔ emprunter）
Pouvez-vous me *prêter* ce dictionnaire ?
この辞書を貸してくれますか．
J'*ai prêté* ma moto à Jean.
ジャンにバイクを貸した．
＊必ずしも金銭をともなうわけではない．「賃貸する」の意味ではlouerを使う．

□ **programme**
328〔プログラム〕

男予定；（テレビなどの）番組；カリキュラム
Quel est votre *programme* pour ce soir ?
今夜はどういう予定ですか？
le *programme* de télévision　テレビ番組

329〜341

□ **succès**
329 〔スュクセ〕

男 成功（＝réussite ↔ échec）；大当たり
obtenir un grand *succès*　大成功をおさめる
avec succès　成功して，合格して
Il a passé l'examen *avec succès*.
彼は試験に合格した．

□ **arrivée**
330 〔アリヴェ〕

女 到着（↔ départ）
Dès mon *arrivée* à Paris, je vais au Louvre.
私がパリに着いたらすぐに，ルーヴルに行くつもりです．
Quelle est l'heure d'*arrivée* ?
到着は何時ですか．
□ **arriver** 動 到着する

□ **plupart**
331 〔プリュパール〕

女 《la plupart de＋複 の形で》大部分，大半
La *plupart* des gens sont contents.
ほとんどの人たちは満足している．
dans la plupart des cas
たいていの場合（は）

□ **siècle**
332 〔スィエクル〕

男 世紀；時代
le vingt et unième *siècle*　21世紀
（＝XXIe siècle）

□ **importance**
333 〔アンポルタンス〕

女 重要性，重大さ
donner de l'*importance* à...　...を重要視する
Ça n'a pas d'*importance*. ＝Cela n'a aucune *importance*.　たいしたことではない．
□ **important(e)** 形 重要な

□ **sel**
334 〔セル〕

男 塩
Passez-moi le *sel*, s'il vous plaît.
塩を取ってください．
□ **salé(e)** 形 塩辛い，塩味の

□ sucre
335 〔スュクル〕

男 砂糖
mettre du *sucre* dans un café
コーヒーに砂糖を入れる
Vous désirez du *sucre* ?
お砂糖はいかがですか？

□ rideau(複-x)
336 〔リドー〕

男 カーテン；(舞台の) 幕
ouvrir [fermer] les *rideaux*
カーテンを開ける [閉める]

□ développement
337 〔デヴロプマン〕

男 発展，発達
le *développement* du commerce　商業の発達
□ **développer** 他 発展させる　☞P.202

□ gai(e)
338 〔ゲ〕

形 陽気な (=joyeux)；(色などが) 明るい
(=clair)
Elle est toujours *gaie*.　彼女はいつも上機嫌だ．
□ **gaiement** 副 陽気に　□ **gaieté** 女 陽気さ

□ disparaître
339 〔ディスパレートゥル〕

自 (物が) 見えなくなる；(人が) 姿を消す
(↔ apparaître)
Le soleil *disparaît* derrière les nuages.
太陽が雲の陰に隠れる．
Mes lunettes *ont disparu*.
私の眼鏡がなくなった．

□ délicieux(se)
340 〔デリスィユゥ(ーズ)〕

形 とてもおいしい；とても快適な
C'était vraiment *délicieux* !
すっごくおいしかった．＊強調した言いまわし．ただし，très délicieuxとは言わない．
un moment *délicieux*　楽しいひと時

□ dommage
341 〔ドマージュ〕

男 残念なこと，困ったこと；損害
Comment ? Il n'est plus célibataire ? C'est *dommage* !　何ですって？　彼はもう独身じゃあないの？　残念だわ！

342〜353

□ **bas**
342〔バ〕
男ストッキング
une paire de *bas* ストッキング一足
mettre [retirer] des *bas*
ストッキングをはく [脱ぐ]
□ **collant** 男パンスト

□ **colère**
343〔コレール〕
女怒り，立腹
Je suis en *colère* !
もう怒ったぞ．＊être en colère (contre＋人)
で「(人に対して) 怒っている」の意味．
se mettre en *colère* 怒る

□ **glace**
344〔グラス〕
女氷；アイスクリーム；鏡 (＝miroir)，
ガラス
un morceau de *glace* 氷ひとかけら
Quelle *glace* me recommandez-vous ?
どのアイスがお薦めですか？
se regarder dans la *glace* 鏡に自分を映す
□ **glacé(e)** 形凍った；冷たい

□ **doute**
345〔ドゥトゥ〕
男疑い
sans doute たぶん，おそらく
sans aucun doute 確かに，疑いなく
□ **douter** 動疑う

□ **détail**
346〔デタィユ〕
男細部，詳細；小売り
entrer dans les *détails* 細かく検討する
en détail 詳しく，詳細に (↔ en gros)
Elle m'a expliqué ça *en détail*.
彼女は私に詳しく説明してくれた．

□ **économie**
347〔エコノミ〕
女経済；節約；《複で》貯金
le cours d'*économie* 経済の授業
faire des *économies* 貯金する (＝épargner)
□ **économique** 形経済的な；経済 (学) の
□ **économiser** 動節約する；貯金する

146　cent quarante-six

《データ本位》でる順仏検単語集

□ **bout**
348〔ブゥ〕

男端，先端；終わり
Prenez à gauche au *bout* de la rue, s'il vous plaît. 突きあたりを左に曲がってください．
＊au boutで「突きあたりを」の意味．au bout de...は「...の終わりに，...の後に」の意味になる成句．

□ **facteur**
349〔ファクトゥール〕

男郵便配達員
Le *facteur* est déjà passé ? 郵便配達はもうありましたか？ ＊女性の「配達員」に対してfactriceということがまれにある．

□ **accepter**
350〔アクセプテ〕

他（申し出などを）受け入れる（↔ refuser），（贈り物などを）受け取る
accepter une invitation 招待を受ける
Je ne peux pas *accepter* votre proposition.
あなたの提案は受け入れられません．
□ **acceptation** 女受諾；受領

□ **classique**
351〔クラスィク〕

形古典（主義）の；月並みな，いつもの（＝banal）
Je n'aime pas la musique *classique*.
クラシック音楽は好きではない．

□ **désirer**
352〔デズィレ〕

他欲する，望む
Vous *désirez* ?
（商店で）いらっしゃいませ，何をお探しですか？ ＊Que désirez-vous ? ともいう．
désirer+*inf.* （ぜひ）...したいと望む
Je *désire connaître* la vérité.
本当の事が知りたい．
□ **désir** 男欲望，願い ☞P.232

□ **mode**
353〔モドゥ〕

女流行，ファッション 男（de ...の）仕方，方法，様式（＝style）；（文法の）法
suivre la *mode* 流行を追う

NIVEAU 4

à la mode 流行している
un *mode* d'emploi 使用方法

□ **fauteuil**
354〔フォトゥィユ〕

男ひじかけ椅子
s'asseoir dans un *fauteuil*
ひじかけ椅子に座る ＊「(腕のない)椅子」や「ベンチ」に座る際にはs'asseoir sur une chaise [un banc]という言い方をする．

□ **peser**
355〔プゼ〕

他重さをはかる 自重さがある
代動体重をはかる
Ce colis *pèse* cinq kilos.
この小包は5キロの重さがある．
Combien *pesez*-vous ?
体重はどのくらいですか？
Tu *te pèses* chaque jour ?
毎日体重をはかるの？
□ **poids** 男重さ

□ **présent(e)**
356〔プレザン(トゥ)〕

男現在 形(人が)いる；出席している；現在の（＝actuel）
jusqu'à *présent* 現在まで，今まで
Elle ne *s'est* jamais *présentée* au cours.
彼女はまったく授業にでてこない．
＊「過去」は男passé，「未来」は男avenir.

□ **agent**
357〔アジャン〕

男警察（＝agent de police）；代理人
Monsieur l'*agent*, s'il vous plaît.
おまわりさん，すみませんが．＊警官に対して声をかける際に．

□ **maigre**
358〔メーグル〕

形痩せた（↔ gros） 男 女痩せた人
une femme *maigre* 痩せた女性
Nadine est trop *maigre*.
ナディーヌは痩せすぎだ．
□ **maigrir** 動痩せる

《データ本位》でる順仏検単語集

□ compte
359 〔コーントゥ〕

男計算, 勘定；口座；説明, 報告
ouvrir un *compte* （銀行で）口座を開く
se rendre compte de ...
...に気がつく［認識している］
Il ne se rend pas *compte* de ma présence.
彼は私がいるのに気がつかない.
□ **compter** 動数える

NIVEAU 4

□ bête
360 〔ベトゥ〕

女（人間以外の）動物（=animal）
形馬鹿な, 軽率な（=idiot）
une petite *bête* 小さな動物；虫
（=un insecte）
Que je suis *bête* !　俺はなんて馬鹿なんだろう！

□ battre
361 〔バトゥル〕

他打つ, 殴る（=frapper）；（敵に）勝つ, 破る　自（心臓が）鼓動する
代動（avec, contre ...と）殴りあう, 戦う
Il faut *battre* le fer pendant qu'il est chaud.
【諺】鉄は熱いうちに打て.
Mon cœur *bat* de plus en plus fort.
鼓動がどんどん激しくなる.
□ **battu(e)** 形殴られた；打ち負かされた

□ piscine
362 〔ピスィヌ〕

女プール
aller à la *piscine* プールに行く
une *piscine* en plein air 屋外プール
□ **nager** 動泳ぐ

□ plage
363 〔プラージュ〕

女海岸［浜］, 海水浴場
aller à la *plage* 海辺に行く

□ île
364 〔イル〕

女島
une *île* déserte 無人島

□ populaire
365 〔ポピュレール〕

形大衆の；人気のある
une chanson *populaire* 流行歌

cent quarante-neuf 149

366〜377

□ **revue**
366 〔ルヴュ〕

女雑誌
une *revue* hebdomadaire　週刊誌
＊グラビア（写真）入りの雑誌はun magazine.
écrire un article dans une *revue*
雑誌に論文を書く

□ **changement**
367 〔シャンジュマン〕

男変化；乗り換え（＝correspondance）
D'ici au musée du Louvre, en métro, vous n'avez pas de *changement*.　ここからルーヴルまで地下鉄で乗り換えはありません．
＊「直通です」はC'est direct.という．
□ **changer** 動変わる；変える；乗り換える
□ **change** 男両替

□ **interdit(e)**
368 〔アンテルディ（トゥ）〕

形禁じられた
Stationnement interdit《掲示》駐車禁止
Passage interdit《掲示》通行禁止
□ **interdire** 動禁じる　☞P.212

□ **participer**
369 〔パルティスィペ〕

自（à ...に）参加する
participer à une réunion　会議［集会］に参加する（＝prendre part à une réunion）
□ **participation** 女参加

□ **mignon(ne)**
370 〔ミニョン（ミニョヌ）〕

形（小さくて）かわいらしい，すてきな
C'est *mignon*!　かわいい！
une petite fille *mignonne*
かわいらしい女の子

□ **bizarre**
371 〔ビザール〕

形奇妙な，風変わりな；不思議な（＝étrange）
un homme *bizarre*　みょうな男
Il est bizarre que＋接続法　...とは奇妙だ（＝Il est étrange que＋接続法）

NIVEAU 4

□ **adresse**
372 〔アドゥレス〕

女 住所，所在地；（郵便物の）宛名
Avez-vous son *adresse* ?
彼［彼女］の住所を知ってますか？
À cette *adresse*, s'il vous plaît. （タクシーで）
この住所にお願いします．
* 運転手さんun chauffeurにメモを手渡しながら使うお決まりの一言．

□ **grâce**
373 〔グラース〕

女 優雅さ（= élégance）；魅力；厚意
avoir de la *grâce* 魅力がある；しとやかだ
grâce à... ...のおかげで
Grâce à toi, tout s'est bien passé.
君のおかげですべてうまくいきました．
□ **gracieux(se)** 形 優雅な，上品な；無料の
□ **gracieusement** 副 優雅に；無料で

□ **collège**
374 〔コレージュ〕

男 コレージュ；（公立の）中学校 *11歳から4年間．15歳からはlycée．☞P.8
Ma fille va bientôt entrer au *collège*.
娘はまもなく中学に進みます．
□ **collégien(ne)** 男 女（コレージュの）生徒

□ **projet**
375 〔プロジェ〕

男 計画，プラン
en projet 計画中の
faire [former] un *projet* 計画をたてる

□ **cour**
376 〔クール〕

女 中庭，校庭；裁判所
Les enfants jouent dans la *cour* de l'école.
子どもたちが校庭で遊んでいる．
* le cours「講義，授業」と間違えないように．

□ **commercial**
（女 -ale, 複 -aux）
377 〔コメルスィヤル〕

形 商業の，貿易の
une société *commerciale* 商社，商事会社
□ **commerce** 男 商業；貿易；店 ☞ P.120

378〜391

□ **blesser**
378 〔ブレセ〕
他 (人を) 傷つける；《物が主語》(気持ちを) 傷つける　代動 けがをする
Vos paroles l'ont *blessé*.
あなたの言葉で彼は傷ついた．
Elle *s'est blessée* à la tête (=Elle *s'est blessé* la tête).　彼女は頭にけがをした．
□ **blessure** 女 傷

□ **musicien(ne)**
379 〔ミュズィスィヤン (スィエヌ)〕
男 女 音楽家, ミュージシャン
Son petit ami est *musicien*.
彼女の恋人はミュージシャンだ．
□ **musique** 女 音楽

□ **autocar**
380 〔オトカール〕
男 (都市間を結ぶ) 長距離バス；観光バス
＊carと略される．「(市内を走る) バス」はun autobus(busと略す)を用いる．「エアポートリムジン(バス)」はla navette de l'aéroportという．☞P.10

□ **jouet**
381 〔ジュエ〕
男 おもちゃ
s'amuser avec un *jouet*　おもちゃで遊ぶ
Où est le rayon des *jouets* ?
おもちゃ売り場はどこですか？

□ **mince**
382 〔マーンス〕
形 (物が) 薄い (↔ épais)；(体が) ほっそりした (↔ gros)
Ma sœur est grande et *mince*.
姉 [妹] は背が高くてスリムです．

□ **demande**
383 〔ドゥマーンドゥ〕
女 要求 (書)；請求 (書)；結婚の申し込み
accepter une *demande*　要求を受け入れる
faire sa *demande* en mariage　結婚を申し込む
□ **demander** 動 尋ねる, 頼む

□ **hésiter**
384 〔エズィテ〕
自 ためらう, 躊躇する
N'*hésitez* pas à me téléphoner.

どうぞ遠慮なく電話してください．
sans hésiter ためらわず
□ **hésitation** 囡ためらい，躊躇

□ **valise**
385〔ヴァリーズ〕

囡スーツケース
faire sa *valise* [ses *valises*]
スーツケースに荷物をつめる

□ **bord**
386〔ボール〕

男（海などの）岸；縁(ふち)
au bord de la mer 海岸［海辺］で

□ **aide**
387〔エドゥ〕

囡援助，助け（＝secours）
demander de l'*aide* 援助を求める
À l'*aide*! 助けて！（＝Au secours!）
□ **aider** 動助ける

□ **boucher(ère)**
388〔ブシェ(ール)〕

男 囡肉屋 ＊主に牛肉・羊肉を売る人．豚肉・ハムを扱うのはcharcutier(ère)，鶏肉などを扱う人のことはvolailler(ère)という．
□ **boucherie** 囡肉屋（店）☞P.174

□ **quotidien(ne)**
389〔コティディヤン(ディエヌ)〕

形毎日の，日々の　男（新聞の）日刊紙
la vie *quotidienne* 日常生活

□ **bœuf**
390〔ブゥフ〕

男《総称として》牛；牛肉
＊複 bœufs は〔ブー〕と発音する．
Je n'aime pas le *bœuf*.
牛肉［ビーフ］は嫌いです．

□ **difficulté**
391〔ディフィキュルテ〕

囡困難（↔ facilité）；障害
avoir des *difficultés* en anglais
英語で苦労する
avec difficulté 苦労して，やっとのことで（＝difficilement）
sans difficulté 難なく，容易に

392〜403

- □ **difficile** 形 難しい
- □ **difficilement** 副 かろうじて、やっとのことで

□ **noter**
392〔ノテ〕

他 書き留める、メモする；点数をつける
noter une adresse sur son carnet
彼［彼女］の住所を手帳にひかえる
- □ **note** 女（試験などの）点数、成績；勘定書

□ **debout**
393〔ドゥブゥ〕

副 立って（↔ assis）；起きて（↔ couché）
se mettre *debout*　起き上がる
Ne restez pas *debout*. Asseyez-vous.
立ってないで、お座りください。

□ **assis(e)**
394〔アスィ(ーズ)〕

形 座っている（↔ debout）；置かれた
Mon père est *assis* sur une chaise.
父は椅子に座っている。
Elle est *assise* sur un banc.
彼女はベンチに腰掛けている。
- □ **s'asseoir** 動 座る　☞ P.110

□ **rêve**
395〔レーヴ〕

男 夢
Bonne nuit, faites de beaux *rêves*.
おやすみなさい、どうぞいい夢を。
en rêve　夢で、夢の中で
- □ **rêver** 動 夢を見る

□ **charger**
396〔シャルジェ〕

他 荷を積みこむ；（責任を）負わせる
代動（de ...を）引き受ける
charger des bagages dans un taxi
タクシーに荷物を載せる
se charger des enfants
子どもたちの面倒をみる
- □ **charge** 女 重荷、責任
- □ **chargement** 男 荷を積むこと
- □ **décharger** 動（荷物を）降ろす

《データ本位》でる順仏検単語集

□ **exposition**
397〔エクスポズィスィヨン〕

女 展示会, 展覧会；展示
une salle d'*exposition*　ショールーム, 陳列室
une *exposition* universelle　万国博覧会
□ **exposer** 動 展示する；説明する

□ **action**
398〔アクスィヨン〕

女 行動, 行為；(薬の) 作用
Il est temps de passer à l'*action*.
行動に移るときだ.
faire une bonne *action*　よい行いをする
□ **activité** 女 活動
□ **actif(ve)** 形 活動的な；(薬が) よく効く

□ **monnaie**
399〔モネ〕

女 小銭, 貨幣；釣り銭
faire de la *monnaie*　小銭にくずす
Je n'ai pas de *monnaie*.　小銭がありません.
rendre la *monnaie*　釣り銭を返す

□ **fier(ère)**
400〔フィエール〕

形 尊大な；(de ...を) 誇りにしている,
自慢である
Qu'est-ce qu'il est *fier*!
彼はなんてプライドが高いんだ！
être fier(ère) de...　...を自慢する
Elle *est fière d*'avoir réussi [*de* sa réussite].
彼女はうまくやったことを自慢している.

□ **joie**
401〔ジョワ〕

女 喜び, 楽しみ
Cette nouvelle m'a causé une grande *joie*.
その知らせは私を非常に喜ばせた.
avec joie　喜んで
□ **joyeux(se)** 形 楽しい, 愉快な ☞P.255

□ **cou**
402〔クゥ〕

男 首
Le girafe a un long *cou*.　キリンは首が長い.

□ **mail**
403〔メル〕

男 (パソコン・携帯の) メール (アドレス)
C'est quoi, ton *mail*?　君のメールアドレスは?

NIVEAU 4

cent cinquante-cinq　155

* 正式名称のune adresse électronique「メールアドレス」はほとんど使われない。なお，un e-mail, un mél, un courriel (un courrier électronique「電子メール」の略) といった語もある．

□ **internet**
404 〔アンテルネトゥ〕
男 インターネット
se connecter sur *Internet* [l'*internet*]
インターネットに接続する
un accès à *Internet* [l'*internet*]
インターネットへのアクセス
* 大文字（冠詞はつけない）か，あるいは〈定冠詞＋小文字〉の形で使われる．

□ **message**
405 〔メサージュ〕
男 伝言，メッセージ
laisser un message à [pour] ＋人
（人）にメッセージを残す

□ **répondeur**
406 〔レポンドゥール〕
男 留守番電話（＝répondeur automatique）
□ **répondre** 動 応答する ☞P.142

□ **talent**
407 〔タラン〕
男 才能（のある人）
avoir de nombreux *talents* 多才である

□ **opinion**
408 〔オピニヨン〕
女 意見，見解（＝avis）；世論（＝opinion publique）
donner son *opinion* sur...
（...について）意見を述べる

□ **congé**
409 〔コンジェ〕
男 休み，休暇；辞職
prendre un *congé* 休暇をとる
être en congé 休んでいる；休職中である
Il est *en congé* de maladie.
彼は病欠です．
les *congés* payés 有給休暇

□ repos
410 〔ルポ〕

男 休息, 休み
Aujourd'hui, c'est mon jour de *repos*.
今日は私の休みの日だ.
prendre du *repos*　休みをとる；休憩する
□ **se reposer** 動 休む ☞ P.135

□ article
411 〔アルティクル〕

男 (新聞の) 記事；品物；冠詞
écrire un *article* dans un journal
新聞に記事を書く
les *articles* définis　定冠詞
＊les articles indéfinisは不定冠詞, les articles partitifsは部分冠詞.

□ excursion
412 〔エクスキュルスィヨン〕

女 (多くは日帰りの) 旅行, 遠足, ハイキング
faire une *excursion* en autocar
バス旅行［ツアー］をする
partir en *excursion*　日帰りの旅にでかける, 遠足に行く

□ cheminée
413 〔シュミネ〕

女 暖炉；煙突
＊ストーブの煙突はun tuyauという.
faire du feu dans la *cheminée*
暖炉で火を燃やす
La *cheminée* fume.　煙突から煙が出ている.

□ lune
414 〔リュヌ〕

女 月
être dans la *lune*　ぼんやりしている
□ **lunaire** 形 月の

□ séjour
415 〔セジュール〕

男 滞在；居間, リビング (＝salle de séjour)
faire un *séjour*　滞在する
Quel est le but de votre *séjour* ?
(空港で) 滞在の目的は？
□ **séjourner** 動 滞在する

416〜427

□ **front**
416 〔フロン〕

男 額，（建物の）正面（=face）；戦線
se frapper le *front*
（妙案などを思いついて）額をたたく
de front 正面から（=de face）；同時に；
横に並んで
attaquer *de front* 正面から攻撃する

□ **rechercher**
417 〔ルシェルシェ〕

他 探す；探求する
Tu *as recherché* un appartement ?
アパルトマンは見つかった？
□ **recherche** 女 探し求めること；探求

□ **dentiste**
418 〔ダンティストゥ〕

男 女 歯科医
aller chez le *dentiste* 歯医者に行く
J'ai rendez-vous chez le *dentiste* demain.
明日，歯医者に予約をしてある．
□ **dent** 女 歯　□ **dentaire** 形 歯の，歯科の

□ **annoncer**
419 〔アノンセ〕

他 知らせる，通知する；発表する
J'ai une bonne nouvelle à vous *annoncer*.
あなたに伝えたいよいニュースがあります．
□ **annonce** 女 アナウンス，通知；案内，広告

□ **fièvre**
420 〔フィエーヴル〕

女 （病気の）熱
J'ai de la *fièvre*.　熱がある．
avoir 38 de *fièvre*　38度の熱がある
□ **fiévreux(se)** 形 熱のある，熱っぽい

□ **jambon**
421 〔ジャンボン〕

男 ハム
un sandwich au *jambon*　ハムサンド
＊ソーセージはun saucisson, une saucisseという．前者の方が大きくそのまま食べるタイプのもの．後者は調理して食べるものを指す．

□ **souhaiter**
422 〔スゥエテ〕

他 願う，望む
Je te *souhaite* de réussir.　君の成功を祈ります．

Je *souhaite* réussir.
成功できたらと願っている．
Je *souhaite* que vous réussissiez.
あなたのご成功を願っています．
＊que 以下は接続法になる．
□ **souhaitable** 形願わしい，望ましい

□ **briller**
423〔ブリィエ〕

自輝く，光る；際立つ，目立つ
Tout ce qui *brille* n'est pas or.
【諺】光るもの必ずしも金ならず．
□ **brillant(e)** 形輝いている；(才能が)ずばぬけている

□ **conserver**
424〔コンセルヴェ〕

他(食料などを)保存する（＝garder）
conserver des aliments au réfrigérateur
食品を冷蔵庫で保存する
□ **conserve** 女缶詰

□ **fiancé(e)**
425〔フィアンセ〕

男女婚約者，フィアンセ　形婚約した
être *fiancé(e)* avec＋人
(人)と婚約している
□ **se fiancer** 動(avec ...と)婚約する

□ **artiste**
426〔アルティストゥ〕

男女芸術家；(俳優・歌手など)芸能人
personne d'un tempérament *artiste*
芸術家肌の人
□ **art** 男芸術　□ **artistique** 形芸術的な

□ **dangereux(se)**
427〔ダンジュルゥ
(ーズ)〕

形危険な
C'est *dangereux*！　危ない．
Il est dangereux de＋*inf.*
...するのは危険だ
Il est dangereux de jouer au ballon dans la rue.　通りでボール遊びをするのは危ない．
□ **danger** 男危険
□ **dangereusement** 副危険なやり方で

428〜439

□ **menu**
428〔ムニュ〕

圐(レストランの) 定食；(食事の) 献立
menu à cinquante euros　50ユーロの定食
＊レストランなどのお品書き「メニュー」のことはla carteという．
prendre un *menu*　定食を食べる
＊メニューから一品ずつ選んで食べることはmanger à la carteという．

□ **désoler**
429〔デゾレ〕

他悲しませる；困らせる
être désolé(e) de...　...を(して)残念に思う
Je *suis désolé(e) de* vous déranger.
お邪魔して申しわけありません．
Je *suis désolé(e) de* vous faire attendre.
お待たせして申しわけありません．

□ **autoroute**
430〔オートルトゥ〕

囡高速道路，ハイウェイ
Il y a beaucoup de voitures sur l'*autoroute*.
高速道路は車がいっぱいだ．

□ **reste**
431〔レストゥ〕

圐残り；《圏で》(食事の) 食べ残し
le *reste* de sa vie　余生
du reste　その上，しかも (＝au reste)
□ **rester** 動(場所に)残る，とどまる；...のままでいる

□ **fourchette**
432〔フルシェトゥ〕

囡フォーク
Excusez-moi, j'ai fait tomber ma *fourchette*.
すみません，フォークを落としてしまいました．
＊「ナイフ」はun couteau,「スプーン」はune cuillère (cuiller) という．

□ **bonheur**
433〔ボヌゥール〕

圐幸福，幸運 (＝chance) (↔ malheur)
par bonheur　幸いにも，運よく
(＝heureusement, par chance)
□ **heureux(se)** 形幸せな ☞P.44

□ ascenseur
434〔アサンスール〕

男 エレベーター
Où sont les *ascenseurs* ?
エレベーターはどこですか？
L'*ascenseur* ne marche pas.
エレベーターは故障です．
*エレベーターに乗る際，中に乗っている人に「上ですか？」と尋ねるならÇa monte ?「下ですか？」はÇa descend ? と聞けば簡便．

□ ménager
435〔メナジェ〕

他 倹約する；いたわる
ménager son temps　時間を無駄にしない
ménager un malade　病人をいたわる

□ brun(e)
436〔ブラン(ブリュヌ)〕

形 茶色の；褐色の
avoir les yeux *bruns*　褐色の目をしている
la bière *brune*　黒ビール *普通の黄色い色をした「ラガービール」はla bière blondeという．

□ méchant(e)
437〔メシャン(トゥ)〕

形 意地悪な（＝malin）
Il a l'air vraiment *méchant*.
彼はいかにも意地悪そうだ．
être méchant(e) avec [envers] ＋人
（人）に対して意地が悪い
□ **méchanceté** 女 意地悪さ，悪意

□ bref(ève)
438〔ブレフ(レーヴ)〕

形（時間的に）短い（↔ long）；簡潔な
副 要するに，結局
un discours *bref*　手短なスピーチ
pour être *bref*（＝en *bref*）　簡単に言えば
□ **brièvement** 副 手短に

□ recommander
439〔ルコマンデ〕

他 忠告する（＝conseiller）；推薦する
Le médecin m'*a recommandé* de ne pas fumer.　医者は私にタバコを吸わないようにと強くすすめた．
□ **recommandation** 女 忠告；推薦（状）

440〜451

□ **touriste**
440〔トゥリストゥ〕
男 女 観光客, ツーリスト
Je suis à Paris en *touriste*.
観光でパリに来ました.
□ **tourisme** 男 観光

□ **touristique**
441〔トゥリスティック〕
形 観光の
un voyage *touristique* 観光旅行
□ **touriste** 男 女 観光客
□ **tourisme** 男 観光

□ **matinée**
442〔マティネ〕
女 朝のうち, 午前中 (↔ soirée)
J'ai dormi toute la *matinée*.
午前中ずっと寝ていた.
faire la grasse *matinée* 朝寝坊する

□ **avance**
443〔アヴァンス〕
女 (時間・距離) 先行していること;
前払い
arriver en *avance* 予定より早く着く
une *avance* sur salaire 給料の前払い
d'avance 前もって, あらかじめ ＊Merci
d'avance.「よろしくお願いします」は頼み事
をして事前に礼を言っておくケースに使う.
□ **avancer** 動 前へ進む;(時計が)進んで
いる

□ **interprète**
444〔アンテルプレトゥ〕
男 女 通訳;役者, 演奏家
Je n'ai pas besoin d'*interprète* en France.
私はフランスで通訳など必要ない.
＊翻訳家はtraducteur(trice)という.
□ **interpréter** 動 解釈する;演奏する
＊なお,「通訳する」には「翻訳する」という動
詞と同じtraduireが使われる. ☞P.243

□ **couloir**
445〔クゥロワール〕
男 廊下;通路
une chambre au bout du *couloir*
廊下の突き当たりの部屋

couloir de correspondance （駅の）連絡通路

□ **calme**
446 〔カルム〕

形 静かな（＝tranquille） 男 静けさ，冷静さ
une rue *calme* 閑静な通り
Allez, du *calme* ! まぁ，落ち着いて！
□ **calmement** 副 静かに，落ち着いて

□ **épicier(ère)**
447 〔エピスィエ (ール)〕

男 女 食料品屋（人）
aller chez l'*épicier* 食料品店へ行く
＊「店」を使って「食料品店に行く」とすると
aller à l'épicerieとなる．
□ **épicerie** 女 食料品店

□ **frit(e)**
448 〔フリ(ット)〕

形（油で）揚げた
女《複で》フライドポテト（＝pommes frites）
un bifteck *frit* フライドポテト添えステーキ
□ **frire** 動（油で）揚げる

□ **création**
449 〔クレアスィオン〕

女（神による）創造，被造物；創作
C'est une *création* de l'auteur.
これは作者の創作だ．
□ **créer** 動 創造する ☞ P.189
□ **créature** 女 人間；被造物

□ **grandeur**
450 〔グランドゥール〕

女（形の）大きさ，サイズ
De quelle *grandeur* est cette chambre ?
この部屋の大きさはどれくらいですか？
＊「(人の) 背丈や服やサイズ」はla tailleという．
□ **grandir** 動 大きくなる
□ **grand(e)** 形 大きい

□ **ciel**
451 〔スィエル〕

男 空；天（国）；気候
un *ciel* clair 晴れた空
Le *ciel* est nuageux. 空は曇っています．
Aide-toi, le *ciel* t'aidera.
【諺】天は自ら助くる者を助く．

452〜463

□ **arc-en-ciel** 男虹

□ **boisson**
452〔ボワソン〕

女飲み物
Vous désirez une *boisson*, Monsieur ?
（機内で）お飲み物はいかがですか？
Qu'est-ce que vous prenez comme *boisson* ?
飲み物は何にしますか？

□ **cesse**
453〔セス〕

女中止 ＊無冠詞で成句として使う．
sans cesse 絶えず（＝sans arrêt）
□ **cesser** 動止める ☞ P.233

□ **embarrasser**
454〔アンバラセ〕

他（場所を）ふさぐ；（人を）困惑させる
Cette question m'*embarrasse*.
返答に窮する．＊「その質問には悩まされる」
が直訳．
□ **embarras** 男窮地；困惑
□ **embarrassant(e)** 形（荷物などが）邪魔
な；厄介な

□ **épaule**
455〔エポール〕

女《多くは複で》肩
hausser les *épaules* 《軽蔑・あきらめ・無関心
などを表して》肩をすくめる

□ **blouse**
456〔ブルーズ〕

女（仕事の）作業着；（婦人の）ブラウス
une *blouse* blanche 白衣

□ **amitié**
457〔アミティエ〕

女友情（のしるし）（↔ hostilité）
Mes *amitiés* à votre femme. 奥様によろしく．
avec amitié 友情を持って
□ **amical(ale)** 形友情のある

□ **capital**
（女-ale, 複-aux）
458〔キャピタル〕

形主要な，重要な（＝essentiel）
男資産，資本
un problème *capital* 何より重要な問題
Il est capital de＋*inf*.［**que**＋接続法］

... (すること) は何より重要である
□ **capitale** 囡首都

□ **opposé(e)**
459〔オポゼ〕

形反対の，対立する　男反対
un avis *opposé* au mien　私とは反対の意見
à l'opposé (de...)
(...と)反対(側)に；(...とは)逆に
□ **opposer** 動対抗させる；反対する
□ **opposition** 囡反対，対立

□ **acteur(trice)**
460〔アクトゥール
(トゥリス)〕

男 囡俳優
acteur(trice) de cinéma　映画俳優
une *actrice* connue　有名な女優

□ **mesure**
461〔ムズュール〕

囡(大きさ・長さなどの)測定，計量；
《圏で》寸法；節度
sur mesure
サイズに合わせた［特別にあつらえた］
une chemise *sur mesure*
オーダーメイドのシャツ
au fur et à mesure que＋直説法　...につれて
dans la mesure où＋直説法　...である限りは
□ **mesurer** 動測る；身長を測る

□ **mesurer**
462〔ムズュレ〕

他測る　自(長さ・身長が)...である
Vous *mesurez* combien? - Je *mesure* un mètre soixante-cinq.　身長はどれくらいですか？－1メートル65センチです．＊メートルとセンチを加えた言い方をする．165センチとセンチメートルだけの言い方は用いない．
□ **mesure** 囡測定；単位

□ **entreprise**
463〔アントゥルプリーズ〕

囡企て，計画；企業
se lancer dans une grande *entreprise*
大きな企てにとりかかる
diriger une *entreprise*　大手企業を経営する

	□ **entreprendre** 動 (計画などに)着手する, 取りかかる
	□ **entrepreneur(se)** 男女 企業家

□ **dedans**
464 〔ドゥダン〕

副 中に；家の中に (↔ dehors)
Qu'est-ce qu'il y a *dedans* ? - Il n'y a rien.
中には何が入っているのですか？ － 何も入っていません.

□ **dehors**
465 〔ドゥオール〕

副 外に, 戸外で (↔ dedans)
aller *dehors* 外出する
On vous attend *dehors*. 外でお待ちします.

□ **dessous**
466 〔ドゥスゥ〕

副 下に, 裏に (↔ dessus) 男 下 (の階)
en dessous 下に, 下の
les voisins du *dessous* 階下の人たち

□ **dessus**
467 〔ドゥスュ〕

副 上に (↔ dessous) 男 上(の面・の階)
Tu peux mettre ton sac *dessus*.
鞄を上に置いてかまわない.
l'étage du *dessus* 上の階

□ **baguette**
468 〔バゲットゥ〕

女 バゲット *フランスパンのこと；《複で》箸
Une demie *baguette*, s'il vous plaît.
バゲットを半分ください.
manger avec des *baguettes* 箸で食べる

□ **match**
469 〔マッチ〕

男 (チームスポーツの) 試合
un *match* de football サッカーの試合
*「個人競技」にはune compétitionを使う.

□ **pull-over**
(複 **pull-overs**)
470 〔ピュロヴェール〕

男 セーター *pullと略す.
mettre un *pull-over* セーターを着る

《データ本位》でる順仏検単語集

□ **mètre**
471〔メートゥル〕

男 メートル
une chambre de dix *mètres* carrés
10平方メートルの部屋

□ **mise**
472〔ミーズ〕

女 (à, en ...とともに) ある状態に置くこと [すること]
la *mise* en vente 売り出し, 発売
la *mise* en scène (映画の) 演出, 上演
la *mise* en marche (機械の) 始動
＊mettreを用いた表現から派生したもの.

NIVEAU 4

□ **mathématique**
473〔マテマティク〕

女《複で》数学 ＊mathsと略す.　形 数学の
Vous détestez les *maths* ?
数学は嫌いですか？
Il est très fort en *maths*.
彼は数学にめっぽう強い.

□ **omelette**
474〔オムレトゥ〕

女 オムレツ
faire une *omelette* au fromage
チーズ入りオムレツを作る

□ **supermarché**
475〔スュペルマルシェ〕

男 スーパマーケット
faire des courses au *supermarché*
スーパーで買い物する

□ **faculté**
476〔ファキュルテ〕

女 能力, 才能；(大学の) 学部, 大学
la *faculté* de droit 法学部
Je suis en *fac* de droit. 私は法学部です.
＊「大学」の意味のときfacと略される.

□ **citron**
477〔スィトゥロン〕

男 レモン　形《不変》レモン色の
un thé (au) *citron* レモンティー
□ **citronnade** 女 レモネード
□ **citronnier** 男 レモンの木

cent soixante-sept　167

478〜490

□ **indépendant(e)**
478〔アンデパンダン（トゥ）〕
形 独立 [自立] した
un pays *indépendant* 独立国
mener une existence *indépendante* 自活する
une chambre *indépendante*
（他の部屋を通らずに行ける）独立した部屋
□ **indépendance** 女 独立, 自立

□ **nuage**
479〔ニュアージュ〕
男 雲
nuages de pluie 雨雲
Il n'y a pas un *nuage* dans le ciel.
空に雲ひとつない．
être dans les *nuages* うわの空である
□ **nuageux(se)** 形 曇った

□ **lentement**
480〔ラントゥマン〕
副 ゆっくり (↔ vite), 徐々に
Parlez plus *lentement*.
もっとゆっくり話してください．
avancer *lentement* ゆっくり進む
□ **lent(e)** 形 遅い

□ **haricot**
481〔アリコ〕
男 いんげん豆　＊hは有音
un *haricot* vert さやいんげん

□ **pharmacie**
482〔ファルマスィ〕
女 薬屋（店）
aller à la *pharmacie* 薬局に行く
Il y a une *pharmacie* près d'ici ?
この近くに薬局はありますか？
□ **pharmacien(ne)** 男 女 薬剤師

□ **savon**
483〔サヴォン〕
男 石鹸（けん）
se laver les mains avec du *savon*
石鹸で手を洗う
＊「洗剤」は 女 lessive という．

□ **joue**
484〔ジュ〕
女 頬（ほお）
embrasser＋人＋**sur les *joues***
（人）の頬にキスする

《データ本位》でる順仏検単語集

□ seconde
485〔スゴーンドゥ〕

女 秒；瞬間（＝moment, instant）
Une *seconde*!　ちょっと待ってください！
Il va arriver dans une *seconde*.
彼はもうすぐ来ますよ．

□ sportif(ve)
486〔スポルティフ（ティヴ）〕

形 スポーツの；スポーツ好きな
男 女 スポーツマン［ウーマン］
Je ne suis pas très *sportif(ve)*.
スポーツはあまり得意ではない．
C'est un *sportif*.　彼はスポーツマンだ．
□ sport 男 スポーツ

□ anniversaire
487〔アニヴェルセール〕

男 誕生日；記念日
Votre *anniversaire*, c'est quand ?
あなたの誕生日はいつですか？
Bon *anniversaire*!　誕生日おめでとう！
l'*anniversaire* de mariage　結婚記念日

□ agir
488〔アジール〕

自 行動する
代動《非人称主語il s'agit de...》…が問題である；
…しなくてはならない（＝il faut）
Vous devez *agir* avec prudence.
慎重に行動すべきだ．
De quoi s'*agit*-il ?
何が問題ですか［何のことですか］？

□ tarif
489〔タリフ〕

男 （交通機関や郵便などの）料金；料金表
payer plein *tarif*　普通料金を払う
Quel est le *tarif* pour une semaine ?
(物をレンタルする際に)1週間でいくらですか？

□ élégant(e)
490〔エレガン（トゥ）〕

形 （人・服装が）優雅な，おしゃれな，上品な
Vous êtes très *élégante*, ce soir.
今晩はとびきりエレガントですね．
＊chicは現代の流行に合ったおしゃれを言う．

NIVEAU 4

□ élégance 囡優美, 上品

□ **avenir**
491〔アヴニール〕

男未来（=futur ↔ passé）；将来（性）
Tu as l'*avenir* devant toi. 君には未来がある.
à l'avenir 今後は, これからは

□ **télégramme**
492〔テレグラ␣ム〕

男電報
envoyer un *télégramme* 電報を打つ
□ **télégraphier** 動電報で知らせる

□ **dessert**
493〔デセール〕

男（食後の）デザート
Qu'est-ce que vous prenez comme *dessert* ?
デザートは何を食べますか？
Quelle sorte de *desserts* avez-vous ?
デザートはどんなものがありますか.
*⟨s⟩をひとつ落としてle désertとすると「砂漠」の意味.

□ **récemment**
494〔レサマン〕

副最近, 近頃
Tout *récemment*, je l'ai rencontrée dans la rue. つい最近, 街で彼女に会いました.
□ **récent(e)** 形最近の ☞P.243

□ **document**
495〔ドキュマン〕

男文献, 書類；記録
consulter des *documents*
資料[参考文献]を調べる
Est-ce que tu as besoin d'un *document* ?
資料が必要ですか？

□ **définitif(ve)**
496〔デフィニティフ
(ティーヴ)〕

形決定的な；最終的な
Leur séparation est *définitive*.
彼らが別れるのは決定的だ.
en définitive 結局, 結論として
□ **définitivement** 副決定的に

《データ本位》でる順仏検単語集

□ **carrefour**
497 〔キャルフール〕
男 交差点, 十字路 (=croisement)
Tournez à gauche au prochain *carrefour*.
次の交差点を左に曲がってください.

□ **repartir**
498 〔ルパルティール〕
自 再び出発する, また行く;帰って行く, 戻る
Après avoir mangé, il *est reparti*.
食事のあと, 彼は再び出かけた.
Tu veux déjà *repartir* ? もう帰りたいの?

□ **loisir**
499 〔ロワズィール〕
男 暇;《複》で自由な時間, 余暇, レジャー (=distraction)
avoir beaucoup de *loisirs* 暇がたっぷりある
Je n'ai jamais de *loisirs*. 遊んでいる時間がない.

□ **absence**
500 〔アプサンス〕
女 不在, 欠席 (↔ présence)
pendant son *absence* (=en l'*absence* de+人)
留守中に
□ **absent(e)** 形 不在の, 欠席の

□ **président**
501 〔プレズィダン〕
男 大統領;委員長, 議長
Il a été élu *président*. 彼は議長に選ばれた.
le *président*-directeur général 社長
(= 略 P.-D.G.)

□ **emprunter**
502 〔アンプランテ〕
他 (à ...から) 借りる (↔ prêter)
J'*ai emprunté* de l'argent à un ami.
私は友人から金を借りた.
＊レンタカーや家を「借りる」の意味ではlouerを使う.
□ **emprunt** 男 (金銭の) 借り入れ;借用

□ **carafe**
503 〔キャラフ〕
女 (ガラスの) 水差し, デカンタ
Une *carafe* d'eau, s'il vous plaît.
お水ください. ＊レストランで水差しに入った無料の水 (水道水) を頼むときに使う.

504〜516

□ **inquiéter**
504〔アンキエテ〕

他 心配させる　代動 心配する
Ne vous *inquiétez* pas.　心配しないで.
Je m'*inquiète* qu'elle soit fâchée.
彼女が怒っているのではないかと心配だ.
□ **inquiet(ète)** 形 心配な ☞ P.216
□ **inquiétude** 女 心配, 不安

□ **sombre**
505〔ソーンブル〕

形 暗い (↔ clair); (色が) くすんだ; 黒っぽい
Il fait *sombre*.
(1)辺りが暗い. (2)(空が)曇っている.

□ **ravi(e)**
506〔ラヴィ〕

形 大喜びの, 大変嬉しい
Je suis *ravi(e)* de vous revoir.
あなたと再会できてとてもうれしいです.

□ **raconter**
507〔ラコンテ〕

他 物語る, 話をする
Racontez-moi ce que vous avez fait hier.
昨日何をしたか話してください.
Alors, *raconte*-moi.　さぁ, 話して [教えて].

□ **déclarer**
508〔デクラレ〕

他 表明する, 申告する
代動 (火事などが) 発生する
Vous n'avez rien à *déclarer* ? = Rien à *déclarer* ?
(税関で) 申告するものはありませんか？
□ **déclaration** 女 申告; 声明 ☞ P.250

□ **fleuriste**
509〔フルゥリストゥ〕

男 女 花屋
Il a acheté des roses chez un *fleuriste*.
彼は花屋でバラを買った.
□ **fleur** 女 花

□ **pour cent**
510〔プールサン〕

《数字+pour centの形で》パーセント
5,8% (=cinq virgule huit *pour cent*)
5.8パーセント　＊フランス語の小数点には (,) を用いる.

□ barbe
511 〔バルブ〕

囡(あご・頬の)ひげ
se faire la *barbe*　自分のひげを剃る
*「(鼻の下にある)口ひげ」は 囡 moustache という.

□ gomme
512 〔ゴム〕

囡消しゴム
Tu me prêtes ta *gomme*?
消しゴム貸してくれないか?

□ tarder
513 〔タルデ〕

自(来るのが)遅れる,待たせる
Vous avez bien *tardé* à venir.
来るのが遅かったね.
tarder à+*inf.*
...するのが遅れる,なかなか...しない
Elle *tarde à répondre* à mon e-mail.
彼女はメールになかなか返事をくれない.
□ **tard** 副後に;遅れて;夜おそく

□ gratuit(e)
514 〔グラテュィ（ットゥ）〕

形無料[無償]の (=libre) (↔ payant)
Entrée gratuite
《掲示》入場無料 (=Entrée libre)
le service *gratuit*　無料サービス
□ **gratuite** 囡無料
□ **gratuitement** 副無料で

□ adulte
515 〔アデュルトゥ〕

男 囡成人,大人 (↔ enfant)
形成人した,大人の
Deux *adultes*, s'il vous plaît.　大人2枚ください. *deux places adultesともいう.
Tu es *adulte* maintenant.
君はもう立派な大人だ.

□ réfrigérateur
516 〔レフリジェラトゥール〕

男冷蔵庫
mettre du beurre au [dans le] *réfrigérateur*
冷蔵庫にバターを入れる
*メーカーの名を使って 男 frigoともいう.

517〜530

□ **boucherie**
517 〔ブシュリ〕

女 肉屋(店) ＊牛肉や羊肉を扱う.
aller à la *boucherie* 肉屋に行く
＊「肉屋(人)」を使って，aller chez le boucher という言い方もする.
□ **boucher(ère)** 男 女 肉屋(人) ☞ P.153

□ **amicalement**
518 〔アミカルマン〕

副 友情をこめて；(手紙の末尾で)草々
(Bien) amicalement. (親しい相手に対して手紙の末尾で)(心から)友情をこめて.
□ **amical(ale)** 形 友情のこもった
□ **amitié** 女 友情

□ **phrase**
519 〔フラーズ〕

女 文章, 文
Évitez des *phrases* trop longues.
あまりに長い文は避けなさい.

□ **fait**
520 〔フェ〕

男 事実, 出来事(＝événement)；行為
tout à fait まったく
Je suis *tout à fait* d'accord avec elle.
彼女の考えにまったく賛成です.
au fait ところで(＝à propos)

□ **lavabo**
521 〔ラヴァボ〕

男 洗面台；《複で》(公共の)便所
＊「洗面器」はune cuvetteという.
□ **se laver** 代動 (顔や手を)洗う
□ **lavage** 男 洗うこと

□ **compliment**
522 〔コンプリマン〕

男 《多く複で》賛辞, ほめ言葉
Mes *compliments* à votre femme.
奥様によろしく.
Tous mes *compliments* pour votre succès.
ご成功おめでとうございます.
(＝Félicitations pour votre succès.)

□ **gymnastique**
523 〔ジムナスティック〕

女 体操；体育 ＊話し言葉でgymと略す.
faire de la *gymnastique* 体操をする
□ **gymnase** 男 スポーツジム, 体育館

《データ本位》でる順仏検単語集

□ **or**
524〔オール〕

男 金

une montre en *or*　金時計

□ **contact**
525〔コンタクトゥ〕

男（物や身体の）接触；交際
prendre contact avec＋人
（人）と連絡をとる
Elle porte des verres de *contact*.
彼女はコンタクトレンズをしている．

□ **ainsi**
526〔アンスィ〕

副 そのように，このように（＝comme cela, de cette façon）
pour *ainsi* dire　いわば（＝en quelque sorte）

□ **sensationnel(le)**
527〔サンサスィヨネル〕

形 センセーショナルな；素晴らしい
C'est *sensationnel* !　それはすばらしい！

□ **panier**
528〔パニエ〕

男 かご，バスケット；くずかご
acheter un *panier* de pommes
リンゴをひとかご買う
jeter ... au *panier*　...をくずかごに捨てる

□ **dès**
529〔デ〕

前 ...するとすぐに；...の時から
dès le début　最初からすでに
dès que＋直説法　...するとすぐに
（＝aussitôt que）
Dès que tu *arriveras* à la gare, appelle-moi.
駅に着いたらすぐに電話をしてくれ．

□ **concernant**
530〔コンセルナン〕

前 ...に関して，...について
un article *concernant* le tremblement de terre　地震に関する記事
Il ne m'a rien dit *concernant* cette affaire.
彼はその件に関して私に何も言わなかった．
□ **concerner** 動 関係をもつ

NIVEAU 4

3級

3級 506語
001〜011

□ **terrible**
001 〔テリーブル〕

形 恐ろしい；(数量や程度が) ものすごい；手に負えない
un *terrible* accident　恐ろしい事故
J'ai un travail *terrible* à faire.
山ほど仕事をかかえています.
□ **terriblement** 副 ものすごく, 非常に

□ **défendre**
002 〔デファーンドゥル〕

他 守る；禁じる (＝interdire)
代動 (de ...から) 身を守る
L'alcool *est défendu* pour les mineurs.
未成年 (18歳未満) はアルコールが禁じられている.
□ **défense** 女 禁止；防衛 ☞ P.241

□ **époque**
003 〔エポック〕

女 時代；時期
notre *époque*　現代
à cette *époque*-là　その当時

□ **proposer**
004 〔プロポゼ〕

他 提案する；申し出る
代動 ...するつもりである (＝avoir l'intention de...)
proposer (à 人) **de**＋不定詞 [**que**＋接続法]
(人) に...することを勧める
Je vous *propose de partir* tout de suite.
すぐ出発なさってはいかがですか.
Il *m'a proposé* son aide.
彼は私に援助を申し出た.
□ **proposition** 女 提案

□ **curieux(se)**
005 〔キュリゥ(ーズ)〕

形 好奇心の強い；奇妙な, 風変わりな
C'est une fille *curieuse*.
あれは奇妙な女の子だ.
□ **curiosité** 女 好奇心
□ **curieusement** 副 奇妙に

□ complet(ète)
006 〔コンプレ(ットゥ)〕

形 完全な (↔ incomplet); 満員の (↔ vide)
男 (男性用) スーツ
les œuvres *complètes*　全集
Le train de 15 heures, c'est *complet*.
15時の電車は満席です．
Je regrette, mais tout est *complet*.
(ホテルで) あいにくですが満室です．

□ hasard
007 〔アザール〕

男 偶然　＊hは有音
par hasard　偶然に
J'ai rencontré ta fille *par hasard*.
偶然あなたの娘さんに会いました．

□ sang
008 〔サン〕

男 血，血液
type de *sang*　血液型 (＝groupe sanguin)
□ **sanguin(e)** 形 血液の
□ **saigner** 動 出血する

□ découvrir
009 〔デクヴリール〕

他 発見する，見つける
J'*ai découvert* ...　...を見つけた
J'*ai découvert* un restaurant chinois sympathique.
感じのよい中華のレストランを見つけた．
J'*ai découvert* qu'elle mentait.
彼女が嘘をついているとわかった．
□ **découverte** 女 発見

□ malheur
010 〔マルゥール〕

男 不幸 (↔ bonheur); 事故
supporter son *malheur*　不幸にたえる
par malheur　不運にも
□ **malheureux(se)** 形 不幸な; 悲しい
□ **malheureusement** 副 不幸にも

□ organiser
011 〔オルガニゼ〕

他 組織 (化) する；準備する
代動 (行動の) 段取りをつける
organiser un voyage pour Kyoto

012〜022

京都旅行を計画する
organiser une fête　パーティーを企画する
□ **organisation** 囡組織；団体

□ **prévenir**
012〔プレヴニール〕

他予告する，通知する；(病気を) 予防する
En cas d'accident, *prévenez* ma famille.
事故の場合は家族に知らせてください．
prévenir une maladie　病気を予防する

□ **étonner**
013〔エトネ〕

他驚かせる　代動驚く
Cette nouvelle m'*a* beaucoup *étonné(e)*.
そのニュースは私をひどく驚かせた．
Ça ne m'*étonne* pas.　別に驚きません．
□ **étonné(e)** 形驚いた

□ **juger**
014〔ジュジェ〕

他裁判する；判断する (＝estimer)
Il ne faut pas *juger* les gens sur l'apparence.
人を外見で判断してはならない．
□ **jugement** 男裁判，判決；判断 (力)
□ **juge** 男裁判官；審査員

□ **imaginer**
015〔イマジネ〕

他想像する；思う，考える
代動自分を…と思う (＝se croire)
Je ne peux pas *imaginer* qu'il puisse vieillir.
彼が年をとるなんて想像もできない．
Elle *s'imaginait* à 60 ans.
彼女は60歳の自分を想像していた．
□ **imagination** 囡想像 (力)
□ **imaginaire** 形想像上の，架空の
□ **imaginable** 形想像できる

□ **tissu**
016〔ティスュ〕

男織物；布地
Qu'est-ce que c'est, comme *tissu* ?
生地は何ですか？
un *tissu* de soie　絹織物

《データ本位》でる順仏検単語集

□ **art**
017〔アール〕

男芸術, 美術；技術
une œuvre d'*art*　芸術作品
l'*art* de la conversation　会話術
□ **artiste** 男 女 芸術家 ☞ P.159

□ **confiance**
018〔コンフィアンス〕

女信用, 信頼
faire confiance à＋人　...を信用する
avec confiance　信頼をもって
regarder l'avenir *avec confiance*
将来に対して不安を持っていない
C'est une personne *de confiance*.
あの人は信用できる.
□ **confiant(e)** 形 人を信用する；自信をもっている

□ **souffrir**
019〔スフリール〕

自苦しむ；苦労する
Je *souffre* beaucoup.
(診察を受けた際に) すごく苦しいです.
D'où *souffres*-tu?　どこが痛いの？
□ **souffrance** 女 苦しみ；苦悩

□ **sale**
020〔サル〕

形汚い, 不潔な（↔ propre）；不愉快な
avoir les mains *sales*　手が汚れている
□ **salement** 副 汚く

□ **scène**
021〔セーヌ〕

女(劇場の)舞台；(映画などの)場面；けんか
la mise en *scène*　上演, 演出
une *scène* de ménage　夫婦喧嘩
faire une scène à＋人　(人)とけんかする

□ **chaleur**
022〔シャゥルール〕

女暑さ；熱情
une *chaleur* humide　蒸し暑さ
Quelle *chaleur*!　なんて暑さだ！
＊反意語のfroidは「(天候の)寒さ」, 女froideurは「(性格や態度の)冷たさ」に使われる.

NIVEAU 3

023〜034

□ **séparer**
023〔セパレ〕

他 分ける　代動 (de ...と) 別れる
Il *s'est séparé* de sa femme. 彼は妻と別れた.
□ **séparation** 女 別離, 別居
□ **séparément** 副 別々に

□ **hors-d'œuvre**
024〔オルドゥーヴル〕

男 (料理の) オードヴル, 前菜　＊hは有音
hors-d'œuvre variés　オードヴルの盛りあわせ　＊複数でも変化しない.

□ **selon**
025〔スロン〕

前 ...によって；...に応じて；...によれば (＝d'après)
selon les cas　場合によって
selon les journaux　新聞によれば
Selon moi, elle se trompe complètement.
私に言わせれば, 彼女は完全に間違っている.

□ **toutefois**
026〔トゥトゥフォワ〕

副 しかしながら (＝cependant, pourtant)
Ce n'est pas grave, *toutefois* tu dois faire attention.
大したことはありません, でも気をつけて.

□ **mener**
027〔ムネ〕

他 連れて行く (＝emmener)；(à ...に) 至る；(人を) 運ぶ (＝transporter)
mener son enfant à l'école
子どもを学校につれて行く
Tous les chemins *mènent* à Rome.
【諺】すべての道はローマに通ず.

□ **transmettre**
028〔トゥランスメートゥル〕

他 伝える, 伝達する
代動 伝わる；(病気が) うつる
transmettre une information　情報を伝える
Je vais lui *transmettre* votre message.
あなたの伝言を彼に伝えます.
□ **transmission** 女 伝達；伝染

□ crier
029 〔クリエ〕

自 叫ぶ；泣き叫ぶ
Ne *crie* pas si fort ! そんな大声を出さないで！
crier de joie [surprise, peur]
喜び[驚き, 恐怖]のあまり大声を出す
□ **cri** 男 叫び声

□ supérieur(e)
030 〔スュペリゥール〕

形（位置が上のより）優れた（↔ inférieur）
la Seine *supérieure* セーヌ川上流
École normale *supérieure* 高等師範学校
□ **supériorité** 女 優越 ☞ P.223

□ meublé(e)
031 〔ムゥーブレ〕

形 家具付きの
un appartement *meublé*
家具付きのアパルトマン
□ **meuble** 男 家具

□ essence
032 〔エサンス〕

女 ガソリン；本質
prendre de l'*essence* ガソリンを入れる
poste d'*essence* ガソリンスタンド

□ extraordinaire
033 〔エクストゥラオルディネール〕

形 並外れた, 異常な；（会話で）すばらしい
（＝formidable）
Il est d'une intelligence *extraordinaire*.
彼は並外れて頭がよい．
C'est *extraordinaire* !
お見事！ ＊相手の行為を讃える表現．
Ce film n'est pas *extraordinaire*.
この映画は大したことはない．
□ **extraordinairement** 副 非常に

□ copain (女 copine)
034 〔コパン（コピーヌ）〕

男 女 仲間, 友だち
un *copain* (une *copine*) de classe 級友
＊形容詞として「仲がいい」という意味でも使われる．例：Ils sont très copains avec Jean.
彼らはジャンととても仲がいい．
＊（類語）camarade 仲間, ami(e) 友だち．

035〜045

□ tapis
035〔タピ〕

男(部屋の一部に敷く)カーペット，じゅうたん
tapis roulant 動く歩道；ベルトコンベアー
*部屋全体に敷きつめる「じゅうたん」はune moquetteという．

□ société
036〔ソシエテ〕

女 社会；会社；団体，協会
Mon oncle travaille dans une *société* commerciale. おじは商事会社に勤めている．
□ **social(ale)** 形 社会の；社会的な ☞P.124

□ auteur
037〔オトゥール〕

男 作家
droits d'*auteur* 印税
une femme *auteur* 女流作家
*女性についてもこの綴りのまま用いる．

□ chauffeur
038〔ショフゥール〕

男(バス・タクシーなどの)運転手
Elle est *chauffeur* de taxi.
彼女はタクシーの運転手だ．
*女性でも通常そのまま．特に女性を意識すればfemme chauffeurともいう．一般のドライバーはautomobilisteという．☞P.235

□ réduire
039〔レデュイール〕

他 減ずる，少なくする（=diminuer ↔ augmenter）
Tu dois *réduire* tes dépenses, n'est-ce pas ?
出費を減らすべきじゃないの？
□ **réduction** 女 減少，縮小 ☞P.231
□ **réduit(e)** 形 縮小された；割引の

□ spécial
(女 **-ale**, 複 **-aux**)
040〔スペシアル〕

形 特別な，特殊な（↔ général, ordinaire）；特異な（=bizarre）
C'est un cas *spécial*. それは特別なケースです．
Ma petite sœur est un peu *spéciale*.
妹は少し変わっている．
□ **spécialement** 副 特に，特別に

184 cent quatre-vingt-quatre

《データ本位》でる順仏検単語集

□ **spécialiste** 男女 専門家
□ **spécialité** 女 専門；名物（料理）

□ **excellent(e)**
041〔エクセラーン（トゥ）〕

形 素晴らしい，見事な
un étudiant *excellent* 優秀な学生
On a passé une *excellente* soirée.
素敵な夜を過ごした．
On a fait un repas *excellent*.
とてもおいしい食事をした．

□ **linge**
042〔ランジュ〕

男（タオル・シーツなど）家庭用布類；下着類
changer de *linge* 下着を替える
devenir blanc comme un *linge*
顔が真っ青になる（=pâlir）
□ **lingerie** 女（女性用の）下着

□ **attraper**
043〔アトゥラペ〕

他 捕まえる；（乗り物に）間に合う；（病気に）かかる
J'*ai attrapé* le dernier train.
最終列車に間に合った．
attraper un rhume 風邪をひく

□ **quai**
044〔ケ〕

男 プラットホーム；河岸
Je vous attendrai sur le *quai*.
プラットホームでお待ちします．
C'est quel *quai*, pour Nantes ?
ナント行きは何番ホームですか？
les *quais* de la Seine セーヌ川の河岸

□ **moitié**
045〔モワティエ〕

女 半分
à moitié 半分，ほとんど
à moitié prix 半値で
On fait *moitié-moitié*. 折半しよう．

NIVEAU 3

046〜056

□ **armoire**
046 〔アルモワール〕

女(開き戸の)洋服ダンス；収納棚
une *armoire* à chaussures 靴箱
□ **commode** 女(引き出しの付いた)整理ダンス

□ **condition**
047 〔コンディスィヨン〕

女条件；状態（=situation）；(スポーツ選手などの) 体調
à condition de+*inf.* ...するという条件で
dans ces conditions こんな状態[状況]では
se mettre en condition
コンディションを整える
□ **conditionnel(le)** 形条件付きの

□ **intérêt**
048 〔アンテレ〕

男趣味，関心；(物事の) 価値；利子
avec intérêt 興味深く，興味を持って
Ce film américain n'a aucun *intérêt*.
このアメリカ映画はまったく面白くない．
□ **intéressant(e)** 形興味深い；(値が)得な

□ **former**
049 〔フォルメ〕

他形作る；(人を)育成する；(考えを)思いつく 代動形成される，形づくる
former une équipe チームを編成する
former une idée ある考え方を抱く,思いつく
□ **formation** 女育成；教育；経歴

□ **concours**
050 〔コンクール〕

男(定員の決まっている) 選抜試験
le *concours* d'entrée 入学試験
se présenter au *concours*
(入試などを) 受ける
＊点数による到達度テスト，通常の試験はun examen. 一般に「試験を受ける」はpasser un examenを使う．

□ **manière**
051 〔マニエール〕

女やり方
de toute manière いずれにしても
（=en tout cas）

une manière de ... 一種の... ; ...のようなもの（＝une sorte de）

□ surveiller
052〔スゥルヴェィエ〕

他見張る，監視する；（子どもなどを）見守る
surveiller des travaux　工事を監督する
bien *surveiller* les enfants
子どもたちをちゃんと見守る
□ **surveillance** 女監督

□ syndicat
053〔サンディカ〕

男組合，労働組合（＝syndicat ouvrier）
syndicat d'initiative　観光協会（の案内所）

□ sûrement
054〔スュルマン〕

副きっと，確実に；もちろん
Clara arrivera *sûrement* en retard.
クララはきっと遅れてくる．
Vous venez avec nous ? − *Sûrement* pas !
一緒に来ますか？ − いやどうしてもダメ！
□ **sûr(e)** 形確実な；安全な

□ conversation
055〔コンヴェルサスィヨン〕

女会話；会談
la *conversation* courante　日常会話
＊la conversation de tous les jours という言い方も使う．
faire la conversation avec＋人 [《話》**à**＋人]
（人）と会話する
□ **converser** 動（avec ...と）（親しく）会話する

□ exact(e)
056〔エグザ（クトゥ）〕

形（時間や計算などが）正確な（＝juste）
être *exact(e)* au rendez-vous
約束の時間に遅れない
C'est *exact*.　まったくその通りです．
□ **exactement** 副正確に；（肯定の答）その通り

057〜067

□ siège
057 〔スィエージュ〕
男椅子, 座席；(代議士などの) 議席；(官庁などの) 本部
prendre un *siège*　椅子に腰掛ける
＊la chaise「椅子」, le fauteuil「肘掛け椅子」, le banc「ベンチ」などの総称がsiège.

□ diriger
058 〔ディリジェ〕
他経営する；向ける
代動 (方向へ) 進む, 向かう；導く
diriger une entreprise　会社を経営する
Elle m'*a dirigé*(e) vers la sortie.
彼女は私を出口に案内した.
＊〈vers [sur, contre] ...〉を添えて「...へ向ける [送る]；...へ導く」となる.
□ **dirigeant(e)** 男 女 指導者, リーダー

□ loi
059 〔ロワ〕
女法, 法律；法則
observer la *loi*　法を遵守(じゅんしゅ)する
□ **légal(ale)** 形法律の；合法の

□ expérience
060 〔エクスペリアンス〕
女経験, 体験；(sur, de ...についての) 実験
C'était une bonne *expérience* pour moi.
私にとってよい経験だった.
avoir de l'*expérience*　経験に富む
□ **expérimental(ale)** 形実験の

□ prévoir
061 〔プレヴォワール〕
他予測 [予見] する
La météo *prévoit* qu'il pleuvra demain.
天気予報によると明日は雨が降るらしい.
□ **prévision** 女予想；予報

□ liberté
062 〔リベルテ〕
女自由
la *liberté* d'expression　表現の自由
Liberté, Égalité, Fraternité
自由・平等・友愛　＊フランス共和国の標語.
□ **libre** 形自由な, 暇な；(席が) 空いている；無料の

188　cent quatre-vingt-huit

□ créer
063 〔クレエ〕

他 創造する，作りだす；引き起こす
Cet accident *a créé* des embouteillages.
その事故で渋滞が起こった．
□ **création** 女 創造；創作 ☞ P.163

□ supposer
064 〔スュポゼ〕

他 推測する，仮定する
Je *suppose* qu'elle a eu un accident.
彼女は事故にあったのではないかと思う．
Vous venez avec moi, je *suppose* ? あなたも一緒に来られますよね？ *je supposeで断定を和らげたり，念を押したりする言い回し．
□ **supposition** 女 推測

□ œuvre
065 〔ウーヴル〕

女 仕事（＝travail）；（文学・音楽などの）作品（＝ouvrage）
se mettre à l'*œuvre*　仕事にとりかかる
les *œuvres* complètes de Balzac
バルザックの全集

□ forcer
066 〔フォルセ〕

他 強制する，強いる（＝obliger）
代動 無理をする
forcer＋人＋**à** ...　（人）に...を強制する（＝obliger）
Il faut *le forcer au* silence.
彼に沈黙を強いなくてはならない．
Ne vous *forcez* pas !　無理しないで！

□ regretter
067 〔ルグレテ〕

他 後悔する；残念に思う
regretter de＋*inf.*　...することを残念に思う
Je *regrette de* vous *avoir* fait attendre.
お待たせして申し訳ありません．
Je *regrette*, Monsieur, mais ce soir, tout est complet.　申し訳ございませんが，今晩は満室でございます．
□ **regret** 男 心残り，後悔
□ **regrettable** 形 (誤りなどが) 遺憾な,残念な

NIVEAU 3

068〜077

□ **nombreux(se)**
068〔ノンブルゥ(ーズ)〕

形 多くの，多数の
dans de *nombreux* cas　多くの場合は
devenir *nombreux*(*se*)　多くなる
Les accidents sont *nombreux* sur cette route.
この道は事故が多い．
□ **nombre** 男 数；数量 ☞ P.114

□ **litre**
069〔リトゥル〕

男 リットル，《単位》ℓ
un *litre* de bière　ビール1リットル
*un demiは生ビール（約$\frac{1}{4}$ℓ分）を示す．

□ **réaliser**
070〔レアリゼ〕

他 実現［実行］する；（映画などを）製作する；（人が）気づく
代動 （計画などが）実現する
réaliser un projet　計画を実現する
réaliser son erreur　誤りに気づく
□ **réalisation** 女 実現，実行；成果
□ **réalisateur(trice)** 男 女 （映画の）監督
□ **réaliste** 形 現実的な，現実主義の

□ **finalement**
071〔フィナルマン〕

副 ついに，最後に，結局
Finalement, c'est toi qui as raison.
結局のところ君の言うとおりだ．
Ils se sont *finalement* mis d'accord.
最後には彼らの意見が一致した．
□ **final(ale)** 形 最後の，終わりの
□ **finale** 女 決勝戦

□ **remercier**
072〔ルメルスィエ〕

他 感謝する，礼を言う
Je vous *remercie*. (1) ありがとうございます．
(2)（丁寧な断り）いいえ結構です．
Je vous *remercie* de [pour] votre lettre.
お手紙ありがとうございました．
□ **remerciement** 男 《多くは複で》感謝

《データ本位》でる順仏検単語集

□ **serrer**
073〔セレ〕

他 締めつける　代動 (互いに) 握り合う
Il m'*a serré(e)* dans ses bras.
彼は私を抱きしめた.
Ces vêtements me *serrent*. この服は窮屈だ.
se serrer la main　握手を交わす

□ **volonté**
074〔ヴォロンテ〕

女 意志；意向, 意図 (＝intention)
avoir de la *volonté*　意志が強い
manquer de *volonté*　意欲に欠ける
à volonté　好きなだけ；好きな時に

□ **généralement**
075〔ジェネラルマン〕

副 一般に, 概して；普通
Elle est *généralement* chez elle après dix-neuf heures.
彼女は普通午後7時以降は家にいる.
□ **général(e)** 形 一般的な ☞ P.88
□ **généralisation** 女 一般化, 普遍化

NIVEAU 3

□ **nature**
076〔ナチュール〕

女 自然；(人の) 性質 (＝caractère)；
(物事の) 本質
protéger la *nature*　自然を保護する
la *nature* humaine　人間性
être d'une *nature* gaie　陽気な性格である
□ **naturel(le)** 形 自然の
□ **naturellement** 副 自然に；もちろん；当然

□ **dos**
077〔ド〕

男 (身体の) 背中；(椅子や本の) 背
J'ai mal dans le *dos*.　背中が痛い.
＊mal au dosという表現はあまり用いない.
se coucher sur le *dos*　仰向けに寝る
＊「うつぶせ」はse coucher à plat ventreとなる.
un sac à *dos*　リュックサック　＊「背中に背負うバック」の意味. un sac à mainは「手で持つバック」で「ハンドバッグ」となる.

cent quatre-vingt-onze　191

078〜090

□ **région**
078 〔レジィヨン〕
女 地方, 地域
dans nos *régions* 我々の地方［国］では
Vous êtes de quelle *région* ?
どちらのご出身ですか？
□ **régional(ale)** 形 地方の；地方特有の

□ **monument**
079 〔モニュマン〕
男 (歴史的・芸術的な) 記念建造物
À part le Louvre, je n'ai vu aucun *monument* historique. ルーヴル美術館を除いて，他の歴史的建造物は見なかった．

□ **sortie**
080 〔ソルティ〕
女 (ある場所から) 出ること；出口 (↔entrée)；発売
Mon père m'a interdit la *sortie*.
父が私に外出を禁じた．
Où est la *sortie* ? 出口はどこですか？
une *sortie* de secours 非常口
□ **sortir** 動 外出する
□ **sorti(e)** 形 外出した

□ **pur(e)**
081 〔ピュール〕
形 純粋な (↔ impur)；澄んだ (↔ pollué)；混じりけのない (↔ mélange)
L'air n'est pas *pur* à Tokyo.
東京の空気は澄んでいない．
□ **pureté** 女 純粋さ

□ **établir**
082 〔エタブリール〕
他 設置する；確立する；明らかにする
代動 居をかまえる
établir une usine en banlieue
郊外に工場を設置する
Il *s'est établi* à Paris. 彼はパリに居を定めた．
□ **établissement** 男 施設, 機関

□ **compliquer**
083 〔コンプリケ〕
他 複雑にする, 難しくする
Ne *compliquez* donc pas les choses !
事態を紛糾させないで！

□ **compliqué(e)** 形 複雑な

□ **fil**
084 〔フィル〕

男 糸；(金属・電話などの) 線
un *fil* de fer　針金
avoir＋人＋**au bout du fil**
(人)と電話中である

□ **doux(ce)**
085 〔ドゥ (ース)〕

形 甘い (↔ amer「苦い」, acide「酸っぱい」)；優しい；(天候が) 穏やかな；柔らかな
Elle est *douce* avec ses enfants.
彼女は自分の子どもに甘い [優しい].
Il fait *doux* aujourd'hui.
今日は穏やかな [暖かい] 天気だ.

□ **contenir**
086 〔コントゥニール〕

他《主語は物》含む, 入れる；《主語は人》(感情を) 抑える
Ce livre *contient* beaucoup d'images.
この本はたくさん絵がある.
contenir sa colère　怒りを抑える

□ **souci**
087 〔ススィ〕

男 心配, 心配事
Tu as des *soucis* ?　心配事があるの？
sans souci　のんきな
□ **soucieux(se)** 形 心配している

□ **national**
(女 *-ale*, 複 *-aux*)
088 〔ナスィヨナル〕

形 国の, 国民の
le drapeau *national*　国旗
□ **nation** 女 国；国民
□ **nationalité** 女 国籍 ☞P.225

□ **craindre**
089 〔クランドゥル〕

他 恐れる；心配する
Il n'y a rien à *craindre*.　何も恐れることはない.
□ **crainte** 女 恐れ, 危惧；《複で》心配

□ **remplir**
090 〔ランプリール〕

他 (de ...で) 満たす (↔ vider)；(時間を) 使う；(用紙に) 書き込む

NIVEAU 3

091〜101

être rempli(e)（**de**＋無冠詞名詞）
(...で) 一杯である，満員である
Cette église *était remplie* lors du mariage.
あの教会は結婚式で人が一杯だった．
remplir une feuille [un papier]
書類に書き込む

☐ **gouvernement**
091〔グヴェルヌマン〕

男 政府；政治(形態)
le *gouvernement* du peuple, par le peuple, pour le peuple 人民の人民による人民のための政治 ＊リンカーンの言葉．
☐ **gouvernemental(ale)** 形 政府の

☐ **enfermer**
092〔アンフェルメ〕

他 閉じ込める；しまい込む 代動 閉じこもる
enfermer son chagrin 悲しみを押し隠す
s'enfermer dans sa chambre 自室にこもる

☐ **solide**
093〔ソリドゥ〕

形 (物や身体が) 丈夫な；固い，強固たる
avoir l'estomac *solide* 胃が丈夫だ
une amitié *solide* 固い友情
☐ **solidité** 女 固さ，丈夫さ，確かさ

☐ **justement**
094〔ジュストゥマン〕

副 ちょうど；(肯定の返答として) まさにその通り
Je viens *justement* de recevoir votre colis.
たった今あなたの小包を受け取ったところです．
☐ **juste** 形 公平な；正確な
　　　　副 ちょうど；正確に

☐ **étendre**
095〔エターンドゥル〕

他 広げる；(手足を) のばす
代動 横になる (＝se coucher)；広がる
Tu peux *étendre* le linge ?
洗濯物を干してくれる？
Il *s'est étendu* sur le divan.
彼はソファに横になった．

《データ本位》でる順仏検単語集

□ **logement**
096〔ロジュマン〕

男 住居；住むこと
Je cherche un *logement* meublé.
私は家具付きの住宅を探しています．
changer de *logement*　住まいを変える
□ **loger** 動 泊まる；住む

□ **intention**
097〔アンタンスィヨン〕

女 意図，目的
avoir l'intention de + *inf.*
...するつもりである
J'*ai l'intention de* partir demain matin.
明朝出発するつもりです．
□ **intentionnel(le)** 形 故意の，意図的な
□ **intentionnellement** 副 故意に

□ **embouteillage**
098〔アンブティヤージュ〕

男（市街地での）交通渋滞；混雑
être pris(e) dans un *embouteillage*
渋滞に巻きこまれる
＊(類語) un bouchonは「(国道・高速道路などの) 渋滞」の意味で用いられる．

□ **licence**
099〔リサーンス〕

女 学士号；許可（証）
passer sa *licence*　学士課程修了試験を受ける
Elle est en année de *licence*.
彼女は大学3年生だ．
□ **licencié(e)** 男 女 学士

□ **lecture**
100〔レクテュール〕

女 読書；読み物；朗読
Tu aimes la *lecture* ?　読書は好きですか？
faire la lecture à + 人
(人)に本を読んで聞かせる
□ **lire** 動 読む
□ **lecteur(trice)** 男 女 読者；購読者

□ **allumer**
101〔アリュメ〕

他（ガスなどに）火をつける；(電気などを)つける（↔ éteindre）
Allumez dans l'entrée.

NIVEAU 3

入口の明かりをつけてください．
allumer la télé　テレビをつける

□ **concret(ète)**
102 〔コンクレ（トゥ）〕
形 具体的な（↔ abstrait)
étudier une proposition *concrète*
具体案を検討する
□ **concrètement** 副 具体的に

□ **ingénieur**
103 〔アンジェニゥール〕
男 エンジニア，技師
Il est *ingénieur*.　彼はエンジニアです．
＊「女性のエンジニア」はfemme ingénieurという．

□ **intime**
104 〔アンティム〕
形 親密な，仲のよい；内輪の
C'est un ami *intime*.　彼は親しい友人です．
□ **intimité** 女 親密な関係
□ **intimement** 副 親密に；内心深く

□ **hostile**
105 〔オスティル〕
形 敵意のある，敵対する（↔ amical）；
（à ...に）反対の（＝opposé）
avec un air *hostile*　冷ややかに
Elle est *hostile* à ce plan.
彼女はこの計画に反対だ．
□ **hostilité** 女 敵意

□ **opération**
106 〔オペラスィヨン〕
女 手術；作業（＝travail）；計算
subir une *opération*　手術を受ける
（＝être opéré, se faire opérer）
□ **opérer** 動 手術する；（操作などを）行う

□ **courant(e)**
107 〔クーラン(トゥ)〕
形 普通にある；（言葉など）日常普通に使う
Cette expression ne s'emploie pas dans la conversation *courante*.
この表現は日常会話では使われない．

□ **couramment**
108 〔クーラマン〕
副 流 ちょう暢に；（頻度を示して）日常的に，通常よく

Mon ami parle *couramment* le français.
友だちは流暢にフランス語を話す．
Ce proverbe s'emploie *couramment*.
この諺はよく使われる．

□ **disponible**
109〔ディスポニーブル〕

形（物が）空いている；（手がすいていて）相手ができる
Il y avait encore deux places *disponibles*.
まだ空席が2つあった．
Ce soir, je ne suis pas *disponible*.
今晩は手があいていません．

□ **hors**
110〔オール〕

前（de ...の）外に，（...を）外れた ＊hは有音
hors de la ville　町の外に，郊外に
hors de prix　とても高価な
hors de soi　腹の立った，我を忘れた

□ **puisque**
111〔ピュイスク〕

接...だから，...なので
Mon frère ne pourra pas venir, *puisqu*'il est malade.　兄は病気なので来られないだろう．
＊聞き手が知っている既知の理由を導く．未知の理由にはparce queを用いる．

□ **plusieurs**
112〔プリュズィウール〕

形《複で》幾つもの，何人もの
代（de ...のなかの）何人も，幾つも
Je l'ai déjà vu *plusieurs* fois.
彼にはもう何度も会ったことがある．
à *plusieurs* reprises　何度も繰り返して
plusieurs d'entre elles　彼女たちのうちの何人も

□ **suivant(e)**
113〔スュイヴァン(トゥ)〕

形次の，以下のような
前...に従って，応じて
Répondez aux questions *suivantes*.
以下の問いに答えなさい．
Suivant son habitude, il s'est levé à huit heures.　いつものように，彼は8時に起きた．

114〜125

☐ moindre
114〔モワーンドゥル〕

形《petitの比較, 最上級》より少ない［小さい］；最も小さい［少ない］
à *moindre* prix　もっと安い価格で
Il n'y a pas *moindre* doute.
疑いの余地はまったくありません.
＊moindreは通常抽象名詞とともに. plus petitは具体的な大きさの比較の場合.

☐ jeu(複-x)
115〔ジュー〕

男ゲーム, 遊び；競技；演奏
Je suis fort à ce *jeu*.　私はこのゲームが得意だ.
Arrête avec les *jeux* vidéos !
テレビゲームはもうやめなさい !
les *Jeux* Olympiques　オリンピック（大会）
☐ **jouer** 動遊ぶ

☐ tandis que
116〔タンディ ク〕

接句《対立》...であるのに；《同時》...している間に（＝pendant que）
L'un est riche, *tandis que* l'autre est pauvre.
一方は金持ちだが, もう一方は貧乏だ.
Tandis que l'on se promenait, il a commencé à neiger.
散歩しているうちに, 雪が降り出した.

☐ location
117〔ロカスィヨン〕

女（部屋などの）賃貸借, レンタル（料）
une voiture de *location*　レンタカー
Nous cherchons une villa en *location* pour les vacances.　私たちはヴァカンス用の貸別荘を探している.
un appartement en *location*　賃貸マンション
☐ **louer** 動賃借りする；賃貸しする

☐ permis
118〔ペルミ〕

男許可証, 免許
un *permis* de conduire　運転免許証
☐ **permettre** 動許可する

《データ本位》でる順仏検単語集

□ **frontière**
119 〔フロンティエール〕

女国境；境界
franchir [passer] la *frontière*　国境を越える

□ **cigarette**
120 〔スィガレットゥ〕

女(紙巻き)タバコ
une cartouche de *cigarettes*　タバコ1カートン
Tu fumes combien de *cigarettes* par jour ?
1日にどれくらいタバコを吸うの？
□ **cigare** 男葉巻

□ **mairie**
121 〔メリ〕

女市[区]役所，町役場
aller à la *mairie*　役所に行く
＊大都市の市庁(舎)はHôtel de villeと呼ばれる．
□ **maire** 男市(区，町，村)長

NIVEAU 3

□ **exagérer**
122 〔エグザジェレ〕

他誇張する，目立たせる　自大げさに言う
Ce rapport *exagère* les dégâts.
この報告書は損害を誇張している．
sans exagérer　誇張ではなく

□ **domestique**
123 〔ドメスティク〕

形家庭の；(動物が)家で飼われた
des travaux *domestiques*　家事
un animal *domestique*　家畜　＊食用・労役用の動物．犬や猫等はun animal de compagnie「ペット」と呼ぶ．

□ **carnet**
124 〔カルネ〕

男(メモ用の)手帳；(切符などの)一枚綴り
un *carnet* d'adresses　住所録
un *carnet* de tickets de métro
地下鉄の回数券
＊(類語)男agenda「スケジュール手帳」．

□ **ouverture**
125 〔ウヴェルテュール〕

女開始，開店（↔ fermeture），開場
Quelles sont les heures d'*ouverture* ?
営業時間は？　＊何時から何時まで営業しているかをたずねる文．
□ **ouvrir** 動開ける

126〜136

□ rôle
126 〔ロール〕

男(社会的な)役割,役目;(芝居の)役
jouer un grand *rôle* dans ...
...において大きな役割を果たす
à tour de rôle 順番に,交代で
faire la cuisine *à tour de rôle* 交代で料理する

□ marquer
127 〔マルケ〕

他記入する(=noter),書き付ける,表示する(=indiquer)
Le prix *est marqué* sur l'étiquette.
値段はラベルに表示されています.
L'horloge *marque* exactement midi.
大時計はちょうど12時を指している.
□ **marque** 女印;商標;(スポーツの)得点

□ appliquer
128 〔アプリケ〕

他適用する;実行する　代動当てはまる(à ...に)はりつく;専心する
appliquer une idée　アイデアを実行する
Cette remarque *s'applique* aussi à vous.
その指摘はあなたにも当てはまる.
□ **application** 女適用;専心;貼付け

□ obtenir
129 〔オプトゥニール〕

他取得する,獲得する
obtenir le premier prix　一等賞をとる
obtenir un grand succès　大成功をおさめる
□ **obtention** 女(資格などの)取得

□ éducation
130 〔エデュカスィヨン〕

女教育;教養
recevoir une bonne *éducation*
よい教育を受ける
＊éducationは「(全人的な)教育・しつけ」を指す.「特定科目の教育」は男enseignement,「知的な教育」は女instruction,「教育法」は女pédagogieという.
□ **éducatif(ve)** 形教育を目的とする
□ **éduquer** 動教育する;訓練する

□ personnage
131 〔ペルソナージュ〕

男(社会的に地位のある)人物；(小説・劇の)登場人物

jouer le *personnage* principal 主役を演じる

□ éclairer
132 〔エクレレ〕

他 照らす；明らかにする
代動 照らす；明るくなる

Cette lampe *éclaire* mal. この電灯は暗い．

□ **éclair** 男 稲妻；(菓子の)エクレア

□ crédit
133 〔クレディ〕

男 クレジット

une carte de *crédit* クレジットカード

payer avec une *carte de crédit*
クレジットカードで支払う

＊「現金で払う」payer [régler] en espècesという．

□ régulier(ère)
134 〔レギュリエ(ール)〕

形 規則正しい

une vie *régulière* 規則正しい生活

déjeuner à heures *régulières*
決まった時間に昼食をとる

□ **régulièrement** 副 規則正しく

□ régulièrement
135 〔レギュリエールマン〕

副 規則正しく，きちんと；合法的に

Il paye *régulièrement* son loyer.
彼はきちんと家賃を払っている．

Elle écrit *régulièrement* à ses parents.
彼女は定期的に両親に手紙を書く．

La décision a été prise *régulièrement*.
決定は合法的になされた．

□ **régulier(ère)** 形 規則的な，規則正しい

□ douleur
136 〔ドゥルゥール〕

女 (体の)痛み，苦痛；(精神の)苦悩

J'ai des *douleurs* partout. 体の節々が痛みます．

supporter la *douleur* 痛みにたえる

la *douleur* de la séparation 別れのつらさ

□ **douloureux(se)** 形 痛い；つらい

NIVEAU 3

137〜147

□ **direction**
137〔ディレクスィヨン〕

女 方向
marcher dans la *direction* de Paris
パリの方へ歩く
le train en *direction* de Dijon
ディジョン行きの列車
L'Hôtel Atala, c'est dans quelle *direction*, s'il vous plaît ?
アタラホテルはどの方向でしょうか？

□ **propre**
138〔プロプル〕

形 清潔な（↔ sale），正直な；固有の，特有の；…自身の
les mains *propres*　清潔な手
un nom *propre*（文法の）固有名詞
Agissez selon votre *propre* jugement.
自分自身の判断で行動しなさい．＊〈所有形容詞＋propre＋名詞〉の形で「…自身の」．
□ **propreté** 女 清潔
□ **proprement** 副 清潔に；本来は

□ **voyageur(se)**
139〔ヴォワィヤージゥール（ジゥーズ）〕

男 女 旅行者；（列車・バスなどの）乗客
＊飛行機の「乗客」はpassager(ère)という．
les *voyageurs* de première classe
一等車の乗客
□ **voyager** 動 旅行をする
□ **voyage** 男 旅行

□ **veste**
140〔ヴェストゥ〕

女 ジャケット，上着
mettre [enlever] sa *veste*　上着を着る［脱ぐ］

□ **développer**
141〔デヴェロペ〕

他 発展［発達］させる；現像する
代動 発展する
faire *développer* des photos
写真を現像してもらう
L'affaire *s'est* rapidement *développée*.
事業は急成長した．
□ **développement** 男（国・事業などの）発達

《データ本位》でる順仏検単語集

□ **développé(e)** 形発展［発達］した

□ **merveilleux(se)**
142〔メルヴェィウ(ーズ)〕
形素晴らしい，見事な
un paysage *merveilleux* すばらしい景色
□ **merveilleusement** 副すばらしく，見事に
□ **merveille** 女(美しさなどへの) 驚嘆

□ **rater**
143〔ラテ〕
他(乗り物などに)乗りそこなう；
(人に)会いそこなう；失敗する
J'*ai raté* mon train. 電車に乗りそこねた．
rater un examen 試験をしくじる［落ちる］

□ **cultiver**
144〔キュルティヴェ〕
他耕作する，栽培する；(才能などを)
養う，みがく
cultiver le champ 畑を耕す
cultiver les qualités intellectuelles
知的な素養をのばす
□ **culture** 女文化；教養；耕作 ☞P.122

□ **tasse**
145〔タス〕
女カップ，カップ一杯
une *tasse* à café コーヒーカップ
une *tasse* de café コーヒー一杯

□ **coiffeur(se)**
146〔コワフゥール(フゥーズ)〕
男女理髪師，美容師
aller chez le *coiffeur* 美容院に行く ＊会話
では，aller au coiffeurという言い方も使われる．
□ **coiffure** 女髪型，ヘアースタイル

□ **évident(e)**
147〔エヴィダン(トゥ)〕
形はっきりした，明白な
Il est évident que＋直説法 ...は明白である
Il est évident qu'elle *a* raison.
彼女の言う通りなのは明白だ．
□ **évidemment** 副もちろん；明らかに

NIVEAU 3

148〜158

□ **moral**
(囡-ale, 複-aux)
148〔モラル〕

形 道徳的な（↔ immoral）；精神的な
男 気力（＝énergie）；精神（状態）
囡 道徳，モラル
l'éducation *morale* 道徳教育
avoir bon [mauvais] moral
意気盛んである［意気消沈している］

□ **possibilité**
149〔ポスィビリテ〕

囡 可能性，見込み；手段
Je crois à la *possibilité* d'un accord.
同意に達する可能性はあると思う．
avoir la possibilité de＋*inf.*
…することができる
□ **possible** 形 可能な，できる限り

□ **défaut**
150〔デフォ〕

男 欠点，欠陥（↔ avantage, mérite）；不足
Ils ont beaucoup de *défauts*.
彼らには欠点が多い．
en défaut 誤って

□ **réel(le)**
151〔レエル〕

形 現実の，実際の（↔ irréel, imaginaire）；
確かな，本当の（↔ faux）
Cette histoire n'est pas *réelle*.
この話は現実に起きたものではない．
un *réel* plaisir 確かな喜び
□ **réalité** 囡 現実
□ **réellement** 副 現実に，本当に

□ **soin**
152〔ソワン〕

男 念入り，注意；《複で》治療；（肌などの）
手入れ
avec soin 入念に（↔ sans soin）
Examinez ça *avec soin*.
それを入念に検討ください．
avoir soin de … …を大切に扱う

□ **sonner**
153〔ソネ〕

自（時計，電話などが）鳴る；（ベルを）鳴
らす

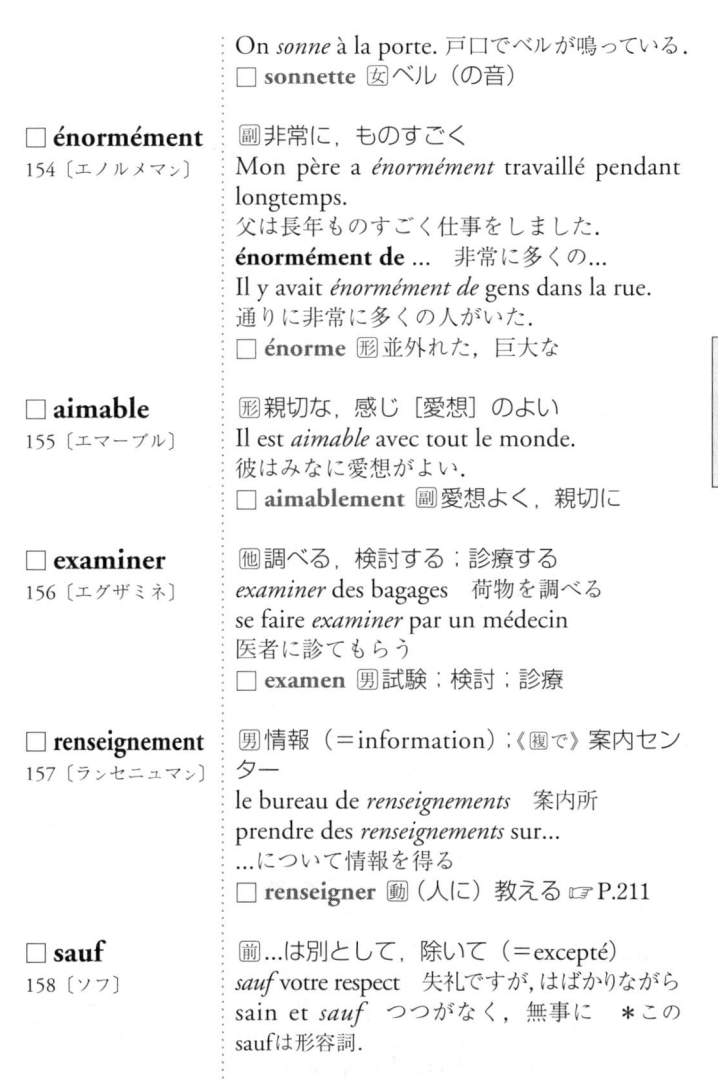

On *sonne* à la porte. 戸口でベルが鳴っている．
□ **sonnette** 囡ベル（の音）

□ **énormément**
154〔エノルメマン〕

副非常に，ものすごく
Mon père a *énormément* travaillé pendant longtemps.
父は長年ものすごく仕事をしました．
énormément de ...　非常に多くの...
Il y avait *énormément de* gens dans la rue.
通りに非常に多くの人がいた．
□ **énorme** 形並外れた，巨大な

□ **aimable**
155〔エマーブル〕

形親切な，感じ［愛想］のよい
Il est *aimable* avec tout le monde.
彼はみなに愛想がよい．
□ **aimablement** 副愛想よく，親切に

□ **examiner**
156〔エグザミネ〕

他調べる，検討する；診療する
examiner des bagages　荷物を調べる
se faire *examiner* par un médecin
医者に診てもらう
□ **examen** 男試験；検討；診療

□ **renseignement**
157〔ランセニュマン〕

男情報（＝information）；《複で》案内センター
le bureau de *renseignements*　案内所
prendre des *renseignements* sur...
...について情報を得る
□ **renseigner** 動（人に）教える ☞P.211

□ **sauf**
158〔ソフ〕

前...は別として，除いて（＝excepté）
sauf votre respect　失礼ですが，はばかりながら
sain et *sauf*　つつがなく，無事に　＊このsaufは形容詞．

159〜170

□ silence
159 〔スィラーンス〕

男 沈黙, 無言；静寂
Silence! 黙りなさい！ 静かに！（=Chut !）
en silence 黙って, 静かに
Maurice mange seul *en silence*.
モーリスは一人で黙々と食事をしている．
□ **silencieux(se)** 形 黙っている；静かな

□ essentiel(le)
160 〔エサンスィエル〕

形 必要不可欠な；肝心な（=capital）
男 要点, 最も重要な点
un élément *essentiel* 不可欠な要素
saisir le point *essentiel* 要点をおさえる

□ caractère
161 〔カラクテール〕

男（人の）性質；（物の）性格, 特徴；文字
Il a (un) bon *caractère*. 彼は性格がよい．
le *caractère* chinois 漢字
□ **caractéristique** 形（de ...に）独特の, 特徴的な

□ disposition
162 〔ディスポズィスィヨン〕

女 配置；意向；《複で》準備；自由に使用できること
Je suis à votre *disposition*.
何なりといつでもどうぞ(ご自由に)．＊「あなたの意向にそう状態にある」が直訳．
prendre ses *dispositions* pour partir en voyage 旅に出かける準備をする
Mon oncle a mis cette maison à ma *disposition*. 叔父は私にこの家を自由に使わせてくれた．
□ **disposer** 動 配置する ☞P.207

□ rejoindre
163 〔ルジョワーンドゥル〕

他（人と）落ち合う（=retrouver）；追いつく；(道が) 通じている；(場所に) 戻る
Je vous *rejoins* à la gare.
あなたと駅で落ち合うことにします．
Allez-y d'abord, je vous *rejoins*. 先に行ってください, 後から追いつきますから．

《データ本位》でる順仏検単語集

☐ inscrire
164 〔アンスクリール〕

他 記入する；登録する　代動 登録する
inscrire son nom et son adresse sur une fiche　カードに住所氏名を記入する
Tu t'*es inscrit(e)* au cours de conversation française ?
フランス語の会話の授業に登録したの？
☐ **inscription** 女 登録，記入，応募

☐ carré(e)
165 〔カレ〕

男 形 正方形（の），四角（い）；平方（の）
dix mètres *carrés*　10平方メートル　＊「10立方メートル」であればdix mètres cubesという．

☐ estomac
166 〔エストマ〕

男 胃
Tu as mal à l'*estomac* ?　胃が痛いの？
avoir un bon [mauvais] *estomac*
胃が強い[弱い]
avoir l'*estomac* vide [plein]
空腹[満腹]である

☐ disposer
167 〔ディスポゼ〕

他 並べる，配置する
自 (de ...を) 自由に使える
Tu peux *disposer* de mon vélo.
僕の自転車を自由に使っていいですよ．
☐ **disposition** 女 配置 ☞P.206

☐ régime
168 〔レジム〕

男 政体，制度；ダイエット
suivre un *régime*　ダイエットしている
（＝être au *régime*）

☐ religion
169 〔ルリジョン〕

女 宗教，信仰
la *religion* chrétienne　キリスト教
☐ **religieux(se)** 形 宗教の

☐ précieux(se)
170 〔プレスィウ(ーズ)〕

形 貴重な，大事な
les métaux *précieux*　（金・銀などの）貴金属
J'ai eu beaucoup d'expériences *précieuses*.

NIVEAU 3

171〜183

たくさんの貴重な体験をした.
□ **précieusement** 副大切に

□ **électricité**
171 〔エレクトゥリスィテ〕

女電気
éteindre l'*électricité*　電気を消す
allumer l'*électricité*　電気をつける
une panne d'*électricité*　停電
□ **électrique** 形電気の ☞P.131

□ **type**
172 〔ティプ〕

男タイプ, 典型；《話》好みのタイプ；男
On n'aime pas ce *type* de mauvaise plaisanterie.　この種のたちの悪い冗談は嫌われる.
Ce n'est pas mon *type*.
あの人は私の好みじゃない.
□ **typique** 形典型的な

□ **immédiatement**
173 〔イメディヤトゥマン〕

副すぐに, 直ちに
Commencez *immédiatement*.
すぐに始めてください.
immédiatement à gauche　すぐ左側に
□ **immédiat(e)** 形即時の；すぐ近くの

□ **métier**
174 〔メティエ〕

男職業（＝profession）, 仕事；職務
Quel *métier* faites-vous ?
仕事は何をなさってますか？
être du métier　専門家［プロ］である

□ **nerveux(se)**
175 〔ネルヴゥ(ーズ)〕

形神経質な, 神経の
Ne sois pas si *nerveux(se)* !
そんなにピリピリしないで！
un caractère *nerveux*　神経質
□ **nerveusement** 副神経質に, いらいらして
□ **nervosité** 女神経の興奮, いらだち

□ **cuir**
176 〔キュイール〕

男革（製品）
un sac de *cuir*　革ベルト（＝un sac en cuir）

《データ本位》でる順仏検単語集

être en *cuir* 革でできている
＊生きた動物の皮は 囡 peau という.

□ **littérature**
177 〔リテラテュール〕

囡 文学
la *littérature* française フランス文学
□ **littéraire** 形 文学の

□ **degré**
178 〔ドゥグレ〕

男 (温度などの) 度 (°)；階段；程度
Il fait trente *degrés* à Paris.
パリは気温が30度だ.
par degré(s) 徐々に, 段階的に

□ **collection**
179 〔コレクスィヨン〕

囡 コレクション；収集 (品)
Mon oncle fait *collection* de papillons.
叔父はチョウを収集している.
□ **collectionner** 動 収集する

□ **ranger**
180 〔ランジェ〕

他 整理する, 片付ける；(車を) 脇に寄せる, 駐車する
ranger sa bibliothèque 本棚を整理する
□ **rangement** 男 整理, 片付け

□ **industrie**
181 〔アンデュストゥリ〕

囡 工業, 産業；企業
industrie alimentaire [automobile]
食品 [自動車] 産業
la grande *industrie* 大企業
□ **industriel(le)** 形 産業 [工業] の

□ **soudain(e)**
182 〔スダン (デーヌ)〕

形 突然の, 不意の　副 急に, 突然に
un amour *soudain* 一目惚れ
mort *soudaine* 急死 (＝mort subite)
□ **soudainement** 副 突然

□ **verser**
183 〔ヴェルセ〕

他 注ぐ；(涙などを) 流す；(金を) 払い込む (＝payer)
verser du vin dans un verre

NIVEAU 3

グラスにワインを注ぐ
Le salaire *est versé* le vingt.
給料は20日に払われる.

□ **comédie**
184〔コメディ〕

女 喜劇（↔ tragédie）；演劇，芝居
aller voir une *comédie* musicale
ミュージカルを観に行く
C'est de la *comédie*! あれは茶番だ！

□ **individuel(le)**
185〔アンディヴィデュエル〕

形 個人の；独自の
la liberté *individuelle* 個人の自由
une chambre *individuelle* 個室
□ **individu** 男 個人
□ **individuellement** 副 個人的に

□ **transformer**
186〔トゥランスフォルメ〕

他 変える 代動（en ...に）変わる
transformer A **en** B AをBに変える
J'*ai transformé* un garage *en* atelier.
ガレージをアトリエに変えた.
□ **transformation** 女 変化

□ **somme**
187〔ソンム〕

女 金額；合計
dépenser une grosse *somme*
莫大な金［大金］を使う
en somme 結局（＝somme toute）

□ **remettre**
188〔ルメトゥル〕

他 もとの所に置く，戻す（＝rendre）；手渡す，延期する（＝repousser, différer）
代動（à ...を）また始める
remettre un dictionnaire à sa place
辞書を元の所に置く
remettre un rendez-vous au lendemain
会う約束を翌日に延ばす.
Jean *s'est remis* à travailler.
ジャンはまた働きだした.

《データ本位》でる順仏検単語集

□ **climat**
189〔クリマ〕

男 気候；(社会・集団の)雰囲気
climat humide [sec]　湿潤な[乾燥した]気候
dans un *climat* d'amitié　打ち解けた雰囲気で
□ **climatique** 形 気候の

□ **exprimer**
190〔エクスプリメ〕

他 表現する，述べる
Cette idée est très difficile à *exprimer*.
この考えは言葉ではとても表現しにくい．
□ **expression** 女 表現；表情

□ **entretien**
191〔アントゥルティヤン〕

男 対談，会談；維持，手入れ
avoir un entretien avec＋人
(人)と会談する，話し合う
l'*entretien* de sa santé　健康の維持
□ **entretenir** 動 維持する；手入れをする

□ **unique**
192〔ユニク〕

形 唯一の(＝seul)；独特な，例外的な
(＝exceptionnel)
un enfant *unique*　一人っ子
rue à sens *unique*　一方通行の通り
□ **uniquement** 副 ただ単に

□ **convenir**
193〔コンヴニール〕

自 (à ...に) 適している，都合がよい
Ce métier ne vous *convient* pas du tout.
この仕事はあなたにまったく合わない．
□ **convenable** 形 (pour ...に) 適切な；
礼儀正しい

□ **renseigner**
194〔ランセニェ〕

他 (人に)...について教える，...の情報を与える
代動 (sur ...について) 問い合わせる，調べる
renseigner＋人＋**sur** ...
(人)に...について教える
Il *est* bien *renseigné sur* les dessous de cette
affaire.　彼はこの事件の裏に通じている．
se renseigner sur les tarifs des hôtels

NIVEAU 3

deux cent onze　211

ホテルの値段を問い合わせる
- **renseignement** 男情報；《複で》(駅などの) 案内所

□ **transport**
195 〔トゥランスポール〕
男輸送，運搬；《多くは複で》交通機関
les frais de *transport*　運賃
les *transports* en commun　公共交通機関
- **transporter** 動輸送する；(病人などを) 運ぶ ☞ P.252

□ **interdire**
196 〔アンテルディール〕
他禁じる (=défendre ↔ permettre)
Ma mère m'*a interdit* de sortir avec Marie.
母は私がマリーとつきあうのを禁じた．
- **interdiction** 女禁止
- **interdit(e)** 形禁じられた ☞ P.150

□ **fixer**
197 〔フィクセ〕
他固定する；(日時などを) 決める
Je ne *suis* pas encore *fixé(e)*.
まだ決めていません．
fixer un rendez-vous à＋人
(人)と会う時間を約束をする
- **fixe** 形決まった，一定の

□ **soigner**
198 〔ソワニェ〕
他面倒を見る；看護する (=traiter)
代動養生する，大切にする
se faire *soigner* les dents　歯の治療をしてもらう
Soignez-vous bien !　(病気の人に)お大事に！
- **soigneusement** 副念入りに
- **soigneux(se)** 形 (人が) よく気を配る

□ **réfléchir**
199 〔レフレシール〕
自 (à, sur ...について) よく考える
réfléchir sur un sujet
あるテーマについて熟慮する
sans réfléchir　よく考えずに
- **réflexion** 女熟慮

□ chaussette
200 〔ショセトゥ〕

女ソックス，靴下
mettre des *chaussettes*　靴下をはく
＊通常は複数．片方を表現するときは単数．なお，パンストはun collant, 足首までの短いソックスはdes socquettesという．

□ objet
201 〔オブジェ〕

男物(もの)；目的（＝but）；目的語
un *objet* trouvé　落とし物　＊「見つけられた［拾われた］物」が直訳．
sans objet　根拠のない
□ **objectif** 男目標，目的

□ force
202 〔フォルス〕

女（人などの）力，体力；気力
avoir de la *force*　力が強い
de toutes ses forces　全力をつくして，力一杯

□ ignorer
203 〔イニョレ〕

他知らない（↔ savoir）
J'*ignorais* qu'elle était malade.
彼女が病気だとは知らなかった．
J'*ignore* si cette nouvelle est vraie.
この知らせが本当かどうか知らない．
□ **ignorance** 女無知
□ **ignorant(e)** 形 (de ...に ; en ...について)
　　　　　　　知らない

□ base
204 〔バーズ〕

女土台；基礎
la *base* d'une montagne　山のふもと
une *base* de données　データベース
□ **baser** 動基盤を置く

□ ajouter
205 〔アジュテ〕

他 (à, dans ...に) 加える，足す；（言葉を）言い足す
Permettez-moi d'*ajouter* encore un mot.
もう一言付け加えさせてください．

NIVEAU 3

206〜217

□ **humide**
206〔ユミドゥ〕

形 湿った，湿度の高い（↔ sec）
Il fait très *humide*. とても湿度が高い．
* Le temps est très *humide*. も同意．
Il fait chaud et *humide*. 蒸し暑い
□ **humidité** 女 湿気

□ **morceau**
（複 -x）
207〔モルソー〕

男（物の）一部分；（食べ物の）一片
manger un *morceau* de pain
一切れのパンを食べる
le sucre en *morceaux* 角砂糖
*「角砂糖1個」は un *morceau* de sucre，あるいは un sucre という．

□ **justice**
208〔ジュスティス〕

女 正義，公平（↔ injustice）；裁判
agir avec *justice* 正しく行動する
rendre la *justice* 裁判をする

□ **précis(e)**
209〔プレスィ(ーズ)〕

形 正確な；的確な
à trois heures *précises* 3時きっかりに
Je suis parti(e) sans raison *précise*.
私はこれといった理由もなく出発した．
□ **précisément** 副 まさしく，ちょうど
□ **préciser** 他 明確にする，正確に述べる

□ **patience**
210〔パスィアーンス〕

女 辛抱，忍耐
avec *patience* 我慢強い
avoir de la *patience* 辛抱強い
Patience! 我慢なさい！
□ **patient(e)** 形 辛抱強い 男 女 患者
□ **patiemment** 副 辛抱強く

□ **retourner**
211〔ルトゥルネ〕

他 裏返す；返送する（＝renvoyer）自 戻る（＝rentrer），再び行く 代動 振り向く
retourner un colis 小包を返送する
Je voudrais bien *retourner* à Paris.
パリにまた行きたい．

en se *retournant* 振り向きざまに
□ **retour** 男帰ること ☞P.136

□ **se moquer**
212 〔ス モ ケ〕

代動(de ...を) からかう，馬鹿にする；(物を) 無視する
Tout le monde *se moque* de Pierre.
みんながピエールを馬鹿にしている．

□ **température**
213 〔タンペラテュール〕

女気温，温度；体温
prendre sa *température* 体温を計る
avoir de la *température* 熱がある
(＝avoir de la fièvre)

□ **émission**
214 〔エミスィヨン〕

女放送，番組
émission en direct 生 (中継) 放送
＊「録画 [録音] 放送」はémission différée.
émission par satellite 衛星放送
□ **émettre** 動放送する；述べる；(小切手などを) 発行する

□ **gras(se)**
215 〔グラ (―ス)〕

形太った (＝gros ↔ maigre)；(食品が) 脂肪分の多い
Cet enfant est trop *gras*. この子は太りすぎだ．
C'est *gras*. (料理で) これは油っこい．

□ **toile**
216 〔トワル〕

女(木綿，亜麻，麻などの) 布；カンバス，油絵 (＝tableau)
Il possède une *toile* de Picasso.
彼はピカソの絵を持っている．

□ **invention**
217 〔アンヴァンスィヨン〕

女発明 (品)，創意
Nécessité est mère d'*invention*.
必要は発明の母．
□ **inventer** 動発明 [考案] する

NIVEAU 3

218〜229

□ sujet
218〔スュジェ〕

男話題;主題, テーマ（=thème）;主語
Quel est le *sujet* de ce film ?
この映画のテーマは何ですか？
C'est à quel *sujet* ?（話をしたがっている相手に）何の話［どんな用件］ですか？
au sujet de ...　…について，関して

□ fréquenter
219〔フレカンテ〕

他よく行く，頻繁に通う;（人と）つき合う
fréquenter beaucoup les théâtres
よく芝居を観に行く
Ne *fréquente* plus cette fille !
あんな女の子とはもうつきあうな！
□ **fréquent(e)** 形頻繁な;しばしば起こる
□ **fréquemment** 副頻繁に

□ signaler
220〔スィニャレ〕

他知らせる，合図する;指摘する;通報する
Je vous *signale* qu'il sera absent demain. 彼が明日欠席することをお知らせしておきます.
□ **signal** 男信号，合図

□ calcul
221〔カルキュル〕

男計算;算数;予測
Mon fils est fort en *calcul* mental.
息子は暗算が強い.
faire un *calcul*　計算する
□ **calculer** 動計算する;予測する

□ image
222〔イマージュ〕

女イメージ;（鏡などの）像;挿絵
avoir une mauvaise *image* d'un pays
ある国に対して悪いイメージを抱く
□ **imaginer** 動想像する ☞P.180
□ **imagination** 女想像（力）

□ inquiet(ète)
223〔アンキエ（トゥ）〕

形（de, pour, sur ...が）不安な, 気がかりな
Je suis *inquiet*(ète) de sa santé.
彼［彼女］の健康が心配だ.
□ **inquiétude** 女不安, 心配

《データ本位》でる順仏検単語集

□ s'inquiéter 動 (de ...を) 心配する

□ **consacrer**
224〔コンサクレ〕

他 捧げる　代動 (à ...に) 身を捧げる
consacrer A **à** B
AにBを捧げる；(時間などを) さく
consacrer sa jeunesse *à* la musique
青春時代を音楽に捧げる
se *consacrer* aux études　研究に没頭する

□ **tâche**
225〔ターシ〕

女 (課せられた) 仕事，務め (＝devoir)
une lourde *tâche*　重大な仕事
＊アクサンのないune tacheは「しみ，汚れ」の意味．

□ **fortune**
226〔フォルテュンヌ〕

女 運，幸運；財産
la bonne fortune　幸運な
avoir une grande *fortune*　莫大な財産がある
faire fortune　金持ちになる，一財産を成す

□ **membre**
227〔マンブル〕

男 (ある集団の) メンバー；手足
un *membre* de la famille　家族の一員
les pays *membres* de l'O.N.U.　国連の加盟国

□ **conseiller**
228〔コンセィエ〕

他 忠告 [助言] する；勧める
conseiller à＋人＋**de**＋*inf.*
(人)に...するようにすすめる
Le médecin *lui a conseillé de* se reposer.
医者は彼 [彼女] に休むように勧めた．
□ **conseil** 男 忠告，アドバイス ☞P.141

□ **écraser**
229〔エクラゼ〕

他 押しつぶす；(車が) ひく
代動 (衝突して) つぶれる
sa faire *écraser* par une voiture　車にひかれる
L'avion *s'est écrasé* au sol.　飛行機が地上に落ちてめちゃめちゃになった．

NIVEAU 3

230〜242

□ **circulation**
230 〔スィルキュラスィヨン〕
女 交通（量）；（商品などの）流通
Il y a beaucoup de *circulation* aujourd'hui.
今日は車が多い．
un accident de la *circulation*　交通事故
＊un accident de voitureともいう．
□ **circuler** 動 通行する

□ **épouser**
231 〔エプゼ〕
他 結婚する（＝se marier avec）
Elle *a épousé* mon petit frère.
彼女は私の弟と結婚した．
□ **époux(épouse)** 男 女《改まった表現》配偶者

□ **effet**
232 〔エフェ〕
男（原因に対する）結果（↔ cause）；効果
en effet《前文の内容を説明して》というのも...
だから；《前文の内容を受けた返答として》その
通り，実際，確かに

□ **invitation**
233 〔アンヴィタスィヨン〕
女 招待
une carte d'*invitation*　招待状
Je vous remercie de votre *invitation*.
お招きありがとうございます．
accepter [refuser] une *invitation*
招待を受ける［断わる］
□ **inviter** 動 招待する

□ **sévère**
234 〔セヴェール〕
形 厳しい，厳格な（＝dur）
Il est *sévère* avec [envers] son fils.
彼は息子に厳しい．
□ **sévérité** 女 厳しさ

□ **posséder**
235 〔ポセデ〕
他 所有する；精通する
posséder une grosse fortune
莫大な財産を所有する
Il *possède* son métier.　彼は仕事に精通している．
□ **possession** 女 所有

《データ本位》でる順仏検単語集

□ **exporter** 236〔エクスポルテ〕	他 輸出する（↔ importer） Ce pays *exporte* du café. この国はコーヒーを輸出している． □ **exportation** 女 輸出；《複で》輸出品
□ **importer** 237〔アンポルテ〕	他 輸入する（↔ exporter） *importer* du vin　ワインを輸入する □ **importation** 女 輸入；《複で》輸入品
□ **vache** 238〔ヴァーシュ〕	女 雌牛；牛革 élever des *vaches*　牛を飼う ＊総称としての「牛」または「去勢された雄牛」はbœuf，「牛肉」はbœuf（＝viande de bœuf），「子牛」はveauという．
□ **accueillir** 239〔アクゥイール〕	他（人を）もてなす，迎える *accueillir* un ami à la gare 駅で友人を出迎える Ce film français *a été* bien *accueilli*. そのフランス映画は好評でした． □ **accueil** 男 迎え入れること ☞ P.233
□ **idéal** （女 **-ale**, 複 **-aux**） 240〔イデアル〕	形 理想的な　男 理想 C'est un ordinateur *idéal* pour ton travail. これは君の仕事に最適なコンピューターだ． réaliser son *idéal*　理想を実現する □ **idéaliser** 動 理想化する
□ **scolaire** 241〔スコレール〕	形 学校の，学校教育の　＊école「学校」の形容詞に当たる． la rentrée *scolaire*　新学期
□ **enquête** 242〔アンケトゥ〕	女 調査，アンケート；捜査 faire une *enquête* sur place アンケートを行なう

NIVEAU 3

répondre à une *enquête* アンケートに答える

□ **directeur(trice)**
243 〔ディレクトゥール (トゥリス)〕

男 女 部長, 局長；校長
président-*directeur* général（略 P.-D.G.）
社長
le *directeur* d'une école primaire
小学校の校長

□ **furieux(se)**
244 〔フュリュ (ーズ)〕

形 激怒した,（感情が）激しい
Je suis *furieux(se)* ! 怒ったぞ！
（＝Je suis en colère !）
Il est *furieux* que tu sois arrivé(e) en retard.
彼は君が遅刻したことをとても怒っている.
□ **fureur** 女 激怒, 熱狂

□ **atteindre**
245 〔アターンドゥル〕

他 到着する, 達する；手が届く；（人と）連絡をつける
Nous *atteindrons* Paris avant midi.
昼前にはパリに着くでしょう.
atteindre la limite 限界に達する
atteindre＋人＋par téléphone
電話で（人）をつかまえる

□ **livrer**
246 〔リヴレ〕

他 引き渡す；（商品を家に）配達する
代動（à ...に）夢中になる
On lui *a livré* le meuble qu'il avait acheté.
彼が買った家具が配達された.
se livrer à un travail 仕事に没頭する
□ **livraison** 女 配達

□ **poli(e)**
247 〔ポリ〕

形 礼儀正しい（↔ impoli）
Soyez *poli(e)* !（相手の無礼に抗議して）礼儀をわきまえなさい！
□ **politesse** 女 礼儀
□ **poliment** 副 礼儀正しく

《データ本位》でる順仏検単語集

□ **poème**
248〔ポエム〕

男(一編の) 詩　＊総称はla poésieという.
faire [écrire] un *poème*　詩を作る

□ **foule**
249〔フル〕

女群集, 雑踏
Il y avait *foule* dans la rue.
通りはすごい人出だった.
en foule　大勢で, 大挙して

□ **gronder**
250〔グロンデ〕

他(子どもを) しかる
自(雷鳴などが) とどろく
Tu vas te faire *gronder* par ta mère.
お母さんに叱られるよ.

□ **règle**
251〔レーグル〕

女規則, ルール；定規
en règle　規則どおりの, 正規の
□ **règlement** 男法規；(事件の) 解決
□ **régler** 動解決する

□ **secours**
252〔スクール〕

男救助, 援助
Au *secours*！　助けて！
la sortie de *secours*　非常口, 避難口
□ **secourir** 動救助する；救済する

□ **âme**
253〔アーム〕

女魂；心, 精神
corps et *âme*　身も心も
Elle a une *âme* généreuse.
彼女は寛大な心の持ち主だ.

□ **inutile**
254〔イニュティル〕

形役に立たない, 無駄な (↔ utile)
faire des efforts *inutiles*　無駄な努力をする
Il est *inutile* que vous veniez.
あなたに来ていただくには及びません.
□ **inutilement** 副無駄に
□ **inutilité** 女役に立たないこと

NIVEAU 3

255〜266

□ **surprise**
255〔スュルプリーズ〕

女驚き；思いがけないこと
Quelle *surprise*! ああ驚いた！
à ma (grande) surprise
私が（とても）驚いたことには
□ **surprendre** 動（人を）驚かせる

□ **fêter**
256〔フェテ〕

他祝う
fêter le 50e anniversaire de son mariage
金婚式を祝う
pour *fêter* ça お祝いに
□ **fête** 女祝日；お祝い

□ **communiquer**
257〔コミュニケ〕

他知らせる，伝える
自（avec ...と）連絡する
communiquer par téléphone
電話で連絡をとる
□ **communication** 女コミュニケーション

□ **averse**
258〔アヴェルス〕

女にわか雨
Il y a eu une *averse*. にわか雨が降った．
recevoir [être surpris(e) par] une *averse*
にわか雨にあう

□ **complètement**
259〔コンプレトゥマン〕

副完全に，まったく
Ma mère est *complètement* guérie.
母は完全に治った．
□ **complet(ète)** 形完全な ☞P.179

□ **mériter**
260〔メリテ〕

他（尊敬などに）値する，ふさわしい
Cette voiture *mérite* bien son prix.
この車は値段だけのことはある．
Ce film français *mérite* d'être vu.
このフランス映画は見る価値がある．
□ **mérite** 男長所；功績

□ **distinguer**
261〔ディスタンゲ〕

他 区別する，見分ける（=remarquer）
代動 (de ...と) 異なる；ぬきんでる
Malgré le bruit, je *distinguais* bien sa voix.
音がうるさかったが，彼［彼女］の声ははっきり分かった．
Il *se distingue* en maths.
彼は数学できわだっている．
□ **distinction** 女 区別，識別；優雅

□ **rapporter**
262〔ラポルテ〕

他 戻す，返す，（土産などを）持って来る；報告する 代動 (à ...と) 関係［関連］がある
N'oubliez pas de me *rapporter* un petit cadeau !
お土産を持ってくるのを忘れないで！
□ **rapport** 男 報告；関係

□ **inférieur(e)**
263〔アンフェリゥール〕

形 （場所が）下の；(à ...より) 劣った，低い
l'étage *inférieur* 下の階（↔ l'étage supérieur）
□ **infériorité** 女 劣ること ☞P.183

□ **grippe**
264〔グリプ〕

女 インフルエンザ
attraper [avoir] la *grippe*
インフルエンザにかかる
□ **grippé(e)** 形 インフルエンザにかかった

□ **progrès**
265〔プログレ〕

男 進歩，上達
faire des *progrès* 進歩する，向上する
faire de grands *progrès* en français
フランス語がとても上達する
□ **progresser** 動 進歩［向上］する

□ **péché**
266〔ペシェ〕

男 （宗教上の）罪（↔ punition）＊法律上の罪はun crimeという．
commettre des *péchés* 罪を犯す
□ **pécher** 動 （宗教上の）罪を犯す

267〜280

□ **poivre**
267 〔ポワーヴル〕

男 胡椒(こしょう)
Passez-moi le *poivre*, s'il vous plaît.
胡椒をとってください．

□ **grève**
268 〔グレーヴ〕

女 ストライキ
être en *grève*　ストライキ中である
se mettre en *grève*　ストライキをする
(＝faire *grève*)

□ **incapable**
269 〔アンカパーブル〕

形 (de ...が) できない；無能な (↔ capable)
Je suis *incapable* de mentir.
私は嘘がつけません．

□ **colis**
270 〔コリ〕

男 小包，小さな荷物　＊宅急便を含む．
J'ai reçu un *colis* ce matin.
今朝小包を受け取った．
envoyer un *colis*　小包を発送する

□ **domicile**
271 〔ドミスィル〕

男 住居，住所
changer de *domicile*　転居する
à domicile　自宅へ［で］
Est-ce que vous livrez *à domicile* ?
宅配していただけますか？

□ **mine**
272 〔ミーヌ〕

女 顔つき，顔色；外見
Elle a bonne [mauvaise] *mine*.
彼女は顔色がよい［悪い］．
faire mine de＋*inf.*　...のふりをする

□ **nation**
273 〔ナスィヨン〕

女 国民，民族；国家
l'Organisation des *Nations* Unies
国連 (略 l'O.N.U.)
□ **national(ale)** 形 国の ☞ P.193

□ **ridicule**
274 〔リディキュル〕

形 愚かな，(愚かしくて) 滑稽な，馬鹿げた
Ces lunettes sont *ridicules*.

その眼鏡はおかしい．
C'est *ridicule* ! 馬鹿げている！

□ **chœur**
275〔クール〕

男合唱（団），コーラス
chef de *chœur* コーラスの指揮者
en *chœur* 声を合わせて，一斉に

□ **dactylo**
276〔ダクティロ〕

女タイピスト
Cette *dactylo* tape trop vite.
あのタイピストは打つのがかなり速い．

□ **pratiquer**
277〔プラティケ〕

他実行［実践］する
Il *pratique* le judo depuis deux ans.
彼は2年前から柔道をやっている．
Vous *pratiquez* un sport ?
スポーツをやっていますか？
□ **pratique** 形便利な，実用的な ☞ P.128
□ **pratiquement** 副実際上；実用的に

□ **imprimer**
278〔アンプリメ〕

他印刷する，出版する
Ce livre est mal *imprimé*.
この本は印刷が悪い．
□ **imprimerie** 女印刷所［印刷業］
□ **imprimé** 男印刷物

□ **fonder**
279〔フォンデ〕

他設立［創設］する；(sur ...に) 基礎を置く 代動(sur ...に) 根拠を置く
Cette école *a été fondée* en 1917.
この学校は1917年に設立された．
Sur quoi vous *fondez*-vous pour dire cela ?
そうおっしゃる根拠は何ですか？
□ **fondation** 女設立
□ **fondement** 男基礎；根拠

□ **instrument**
280〔アンストゥリュマン〕

男道具，器具；楽器（= *instrument* de musique）

281〜292

Ce livre de vocabulaire est un bon *instrument* de travail.　この単語集は学習用に適している．
＊手仕事に用いる道具はun outilという．

□ **autorité**
281〔オトリテ〕

囡権力，権威；当局
avoir une grande *autorité*　大いに威厳がある
l'*autorité* de la loi　法の強制力

□ **demeurer**
282〔ドゥムゥレ〕

圁(1)住む（＝habiter）　(2) ...のままである；とどまる（＝rester）
Mon oncle *a demeuré* longtemps à Kyoto.
叔父は長らく京都に住んでいた．
＊助動詞に(1)はavoir　(2)はêtreを用いる．

□ **tenter**
283〔タンテ〕

他試みる，やってみる；（人を）誘う，気をそそる
tenter de＋*inf.*　...しようと試みる
（＝essayer de）
être tenté(e) de＋*inf.*　...したい気持ちです
Je *suis* bien *tenté(e) d'*aller avec toi.
あなたと一緒に行きたい気分です．
□ **tentation** 囡誘惑
□ **tentative** 囡試み

□ **construction**
284〔コンストゥリュクスィヨン〕

囡建設（↔ destruction「破壊」, démolition「取り壊し」）；建造物
(être) en *construction*
（建物などが）建設中である
□ **construire** 動建設する

□ **franchement**
285〔フランシュマン〕

副率直に；率直に言えば；明確に
parler *franchement*　率直に話す
Franchement, je trouve qu'il a tort.
率直に言って，彼は間違っていると思う．
□ **franc (franche)** 形率直な

《データ本位》でる順仏検単語集

□ **présence**
286〔プレザーンス〕

女出席（↔ absence）；存在
en présence de ＋人
（人）の面前で；（人）が出席して
□ **présent(e)** 形出席している；現在の
　　　　　　　　男現在 ☞ P.148

□ **imiter**
287〔イミテ〕

他真似る，模倣する；模範にする
L'enfant *imite* ses parents.
子どもは親のまねをする．
□ **imitation** 女模倣

□ **brouillard**
288〔ブルィヤール〕

男霧
Il fait [Il y a] du *brouillard*. 霧がかかっている．
être dans le *brouillard* 何が何だかわからない
＊（類語）女brumeはbrouillardより薄い「もや，かすみ」を指す．

□ **solution**
289〔ソリュスィヨン〕

女解答，解決
trouver la *solution* d'un problème
問題の解答を見いだす
＊類語のla réponseが質問に対する答えであるのに対して，ある問題への「解答」を指す．

□ **humain(e)**
290〔ユマン(ユメーヌ)〕

形人間の，人間的な（↔ inhumain）
un être *humain* 人間
sciences *humaines* 人文科学
□ **humanité** 女人類；人間らしさ

□ **chômage**
291〔ショマージュ〕

男失業
Il est au *chômage*. 彼は失業中です．
□ **chômeur(se)** 男女失業者

□ **gramme**
292〔グラム〕

男《重さの単位》グラム
Deux cents *grammes* de viande hachée, s'il vous plaît. ひき肉を200グラムください．
trois euros le *gramme* グラム当たり3ユーロ

NIVEAU 3

293〜304

□ **épais(se)**
293〔エペ (ス)〕

形厚い (↔ mince)；濃い (=dense)
couper de la viande en tranches *épaisses*
肉を厚切りにする
un brouillard *épais*　濃霧
□ **épaisseur** 女厚さ；濃さ

□ **distance**
294〔ディスターンス〕

女距離，隔たり
Quelle est la *distance* de Paris à Londres ?
パリからロンドンまでの距離はどれくらいですか？　＊「2つの場所の距離」を尋ねる際に，entre Paris et Londresとも言い換えられる．
□ **distant(e)** 形（場所などが）隔たっている；
　　　　　　　（人が）よそよそしい

□ **production**
295〔プロデュクスィヨン〕

女生産（物）；制作；作品
La *production* automobile a augmenté.
自動車の生産が増加した．
□ **producteur(trice)** 男女生産者；プロデューサー
□ **produire** 動生産する；制作する
□ **produit** 男製品

□ **aîné(e)**
296〔エネ〕

形年上の
frère *aîné*　兄（=grand frère）
＊形「年下の」はcadet(te)という．

□ **sécurité**
297〔セキュリテ〕

女安全（=sûreté），安心；保障
une ceinture de *sécurité*　シートベルト
être en *sécurité*　安全である
la *sécurité* sociale　社会保障
□ **sûr(e)** 形安全な

□ **supplémentaire**
298〔スュプレマンテール〕

形追加の，補足の
Je fais des heures *supplémentaires*.
私には残業があります．
□ **supplément** 男追加（料金）

□ émotion
299 〔エモスィヨン〕

女感動，興奮；不安
avec *émotion* 興奮して
sans *émotion* 冷静に，平然と
avoir des *émotions* 不安を感じる
□ **émotionnel(le)** 形感情の

□ protéger
300 〔プロテジェ〕

他 (contre, de ...から) 保護する，守る
(=défendre)　代動 身を守る
protéger la nature　自然を保護する
se protéger du froid　寒さから身を守る
□ **protection** 女保護

□ contenter
301 〔コンタンテ〕

他 満足させる
contenter ses parents　親の期待に応える
(=satisfaire ses parents)
Mon fils est difficile à *contenter*.
息子はなかなか満足しない．
□ **contentement** 男満足
□ **content(e)** 形満足した

□ geste
302 〔ジェストゥ〕

男身振り，動作；合図
faire des *gestes* en parlant　話に身振りを交える
par gestes　身振りで

□ introduire
303 〔アントゥロデュイール〕

他導入する；(客を) 招き入れる
代動 (泥棒などが) 入り込む
introduire＋人＋dans le salon
(人)を応接間に通す
□ **introduction** 女(人を)招き入れること；
　　　　　　　　　　導入；序文〔序論〕

□ banlieue
304 〔バンリュ〕

女郊外；(特に) パリ郊外
habiter en [dans la] *banlieue*　郊外に住む
□ **banlieusard(e)** 男女(特にパリの) 郊外
　　　　　　　　　　の住民

NIVEAU 3

305〜317

□ blé
305〔ブレ〕

男小麦
farine de *blé*　小麦粉
＊farineだけでも「小麦粉」の意味で使われる．

□ déménager
306〔デメナジェ〕

自引越しをする　他（家具などを）移す
Elle *a déménagé* hier.　彼女は昨日越しました．
Tu peux m'aider à *déménager* cette armoire ?
このタンスを移動させるのを手伝ってくれる？
□ **déménagement** 男引っ越し
□ **déménageur** 男引っ越し業者

□ rive
307〔リーヴ〕

女河岸，岸
rive droite [gauche]　川の右岸［左岸］
＊川の下流に向かって右・左を指す．
habiter sur la *rive* gauche
セーヌ川の左岸（地区）に住む

□ timide
308〔ティミドゥ〕

形内気な，臆病な（↔ hardi）
男女内気な人
Il est *timide* avec elle.
彼は彼女の前だと遠慮がちだ．
□ **timidité** 女臆病

□ impôt
309〔アンポ〕

男税，税金
＊税金の総称．taxe, droitは間接税・特殊税．
l'*impôt* direct [indirect]　直接［間接］税
la déclaration d'*impôts*　税金の申告
＊税金の総称．la taxe は「物やサービスに課せられる税」のこと．

□ surface
310〔スュルファス〕

女表面，面積（＝superficie）；うわべ
Quelle *surface* fait votre maison ?
あなたの家は面積がどれぐらいですか？
La salle fait 40 mètres carrés de *surface*.
ホールの面積は40平方メートルである．

《データ本位》でる順仏検単語集

□ **conférence**
311 〔コンフェランス〕
: 女(国際)会議；講演
une *conférence* au sommet　サミット
être en *conférence*　会議中である
＊この表現で使うときには一般の会議 女 réunion のニュアンス. ☞ P.138

□ **entier(ère)**
312 〔アンティエ(ール)〕
: 形 全部の；完全な　男 全体
le monde *entier*　全世界
J'ai lu ce livre en *entier*.　この本は全部読んだ.
□ **entièrement** 副 全く, 全部

□ **trembler**
313 〔トゥランブレ〕
: 自 (人が)震える, 揺れる；心配する
trembler de peur [fièvre]
恐怖に [熱で] 震える
□ **tremblement** 男 振動 ☞ P.138

□ **frais**
314 〔フレ〕
: 男《複数扱い》費用, 出費 (＝dépenses)
faire des *frais*　お金を使う
payer les *frais* de voyage　旅費を支払う

□ **mensonge**
315 〔マンソンジュ〕
: 男 嘘
dire un *mensonge*　嘘をつく
□ **mentir** 動 嘘をつく
□ **menteur (se)** 男 女 嘘つき

□ **réduction**
316 〔レデュクスィヨン〕
: 女 減少 (↔ augmentation)；縮小；値引き
une *réduction* d'impôts　減税
faire une *réduction* de 10%
10%の値引きをする
□ **réduire** 動 減少させる ☞ P.184

□ **choix**
317 〔ショワ〕
: 男 選択, 選定
Vous avez le *choix* entre le café et le thé.
コーヒーでも紅茶でもお好きな方をどうぞ.
au choix　好みに応じて
de choix　えり抜きの

NIVEAU 3

318〜330

□ **choisir** 動選ぶ

□ **librairie**
318〔リブレリ〕

女書店, 本屋；出版社
travailler dans une *librairie* 本屋で働く
□ **libraire** 男女本屋（の人）

□ **céder**
319〔セデ〕

他譲る 自負ける；譲歩する；壊れる
Cédez votre place à cette femme.
その女性に席を譲ってください.

□ **affiche**
320〔アフィシュ〕

女ポスター, ビラ
coller [décoller] une *affiche*
ポスターを貼る［はがす］
□ **afficher** 動掲示する

□ **victime**
321〔ヴィクティム〕

女犠牲（者）, 死傷者
L'accident a fait de nombreuses *victimes*.
その事故でたくさんの犠牲者がでた.

□ **source**
322〔スゥルス〕

女発生源；原因, 源；情報源
la *source* d'énergie エネルギー源
une *source* de revenus 収入源

□ **désir**
323〔デズィール〕

男欲望, 願望
Quel est votre *désir* ? 何が望みですか？
prendre ses *désirs* pour des réalités
願望と現実とを取り違える, 現実が思いのままになると勘違いする
□ **désirer** 動欲する, 望む ☞ P.147

□ **paysage**
324〔ペイザージュ〕

男風景, 景色
Cette région a des *paysages* charmants.
この地方はすばらしい景色に富んでいる.
＊le pays「国, 地方」から生まれた語で自然の景観を指す. la vueは「（ある場所からの）眺め」, le panoramaは「（全体を見渡す）眺望」,

232 deux cent trente-deux

le siteは「(風光明媚な) 景観」を指す.

□ **accueil**
325 〔アクゥイュ〕

男もてなし；受け入れ，受容
Je vous remercie de votre *accueil*.
おもてなしありがとうございました.
faire bon [mauvais] accueil à+人
(人)をあたたかく迎える [冷遇する]
□ **accueillir** 動もてなす ☞ P.219

□ **cesser**
326 〔セセ〕

他やめる (=arrêter ↔ continuer)
自止む
cesser de+*inf.* ...するのをやめる
Cessez de pleurer. 泣くのはおやめなさい.
ne (pas) cesser de+*inf.*
...し続ける，たえず...する

□ **attitude**
327 〔アティテュードゥ〕

女態度；(体の) 姿勢
avoir une *attitude* modeste
慎ましやかな態度をしている.

□ **apparence**
328 〔アパランス〕

女外見；うわべ
en apparence 見たところ，うわべは
contre toute apparence 見かけに反して
□ **apparaître** 動現れる；...のよう
□ **apparemment** 副見たところ (では)

□ **ciseau**(複**-x**)
329 〔スィゾー〕

男《複で》はさみ
une paire de *ciseaux* 一丁のはさみ
les *ciseaux* à ongles 爪切り

□ **félicitations**
330 〔フェリスィタスィヨン〕

女《複で》祝辞，賛辞 (=compliments)
Félicitations! おめでとう！
*Toutes mes *félicitations*! 「おめでとうございます！」ともいう.
□ **féliciter** 動祝福する，祝う

331〜343

□ **isolé(e)**
331〔イゾレ〕
形(家などが)孤立した, ぽつんと離れた；(人が)一人の (=seul)
un vieillard *isolé* 独りぼっちの老人
vivre *isolé(e)* dans la campagne
田舎で一人暮らしをする
□ **isoler** 動孤立させる；隔離する

□ **chèvre**
332〔シェーヴル〕
女雌山羊
男山羊のチーズ (=fromage de chèvre)
Je n'aime pas le *chèvre*.
山羊のチーズは苦手です.
*(類語)「カマンベール」男camembert,「クリームチーズ」男fromage à la crème.

□ **métal**
333〔メタル〕
男金属
des *métaux* précieux 貴金属
□ **métallique** 形金属の

□ **vif(ve)**
334〔ヴィフ (ヴィーヴ)〕
形生き生きした, 活発な；(色・光が)鮮やかな
avoir l'esprit *vif* 頭の回転が早い
une couleur *vive* 派手な色

□ **correspondance**
335〔コレスポンダンス〕
女合致, 対応；(交通機関の)乗換え, 連絡；文通
un couloir de *correspondance* 連絡通路
□ **correspondre** 動対応[合致]する；文通する

□ **exercer**
336〔エグゼルセ〕
他鍛える, 訓練する；営む
代動 練習[訓練]する
exercer sa mémoire 記憶力を訓練する
s'exercer à jouer du violon
ヴァイオリンの練習をする
□ **exercice** 男練習(問題)；運動

《データ本位》でる順仏検単語集

□ **automobiliste**
337〔オトモビリストゥ〕

男 女（自家用車の）ドライバー
＊タクシーなどの職業運転手はchauffeurという．

□ **lèvre**
338〔レーヴル〕

女《多くは複で》唇
manger du bout des *lèvres*　いやいや食べる

□ **situé(e)**
339〔スィテュエ〕

形（町や家が）位置している
une villa *située* au bord du lac
湖畔にある別荘
bien [mal] situé(e)　立地条件がよい［悪い］
□ **situer** 動 位置づける
□ **situation** 女 状況；立場 ☞P.120

□ **consister**
340〔コンスィステ〕

自（en, dans ...から）成る；(en, dans ...に）ある，存する
Mon appartement *consiste* en trois pièces.
私のアパルトマンは3つの部屋から成っている．
consister à +*inf.*
...することにある［目的とする］

□ **aigu(ë)**
341〔エギュ〕

形 鋭い（↔ obtus）；（声・音が）甲高い
（↔ grave）
parler d'une voix *aiguë*　甲高い声で話す

□ **permanent(e)**
342〔ペルマナン(トゥ)〕

形 恒久的な；連続的な；（映画館が）入れ替えのない　女 パーマ
Ce cinéma est *permanent* de 14h à 22h.
この映画館は午後2時から午後10時まで入れ替えなしで上映している．
se faire faire une *permanente*
パーマをかけてもらう

□ **profession**
343〔プロフェスィヨン〕

女 職業（＝métier）
Quelle est votre *profession* ?
あなたの職業は何ですか？

NIVEAU 3

deux cent trente-cinq　235

	sans profession 無職の；失業中の □ **professionnel(le)** 形職業の；プロの 　　　　　　　　　　男 女プロ；専門家
□ **diplomatie** 344〔ディプロマスィ〕	女外交（政策）；外交的手腕 **avec diplomatie** 巧みに □ **diplomatique** 形外交の □ **diplomate** 男 女外交官
□ **diplôme** 345〔ディプロム〕	男免許（状），卒業証書（＝diplôme de fin d'études） obtenir le *diplôme* 免状［卒業証書］をもらう
□ **automatique** 346〔オートマティク〕	形自動の une porte *automatique* 自動ドア une voiture *automatique* オートマチック車 ＊une boîte *automatique* ともいう． □ **automatiquement** 副自動的に
□ **débat** 347〔デバ〕	男討論，論議 un *débat* télévisé テレビ討論会 être en *débat* sur ... ...について討論中である ＊un débatはune discussionよりも公的な議論を指す． □ **débattre** 動討議する
□ **afin de** 348〔アファンドゥ〕	前句...するために（＝pour＋*inf.*） Étudie *afin de* réussir ! 合格できるように勉強なさい！ ＊〈afin que＋接続法〉も同じ意味になる．
□ **autrement** 349〔オトゥルマン〕	副他のやり方で；さもないと Moi, j'aurais fait *autrement*. 私なら別のやり方をしただろうが． **autrement dit** 言い換えれば，つまり

《データ本位》でる順仏検単語集

□ **aise**
350〔エーズ〕

囡気楽さ, くつろぎ;(生活の)快適さ
Je me sens mal à l'*aise*. 居心地が悪い.
être à l'aise 快適に, くつろいで;裕福に
(=être à son *aise*)
□ **aisé(e)** 形容易な;裕福な

□ **arrière**
351〔アリエール〕

男後ろ;後部(座席)
Il a regardé vers l'*arrière*.
彼は後ろを振り向いた.
à l'arrière (de ...) (乗り物の)後ろに
＊arrièreはある物(乗り物などの)「後部」.
derrièreは物の「背後」.
en arrière 後ろに(へ) (↔ en avant)

NIVEAU 3

□ **accès**
352〔アクセ〕

男(à ...への)接近;通路, 入口;(パソコンの)アクセス
Accès aux quais 《駅の掲示》ホーム入口
avoir accès à＋物
人が...に到達できる;入れる
□ **accéder** 動接近[到達]できる
□ **accessible** 形(場所が)近づける;(物が)手に入る

□ **artifice**
353〔アルティフィス〕

男トリック;技巧
un feu d'*artifice* 花火
□ **artificiel(le)** 形人工の
□ **artificiellement** 副人工的に

□ **harmonie**
354〔アルモニ〕

囡(色・形などの)調和, 均整
vivre en *harmonie* avec sa famille
家族と仲良く生活する
□ **harmonieux(se)** 形調和のとれた

□ **fournir**
355〔フルニール〕

他(食糧・資料などを)供給する
代動(日常の)買い物をする
fournir des informations 情報を提供する

deux cent trente-sept 237

356〜369

□ genre
356〔ジャンル〕

男種類（＝sorte, espèce）；態度，物腰
Je n'aime pas ce *genre* de film.
この種の映画は好きではありません．
Il a un mauvais *genre*.
彼のマナーはなってない．

□ république
357〔レプュブリク〕

女共和国；共和制
la *République* (française) フランス共和国
□ **républicain(e)** 形共和国の

□ solaire
358〔ソレール〕

形太陽の
l'énergie *solaire* 太陽エネルギー
□ **soleil** 男太陽 ☞ P.97

□ urgence
359〔ユルジャンス〕

女緊張，切迫
C'est une *urgence* !　緊急です！
d'urgence　緊急の，非常の
□ **urgent(e)** 形緊急の

□ contribution
360〔コントゥリビュスィヨン〕

女貢献；協力
apporter sa *contribution*　協力［寄与］する
□ **contribuer** 自（à...に）貢献する，寄与する

□ climatisation
361〔クリマティザスィヨン〕

女エアコン
La *climatisation* est en panne.
エアコンが故障しています．
□ **climatiser** 動エアコンを入れた

□ réparer
362〔レパレ〕

他修理する，修繕する（＝arranger）；償う
réparer une maison　家を修理する
□ **réparation** 女修理

□ collègue
363〔コレーグ〕

男女同僚
C'est un ancien *collègue*.　かつての同僚です．
＊医者や弁護士などの「同僚」はun confrèreという語を用いる．☞ P.259

□ interruption
364 〔アンテリュプスィヨン〕

囡中断, 中止；(話の) 妨害
sans interruption
ひっきりなしに, とぎれずに
Il a plu *sans interruption* toute la journée.
終日ひっきりなしに雨が降り続いた.
□ **interrompre** 動中断する；妨げる

□ reprendre
365 〔ルプランドゥル〕

他再び手に入れる；取り戻す；(飲食で) お代わりをする
自(中断後) 再び始まる (＝recommencer)
reprendre des forces　元気を回復する
reprendre du café　コーヒーのお代わりをする
Ça *reprend* quand, les cours ?
授業はいつから (また) 始まるの？

□ commencement
366 〔コマンスマン〕

男始まり, 初め (＝début)
du *commencement* à la fin
始めから終わりまで
au *commencement* du printemps　春の初めに
□ **commencer** 動始める；始まる

□ augmentation
367 〔オグマンタスィヨン〕

囡増加；(物価の) 値上がり；賃上げ
une *augmentation* de 10%　10パーセントの増加
demander une *augmentation*　昇給を求める
□ **augmenter** 動増大する [させる]

□ contrôle
368 〔コントゥロール〕

男検査, 監査, チェック；統制
le *contrôle* de la douane　税関の検査
＊passer au contrôleで「(税関で) 手荷物の検査を受ける」の意味.
sous contrôle　監視下にある
□ **contrôler** 動検査 [監督] する

□ éloigner
369 〔エロワニェ〕

他遠ざける (↔ rapprocher)
代動 (de ...から) 遠ざかる
éloigner A de B　AをBから遠ざける

Ne vous *éloignez* pas d'ici.　ここを離れないで.
☐ **éloignement** 男（空間的に）遠ざかる，遠ざける

☐ **système**
370〔スィステム〕

男方法（＝méthode）；体系，制度
C'est un bon *système*.　それはうまいやり方だ.
le *système* d'enseignement　教育制度
☐ **systématique** 形組織的な

☐ **étrange**
371〔エトゥランジュ〕

形奇妙な，変な（＝bizarre）
Il est étrange que＋接続法　…なのは変だ
Il est étrange qu'elle ne soit pas encore arrivée à Paris.
彼女がまだパリに着かないとは妙だ.
☐ **étrangement** 副奇妙に（も），驚くほど

☐ **énergie**
372〔エネルジ〕

女（肉体・精神の）力；エネルギー
avec *énergie*　力をこめて，力一杯に
énergie nucléaire　原子力エネルギー
☐ **énergique** 形活力のある；強力な

☐ **millier**
373〔ミリエ〕

男約1000；《複で》大勢
trois *milliers* d'habitants　3,000人ほどの住人
des *milliers* de gens　大勢の人たち
☐ **mille** 男1000　☐ **million** 男100万
☐ **milliard** 男10億

☐ **éteindre**
374〔エターンドゥル〕

他（火・電気などを）消す（↔ allumer）
代動消える
éteindre une cigarette　タバコを消す
N'oubliez pas d'*éteindre* avant de partir.
帰る前には忘れずに電気を消してください.
＊目的語なしでも使う.

☐ **département**
375〔デパルトゥマン〕

男（フランスの）県
habiter dans le *département* de la Seine-et-

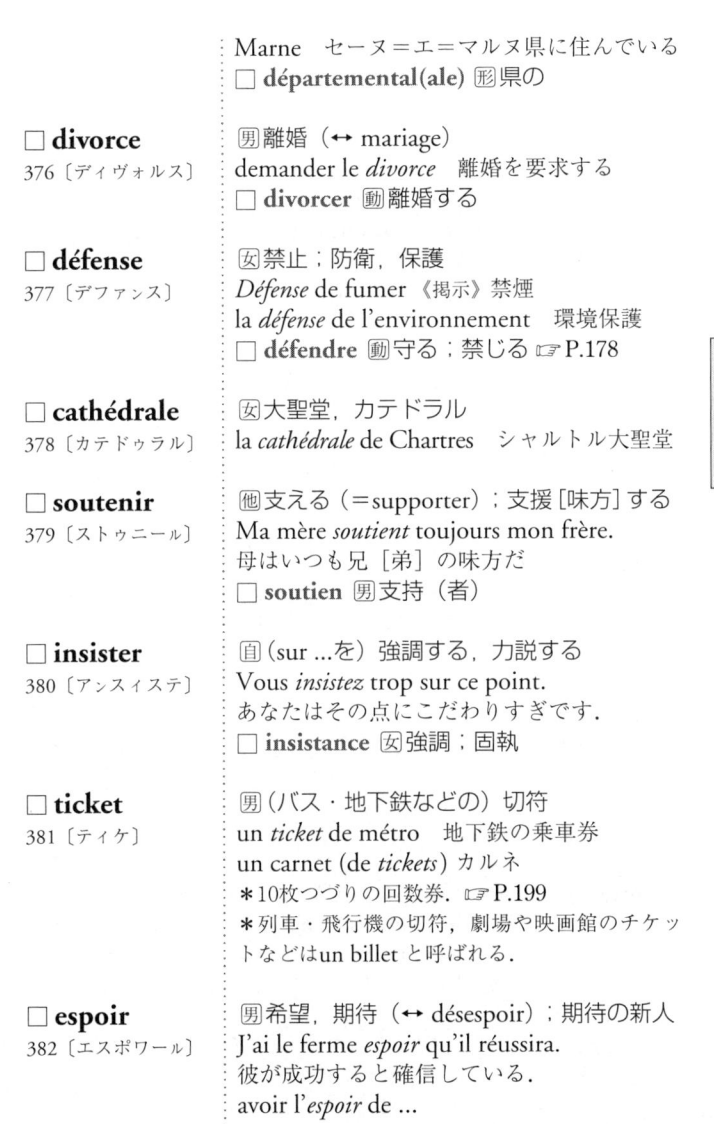

Marne セーヌ＝エ＝マルヌ県に住んでいる
□ **départemental(ale)** 形県の

□ **divorce**
376 〔ディヴォルス〕

男離婚 (↔ mariage)
demander le *divorce* 離婚を要求する
□ **divorcer** 動離婚する

□ **défense**
377 〔デファンス〕

女禁止；防衛，保護
Défense de fumer 《掲示》禁煙
la *défense* de l'environnement 環境保護
□ **défendre** 動守る；禁じる ☞P.178

□ **cathédrale**
378 〔カテドゥラル〕

女大聖堂，カテドラル
la *cathédrale* de Chartres シャルトル大聖堂

□ **soutenir**
379 〔ストゥニール〕

他支える (=supporter)；支援［味方］する
Ma mère *soutient* toujours mon frère.
母はいつも兄［弟］の味方だ
□ **soutien** 男支持（者）

□ **insister**
380 〔アンスィステ〕

自 (sur ...を) 強調する，力説する
Vous *insistez* trop sur ce point.
あなたはその点にこだわりすぎです．
□ **insistance** 女強調；固執

□ **ticket**
381 〔ティケ〕

男（バス・地下鉄などの）切符
un *ticket* de métro 地下鉄の乗車券
un carnet (de *tickets*) カルネ
＊10枚つづりの回数券．☞P.199
＊列車・飛行機の切符，劇場や映画館のチケットなどはun billet と呼ばれる．

□ **espoir**
382 〔エスポワール〕

男希望，期待 (↔ désespoir)；期待の新人
J'ai le ferme *espoir* qu'il réussira.
彼が成功すると確信している．
avoir l'*espoir* de ...

NIVEAU 3

...(すること)を希望[期待]している
□ **espérer** 動期待する

□ **digne**
383〔ディニュ〕

形 (de ...に) 値する,ふさわしい；威厳のある
avoir l'air *digne*　態度が堂々としている
une personne *digne* de confiance
信頼のおける人
□ **dignité** 女威厳；誇り

□ **ralentir**
384〔ラランティール〕

自速度を落とす (↔ accélérer)
他速度をゆるめる
代動速度が落ちる；勢いが止まる
Le train *a ralenti* avant un virage.
列車がカーブの手前で速度を落とした.
ralentir sa marche　歩みを遅くする

□ **exceptionnel(le)**
385〔エクセプスィヨネル〕

形例外的な,特別の
une chance *exceptionnelle*　またとないチャンス
□ **exception** 女例外
□ **exceptionnellement** 副例外として

□ **élection**
386〔エレクスィヨン〕

女《多くは複で》選挙；選出
La France est ma patrie d'*élection*.　フランスは自分が祖国のように思っている国だ.
＊d'électionで「好みの」の意味.
□ **élire** 動選出する,選ぶ

□ **mûr(e)**
387〔ミュール〕

形熟した,成熟した (↔ vert)
des tomates bien *mûres*　よく熟したトマト
Cette fille est très *mûre* pour son âge.
あの娘は年の割にはとてもおませだ.

□ **voter**
388〔ヴォテ〕

自投票する　他(法案などを)可決する
voter pour [contre] un parti
党に賛成[反対]票を投じる

□ **vote** 男投票；票（=voix）

□ **récent(e)**
389〔レサン（トゥ）〕

形最近の
C'est une tendance *récente*.
これが最近の傾向だ．
□ **récemment** 副最近 ☞ P.170

□ **condamner**
390〔コンダネ〕

他（有罪を）宣言する；(人に) ... を強いる
Il *est condamné* à la solitude.
彼は孤独を余儀なくされる．
condamner + 人 + **à mort**
（人）に死刑を宣告する
□ **condamnation** 女有罪判決；非難

□ **identité**
391〔イダンティテ〕

女身元，身分
une carte d'*identité*　身分証明書
□ **identifier** 動身元を確認する

□ **poster**
392〔ポステ〕

他投函する，郵送する；部署につかせる
Vous pouvez aller *poster* cette lettre ?
この手紙を投函してくれない？
□ **poste** 女郵便；郵便局 ☞ P.95

□ **traduire**
393〔トゥラデュイール〕

他翻訳する ☞ P.162
traduire un roman du japonais au français
ある小説を日本語からフランス語に翻訳する
□ **traduction** 女翻訳

□ **international**
(女**-ale**, 複**-aux**)
394〔アンテルナスィ
ヨナル〕

形国際的な（↔ national）
une conférence *internationale*　国際会議
□ **internationalisation** 女国際化

□ **direct(e)**
395〔ディレクトゥ〕

形直接の，直通の　男生放送[中継]
un vol *direct* pour Paris　パリ行きの直行便
en direct

396〜409

生放送で，現場から（↔ en différé「録画の」）
□ **directement** 副まっすぐに；じかに

□ **dieu**(複-x)
396〔ディゥー〕

男神
Mon *Dieu*!《驚き・いらだち・ためらいなど》ああ（神よ）! ＊Merci mon Dieu! なら「ああ，ありがたい（神様ありがとう）」の意味になる．大文字で書かれたDieuはキリスト教，ユダヤ教の「神，創造主」の意味．小文字は多神教の「神」．女神はdéesseという．

□ **publier**
397〔ピュブリィエ〕

他公表［発表］する；（本を）出版する
publier un livre 本を出版する
□ **publication** 女出版
□ **public(que)** 形公の，公共の ☞P.103

□ **annuel(le)**
398〔アニュエル〕

形1年(間)の
le salaire *annuel* 年俸
＊（類語）journalier(ère)「1日の」, hebdomadaire「1週間の」, mensuel(le)「1ヶ月の」.

□ **pétrole**
399〔ペトゥロル〕

男石油
produire du *pétrole* 石油を産出する
＊ガソリンは女essence, 石炭は男charbonという．
□ **pétrolier(ère)** 形石油の

□ **odeur**
400〔オドゥール〕

女匂い，香り
Qu'est-ce que c'est que cette *odeur*?
（台所などで）この匂いは何なの？
avoir une bonne *odeur* よい匂いがする

□ **protester**
401〔プロテステ〕

自(contre ...に) 抗議する，反対する
(↔ approuver)
protester contre la décision 決定に抗議する
□ **protestation** 女抗議

□ horrible
402 〔オリブル〕

形 恐ろしい；醜い；ひどい
C'est *horrible* à voir. それは見るも恐ろしい．
□ **horreur** 女 恐怖；憎しみ

□ stationner
403 〔スタスィオネ〕

自 駐車する
Il est interdit de *stationner* devant la sortie.
出口の前に駐車することは禁じられている．
□ **stationnement** 男 駐車

□ définition
404 〔デフィニスィヨン〕

女 定義，（言葉の）説明
une *définition* d'un mot 語の意味［定義］
□ **définir** 他 （理由などを）明らかにする；定義する
□ **définitif(ve)** 形 決定的な ☞ P.170
□ **définitivement** 副 決定的に

□ ouvrage
405 〔ウヴラージュ〕

男 （文学・学問の）著作（＝livre, œuvre）
un *ouvrage* en cinq tomes 5巻の著作
consulter un *ouvrage* 書物を調べる

□ recette
406 〔ルセットゥ〕

女 （料理の）レシピ，作り方
une *recette* de cuisine 料理法

□ brusque
407 〔ブリュスク〕

形 突然の；不意の；（性格が）乱暴な
un arrêt *brusque* 急停車
un changement *brusque* 急激な変化
□ **brusquement** 副 突然，不意に

□ agneau(複 -x)
408 〔アニョ〕

男 仔羊（の肉）
manger de l'*agneau* rôti
ラムのローストを食べる
□ **mouton** 男 羊

□ influence
409 〔アンフリュアンス〕

女 影響（力）；作用
avoir une grande *influence* sur ...
...に多大な影響を及ぼす

NIVEAU 3

sous l'influence de ...
...に影響されて，...のせいで
sous l'influence de son professeur
教師の感化を受けて
□ **influencer** 動影響を及ぼす

□ **stage**
410〔スタージュ〕
男実習，研修
être en *stage*　研修中である
□ **stagiaire** 男 女研修生，見習い中の人

□ **informer**
411〔アンフォルメ〕
他知らせる，通知する
代動 (de ...を) 問い合わせる
Elle m'*a informé(e)* par lettre de son arrivée.
彼女は私に到着したと手紙で知らせてきた．
□ **information** 女情報；《複で》ニュース

□ **désert(e)**
412〔デゼール(トゥ)〕
形無人の　男砂漠
À cette heure-ci, les rues sont *désertes*.
この時間，通りには人気がない．
le *désert* du Sahara　サハラ砂漠

□ **inconnu(e)**
413〔アンコニュ〕
形未知の；見知らぬ (↔ connu)；無名の
le monde *inconnu*　未知の世界

□ **envelopper**
414〔アンヴロペ〕
他包む　代動 (dans ...に) くるまる
envelopper des chocolats dans du papier
チョコレートを紙に包む
s'envelopper dans une couverture
毛布にくるまる
□ **enveloppe** 女封筒

□ **laid(e)**
415〔レ (レッドゥ)〕
形醜い；恥ずべき
ni beau ni *laid*　美しくも醜くもない
□ **laidement** 副醜く；卑怯に

《データ本位》でる順仏検単語集

□ **célèbre**
416 〔セレーブル〕

形 有名な，知名度の高い
un acteur *célèbre*　有名な俳優
Le Bourgogne est *célèbre* pour ses vins et sa moutarde.　ブルゴーニュはワインとマスタードが有名です．
□ **célébrité** 女 名声；有名人

□ **probable**
417 〔プロバーブル〕

形 ありそうな，確からしい（＝vraisemblable）
Viendra-t-il demain ? - C'est *probable*.
彼は明日来るだろうか？　―たぶんね．
□ **probablement** 副 おそらく

□ **sort**
418 〔ソール〕

男 運命；境遇；くじ
décider de son *sort*　人の運命を左右する
tirer au *sort*　くじを引く

□ **grossir**
419 〔グロスィール〕

自 太る（↔ maigrir）；増大する
他 太って見せる；増やす
Tu *as* encore *grossi* ?　また太ったんじゃない？
grossir de deux kilos　（体重が）2キロ増える
Le bruit *a grossi*.　物音が大きくなった．
□ **grossissement** 男 太ること，肥満

□ **convaincre**
420 〔コンヴァンクル〕

他 （論理的に説得して）納得させる
Je ne *suis* pas *convaincu(e)* de votre explication.　私はあなたの説明には納得できない．
＊être convaincu(e)の形で「納得する」の意味．
convaincre＋人＋**de**＋物　[＋*inf.*]
（人）に...を [することを] 納得させる
＊類語のpersuaderは「（心理的に）説き伏せる」という感覚．

□ **aliment**
421 〔アリマン〕

男 食物，食料；糧(かて)
des *aliments* naturels　自然食品
□ **alimenter** 動 （病人などに）食物を与える

NIVEAU 3

□ **alimentation** 女食料品

□ **palais**
422〔パレ〕

男宮殿，大邸宅；会館
le *palais* du Louvre
ルーヴル宮 ＊現在は美術館である．
palais de justice　裁判所（の建物）

□ **unité**
423〔ユニテ〕

女統一（性），まとまり（↔ diversité）；
（度量衡などの）単位
Ce roman manque d'*unité*.
この小説はまとまりを欠いている．

□ **ligne**
424〔リーニュ〕

女線；（文章の）行；（交通機関の）路線
une *ligne* droite　直線

□ **reconnaître**
425〔ルコネトゥル〕

他それと分かる，認める（＝admettre ↔ nier）
Reconnaissez-vous cette chanson ?
この歌がなんだか分かりますか？
reconnaître ses fautes　間違いを認める
□ **reconnaissance** 女識別；感謝

□ **client(e)**
426〔クリィヤン(トゥ)〕

男 女（店の）客；患者；（弁護士の）依頼人
un magasin plein de *clients*
客でいっぱいの店
＊（類語）「招待客」invité(e)，「訪問客」visiteur(se)，「乗客」voyageur(se)，「飛行機や船の乗客」passager(ère)．
□ **clientèle** 女《集合的に》客，顧客層

□ **confirmer**
427〔コンフィルメ〕

他（予約・情報などを）確認する
confirmer la réservation de son vol
飛行機の予約を確認する
□ **confirmation** 女確認

□ huile
428 〔ユイール〕

女(料理用の)油；オイル
frire ... à l'*huile*　油で...を揚げる
faire sauter ... à l'*huile*　油で...をいためる

□ patron(ne)
429 〔パトゥロン(ヌ)〕

男 女 (レストランなどの) オーナー，経営者；店主；(工場などの) 社長
patron(ne) d'un café　カフェのオーナー

□ évoluer
430 〔エヴォリュエ〕

自 進歩[進展]する；(考えが) 変わる (＝se transformer)
La situation politique *évolue* sans problème.
政情は問題のない経過をたどっている．
□ **évolution** 女 進展；変化

□ évolution
431 〔エヴォリュスィヨン〕

女 発展，進化；変化
la théorie de l'*évolution*
進化論 (＝évolutionnisme)
□ **évoluer** 動 進展する

□ lancer
432 〔ランセ〕

他 投げる (＝jeter)；発射する；(非難を) 加える　代動 身を投じる
lancer une navette spatiale
スペースシャトルを打ち上げる
□ **lancement** 男 投げること，発射

□ femelle
433 〔フメル〕

女 形 雌(の) (↔ mâle)
une fleur *femelle*　雌花 (↔ une fleur mâle)
□ **féminin(e)** 形 女性的な (↔ masculin)

□ boulangerie
434 〔ブランジュリ〕

女 パン屋　＊店舗や工場を指す．
aller à la *boulangerie*　パン屋に行く
＊boulanger(ère)はパン屋さん (パンを作る人や売る人) を指す．aller chercher du pain chez le boulangerで「パン屋へパンを買いに行く」となる．

435〜447

□ **précaution**
435〔プレコスィヨン〕

女 用心, 注意；慎重
avec précaution 慎重に, 用心深く
（＝avec prudence）
□ **précautionneux(se)** 形 用心深い

□ **domaine**
436〔ドメーヌ〕

男 所有地；分野, 領域
Il a un grand *domaine* à la campagne.
彼は田舎に広い土地を持っている.
Ce n'est pas (de) mon *domaine*.
それは私の領分ではない.

□ **ramasser**
437〔ラマセ〕

他 拾い集める, 集める（＝cueillir, rassembler）
ramasser des ordures
ごみを集める ＊「収集車がゴミを集める」と表現するときにはenlever les orduresという.
□ **ramassage** 男 拾い集めること

□ **animer**
438〔アニメ〕

他 活気づける, 盛り上げる 代動 活気づく
Cette rue *est* presque toujours *animée* de touristes. この通りはほとんどいつも観光客でにぎわっている.
□ **animation** 女 活気

□ **aiguille**
439〔エギュイユ〕

女 針,（時計の）針
piquer avec une *aiguille* 針で刺す
la grande [petite] *aiguille* 長［短］針

□ **sauver**
440〔ソヴェ〕

他（人を）救う, 助ける
代動 逃げる（＝s'enfuir）
Cet homme lui *a sauvé* la vie.
あの男性が彼［彼女］の命を助けた.

□ **déclaration**
441〔デクララスィヨン〕

女 宣言；表明；届出
faire une *déclaration* publique
公式に言明する

□ **déclarer** 動宣言[言明]する；申告する

□ **vérifier**
442〔ヴェリフィエ〕

他確かめる，確認する
vérifier un calcul　計算を確かめる，検算する
Vous devez *vérifier* l'orthographe dans le dictionnaire.
あなたは綴りを辞書で確かめるべきです．

□ **destination**
443〔デスティナスィヨン〕

女行き先，目的地；用途，目的
arriver à *destination*　目的地に着く
un avion à *destination* de Narita
成田行きの飛行機（＝en direction de）

□ **toit**
444〔トワ〕

男屋根
Il habite sous les *toits*.
彼は屋根裏部屋に住んでいる．
être sans toit　住むところがない

□ **plafond**
445〔プラフォン〕

男天井
une pièce haute de *plafond*　天井の高い部屋
＊「床」はle plancherという．dans le plafondは「天井裏に」，「床下に」はau-dessous du plancherという．

□ **retenir**
446〔ルトゥニール〕

他引き止める；支える；(感情を)抑える（＝contenir）；予約する（＝réserver）
代動身を支える；我慢する
Je suis désolé(e) de vous *avoir retenu(e)(s)*.
お引き止めしてすみませんでした．
retenir sa colère　怒りを抑える
Elles *se sont retenues* de pleurer.
彼女たちは泣きたいのを我慢した．

□ **retirer**
447〔ルティレ〕

他引っ込める；(ある場所から)引き出す
代動引退する
retirer sa main　手を引っ込める

retirer de l'argent de son compte
口座から金を引き出す
se retirer en province
退職して田舎にひっこむ
□ **retraite** 囡引退；退職 ☞ P.126

□ **agriculture**
448〔アグリキュルテュール〕

囡農業
développer l'*agriculture* 農業を振興する
□ **agriculteur(trice)** 男 囡（自作の）農民
□ **agricole** 形農業の

□ **paresseux(se)**
449〔パレスゥ(ズ)〕

形怠惰な（↔ travailleur） 男 囡怠け者
un enfant *paresseux* 怠け者の子供
Il est *paresseux* pour écrire. 彼は筆無精だ．
□ **paresse** 囡怠惰 □ **paresser** 動怠ける

□ **transporter**
450〔トゥランスポルテ〕

他運ぶ，輸送する
transporter des voyageurs en autobus
バスで旅客を運ぶ
transporter des marchandises par air
商品を空輸する
□ **transport** 男輸送；《複で》交通機関

□ **enfance**
451〔アンファンス〕

囡幼年時代 ☞ P.140
Il a eu une *enfance* heureuse.
彼は幸せな子ども時代を過ごした．
Vous avez passé votre *enfance* à Paris ?
あなたは幼年期をパリで過ごしたのですか？

□ **tousser**
452〔トゥセ〕

自咳をする
Elle a pris froid, elle *tousse* beaucoup.
彼女は風邪をひいていて，ひどく咳をする．
□ **toux** 囡咳

□ **se doucher**
453〔ス ドゥシェ〕

代動シャワーを浴びる
Elle *s'est douchée* avant le petit déjeuner.

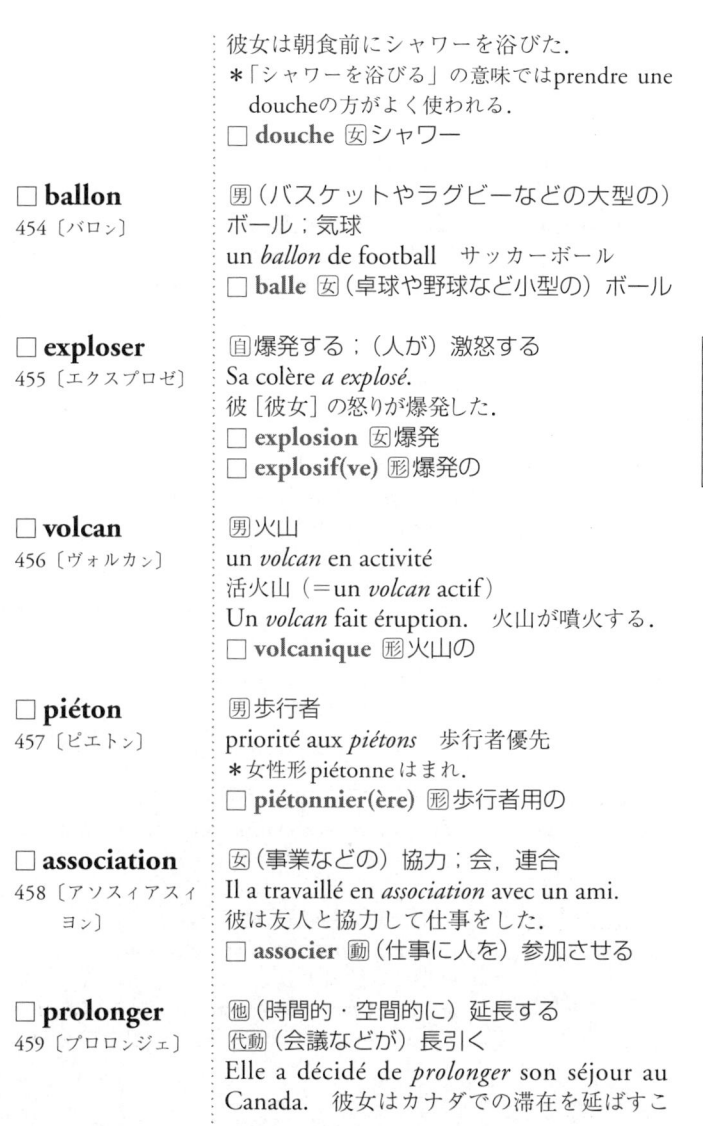

彼女は朝食前にシャワーを浴びた．
*「シャワーを浴びる」の意味ではprendre une doucheの方がよく使われる．
□ **douche** 囡シャワー

□ **ballon**
454〔バロン〕

男（バスケットやラグビーなどの大型の）ボール；気球
un *ballon* de football　サッカーボール
□ **balle** 囡（卓球や野球など小型の）ボール

□ **exploser**
455〔エクスプロゼ〕

自爆発する；（人が）激怒する
Sa colère *a explosé*.
彼［彼女］の怒りが爆発した．
□ **explosion** 囡爆発
□ **explosif(ve)** 形爆発の

□ **volcan**
456〔ヴォルカン〕

男火山
un *volcan* en activité
活火山（＝un *volcan* actif）
Un *volcan* fait éruption.　火山が噴火する．
□ **volcanique** 形火山の

□ **piéton**
457〔ピエトン〕

男歩行者
priorité aux *piétons*　歩行者優先
*女性形 piétonneはまれ．
□ **piétonnier(ère)** 形歩行者用の

□ **association**
458〔アソスィアスィヨン〕

囡（事業などの）協力；会，連合
Il a travaillé en *association* avec un ami.
彼は友人と協力して仕事をした．
□ **associer** 動（仕事に人を）参加させる

□ **prolonger**
459〔プロロンジェ〕

他（時間的・空間的に）延長する
代動（会議などが）長引く
Elle a décidé de *prolonger* son séjour au Canada.　彼女はカナダでの滞在を延ばすこ

NIVEAU 3

とに決めた．

□ **citoyen(ne)**
460 〔スィトワィヤン（エーヌ）〕
男 女 市民；国民
un *citoyen* français （一人の）フランス国民
□ **civil(e)** 形 市民の

□ **pardonner**
461 〔パルドネ〕
他 （あやまちなどを）許す
Pardonnez-moi mon retard.
遅刻したことをお許しください．
Pardonnez-moi, mais...
（こう言っては）失礼ですが…
□ **pardon** 男 (1) すみません，ごめんなさい
(2) え，何ですか？ ☞P.4

□ **médicament**
462 〔メディカマン〕
男 薬（＝remède）
prendre des *médicaments* 薬を飲む
□ **médical(ale)** 形 医学の，医者の
□ **médecine** 女 医学

□ **aboutir**
463 〔アブティール〕
自 (à, dans, sur ...に) 達する；（結果に）達する
Ce chemin *aboutit* sur la place.
この道は広場に続いている．
□ **aboutissement** 男 （努力の）成果，結果

□ **agréer**
464 〔アグレエ〕
他 承認する，喜んで受け入れる
Veuillez *agréer*, Monsieur, mes salutations distinguées. 《手紙の結語で》敬具

□ **candidat(e)**
465 〔カンディダ(ットゥ)〕
男 女 志願［候補］者，受験者
se porter *candidat(e)* aux élections
選挙に立候補する
être *candidat(e)* à un poste ある地位を志願する
□ **candidature** 男 （選挙などへの）立候補

《データ本位》でる順仏検単語集

□ **agence**
466〔アジャンス〕

女代理店，（銀行などの）支店
une *agence* de voyages　旅行代理店
une *agence* immobilière　不動産屋

□ **emporter**
467〔アンポルテ〕

他（その場からよそへ）持って行く，運ぶ
(↔ apporter)
N'oubliez pas d'*emporter* un parapluie.
傘を持って行くのを忘れないで．
Pizzas à *emporter*《掲示》ピザお持ち帰りできます．＊à emporterで「持ち帰り用の，テイクアウトの」．

□ **arroser**
468〔アロゼ〕

他水をまく，注ぐ
N'oubliez pas d'*arroser* les plantes.　植物［鉢植え］に水をやるのを忘れないで下さい．
□ **arrosoir** 男じょうろ

□ **nationalité**
469〔ナスィヨナリテ〕

女国籍
Vous êtes de quelle *nationalité* ?
あなたの国籍はどこですか？
acquérir la *nationalité* japonaise
日本国籍を取得する
□ **national(ale)** 形国の；国民の ☞ P.193

□ **représentant(e)**
470〔ルプレザンタン（トゥ）〕

男女代表者，代理人；セールスマン
(=*représentant(e)* de commerce)
□ **représenter** 他表現する；代表する

□ **sexe**
471〔セクス〕

男性
l'égalité des *sexes*　性の平等
le *sexe* masculin　男性（↔ le sexe féminin）
□ **sexuel(le)** 形性の

□ **joyeux(se)**
472〔ジョワィウ(ーズ)〕

形楽しい；陽気な；めでたい
Joyeux anniversaire !　誕生日おめでとう！
Joyeux Noël !　メリー・クリスマス！

NIVEAU 3

deux cent cinquante-cinq　255

□ **joie** 囡喜び；楽しみ ☞P.155

□ **altitude**
473〔アルティテュドゥ〕
囡標高；高度
Le mont Blanc est à 4.807 mètres d'*altitude*. モンブランは標高4,807メートルである.

□ **misérable**
474〔ミゼラーブル〕
形哀れな，悲惨な
《Les *Misérables*》『レ・ミゼラブル』
＊ヴィクトル・ユゴーの小説. 哀れな[みじめな]人の意味.
□ **misère** 囡貧困；《複で》悲惨事；苦痛

□ **beau-frère**
475〔ボフレール〕
男義理の兄[弟]
＊複数はbeaux-frèresとなる.
＊（類語）beau-fils「婿（＝gendre），義理の息子」, beau-père「義理の父」, beaux-parents「義理の親」.

□ **belle-sœur**
476〔ベルスゥール〕
囡義理の姉[妹]
＊（類語）belle-fille「嫁，義理の娘」, belle-mère「義理の母」.

□ **classement**
477〔クラスマン〕
男分類，整理；順位
un *classement* chronologique　年代順の分類
□ **classer** 動分類する

□ **natation**
478〔ナタスィヨン〕
囡水泳，競泳
faire de la *natation*　水泳をする

□ **sincère**
479〔サンセール〕
形（人が）誠実な，率直な（＝franc）；真心からの（＝véritable）
Elle est toujours *sincère* avec moi.
彼女はいつも私に本心を語る.
□ **sincérité** 囡誠実さ
□ **sincèrement** 副率直に

《データ本位》でる順仏検単語集

- □ **natal(e)**
  480〔ナタル〕

  形(人がそこで) 生まれた
  le pays *natal* 生まれ故郷
  - □ **natalité** 女 出生率（＝taux de natalité）

- □ **mystère**
  481〔ミステール〕

  男 神秘, 不思議, 謎；秘密（＝secret）
  être entouré(e) de *mystère* 謎に包まれている
  faire des *mystères* 秘密にする
  - □ **mystérieux(se)** 形 不思議な, 謎の

- □ **studieux(se)**
  482〔ステュディゥ
  (ーズ)〕

  形 勉強好きな, 勤勉な；学究的な
  un élève *studieux* よく勉強する生徒

- □ **lâcher**
  483〔ラシェ〕

  他(持っているものを) 放す, 緩める
  (↔ serrer)
  Ne *lâchez* pas la main de votre enfant.
  子どもの手を放さないで.

- □ **instruction**
  484〔アンストゥリュ
  クスィヨン〕

  女 教育（＝enseignement）；知識
  （＝connaissance）, 教養；《複》で使用説明書
  （＝mode d'emploi）
  avoir beaucoup d'*instruction*
  豊かな教養［知識］がある
  - □ **instruire** 動 教育する, 教える

- □ **maladroit(e)**
  485〔マラドゥロワ
  (ットゥ)〕

  形 不器用な, 下手な（↔ adroit）；軽率な
  être *maladroit(e)* de ses mains
  手先が不器用だ
  - □ **maladresse** 女 不器用さ
  - □ **maladroitement** 副 不器用に

- □ **épargner**
  486〔エパルニェ〕

  他 節約する,（お金を）貯える；（苦労を）
  免れさせる
  épargner son temps 時間を節約する
  épargner pour ses vieux jours
  老後のために貯金する

NIVEAU 3

*目的語なしで「貯金する」の意味で用いられる.
□ **épargne** 囡貯蓄

□ **célibataire**
487〔セリバテール〕

形独身の（↔ marié） 男囡独身者
Elle est *célibataire* ? 彼女は独身ですか？

□ **détour**
488〔デトゥール〕

男遠回り, 回り道；婉曲な表現
faire un *détour* 遠回りする
sans détour ずばり
parler *sans détour* 単刀直入に話す
□ **détourner** 他（方向などを）変える,（人を）遠ざける

□ **complément**
489〔コンプレマン〕

男補足, 補充；(文法の) 補語
un *complément* d'information 追加情報
le *complément* d'objet direct [indirect]
直接［間接］目的補語

□ **chapitre**
490〔シャピトゥル〕

男(本などの) 章 ＊chap.と略される.
le deuxième *chapitre* 第 2 章

□ **panser**
491〔パンセ〕

他手当てする；包帯をする
panser un blessé けが人の手当をする
□ **pansement** 男(傷口などの) 手当て；救急用品

□ **sauter**
492〔ソテ〕

自飛ぶ, 飛び跳ねる；飛び乗る；(料理で)
ソテーする
sauter par la fenêtre 窓から飛び降りる
sauter de joie 小躍りして喜ぶ
□ **saut** 男飛ぶこと；ジャンプ

□ **remonter**
493〔ルモンテ〕

自(2 階などに) また上がる；(乗り物に)
また乗る
Il *est remonté* dans la voiture.
彼はもう一度車に乗った.

□ priorité
494 〔プリヨリテ〕

女優先権
J'ai la *priorité*.　私に優先権がある.
en priorité　優先的に
□ **prioritaire** 形優先権を持つ

□ confrère
495 〔コンフレール〕

男(医者・弁護士などの) 同僚, 同業者
＊学校・企業などの同僚にはcollègueを用いる.

□ dynamique
496 〔ディナミック〕

女活力　形活動的な, 精力的な
un homme *dynamique*　バイタリティーのある人
□ **dynamiquement** 副精力的に；力強く

□ ailleurs
497 〔アィゥール〕

副他のところで[に], よそで[に]
d'ailleurs　そもそも, 第一に　＊「他の条件はさておいて, とにかく重要なのは」という含意で.
par ailleurs　その一方で

□ biographie
498 〔ビヨグラフィ〕

女伝記
□ **biographique** 形伝記の
□ **autobiographie** 女自伝

□ accoucher
499 〔アクシェ〕

自お産をする, (de ...を) 産む；作り出す
accoucher d'une fille　女の子を出産する
□ **accouchement** 男お産

□ fusée
500 〔フュゼ〕

女ロケット；ミサイル
lancer une *fusée*　ロケットを打ち上げる

□ vigne
501 〔ヴィーニュ〕

女ぶどうの木[畑]
la culture de la *vigne*　ぶどうの栽培
＊「ぶどう (の実)」は男raisinという.
□ **vin** 男ワイン

502～506

□ **désormais**
502 〔デゾルメ〕

副 今後は，これからは
Désormais je boirai moins.
今後は呑むのをひかえよう．

□ **entraînement**
503 〔アントゥレヌマン〕

男 トレーニング，訓練
aller à l'*entraînement*　トレーニングに行く
□ **entraîner** 他 引っ張る，引きずる；トレーニングさせる

□ **patinage**
504 〔パティナージュ〕

男 スケート
faire du *patinage*　スケートをする
(＝faire du patin, patiner)
□ **patin** 男 スケート（靴）

□ **superbe**
505 〔スュペルブ〕

形 すばらしい（＝magnifique）；すばらしく美しい
Il fait un temps *superbe*.　すばらしい天気だ．
une femme *superbe*　まぶしいほどの美人

□ **ouvrier(ère)**
506 〔ウヴリィエ
　　（ール）〕

男 女 (工場などで働く) 労働者
形 労働者の
Les *ouvriers* de l'usine étaient en grève.
その工場の労働者たちはストをやっていた．
＊会社で働く従業員・サラリーマンは 男 女 employé(e)，管理職は 男 cadreという．☞P.101

index
(単語索引)

*索引中，品詞表示のない**イタリック**は派生語（見出し語以外）を指します．
　同意語，反意語，類語などは紙幅の都合で載せてありません．

単語索引

見出し語　　　**品詞** [級] 頁数

[A]

à	前	[5]59
A bientôt!		[5]3
à cause de	前	[5]66
A demain!		[5]3
à droite		[5]59
à l'est		[5]59
à la maison		[5]59
à pied		[5]59
à sept heures		[5]59
à temps		[5]59
à temps	副	[5]74
A tout à l'heure!		[5]3
abord(d')		*[5]5,73*
aboutir	自	[3]254
aboutissement		*[3]254*
absence	女	[4]171
absent(e)		*[4]171*
absolu(e)		*[4]103*
absolument	副	[4]102
accéder		*[3]237*
acceptation		*[4]147*
accepter	他	[4]147
accès	男	[3]237
accessible		*[3]237*
accident		*[5]66*
accord(d')		*[5]2*
accouchement		*[3]259*
accoucher	自	[3]259
accueil	男	*[3]219*,233
accueillir	他	[3]219, *233*
acheter	他	[5]48
acteur(trice)	男 女	[4]165
actif(ve)		*[4]155*
action	女	[4]155
activité		*[4]155*
actuel(le)		*[4]137*
actuellement	副	[4]137
addition	女	[4]133
adoration		*[4]109*
adorer	他	[4]108
adresse	女	[5]24, [4]151
adresser	他	[5]52
adulte	男 女 形	[4]173
aéroport	男	[5]10
affaire	女	[4]90
affiche	女	[3]232
afficher		*[3]232*
afin de	前句	[3]236
Afrique	女	[5]6
âge	男	[5]33, 62, 69
âgé(e)	形	[5]41
agence	女	[3]255
agent	男	[4]148
agir	自 代動	[4]169
agneau	男	[3]245
agréable	形	[4]120
agréablement		*[4]120*
agréer	他	[3]254
agricole		*[3]252*
agriculteur(trice)		*[3]252*
agriculture	女	[3]252
aide	女	*[5]67*, [4]153
aider	他	[5]52, *[4]153*
aigu(ë)	形	[3]235
aiguille	女	[3]250
ailleurs	副	[5]72, [3]259
aimable	形	[3]205
aimablement		*[3]205*
aimer	他	[5]47, *68*
aîné(e)	形	[3]228
ainsi	副	[5]78, [4]175

262　deux cent soixante-deux

air	*[5]30*	*animation*	*[3]250*
aise	女 [3]237	animer	他 代動 [3]250
aisé(e)	*[3]237*	année	女 [5]19, *65*
ajouter	他 [3]213	anniversaire	男 [4]169
aliment	男 [3]247	*annonce*	*[4]158*
alimentation	*[3]248*	annoncer	他 [4]158
alimenter	*[3]247*	annuel(le)	形 [3]244
Allemagne	女 [5]6	août	男 [5]21
allemand	*[5]6*	apercevoir	他 代動 [4]114
Allemand(e)	*[5]6*	*apparaître*	*[3]233*
aller	自 [5]49, *70, 71*	appareil	男 [4]102
aller chez le docteur	[5]67	*apparemment*	*[3]233*
aller en Angleterre	[5]61	apparence	女 [3]233
aller jusqu'à Londres	[5]64	appartement	男 [5]11
allumer	他 [3]195	appeler	他 代動 [5]57, *71*
alors	[5]5	*application*	*[3]200*
altitude	女 [3]256	appliquer	他 代動 [3]200
âme	女 [3]221	apporter	他 [5]52
amener	他 [4]108	apprendre	他 [5]58, [4]90
américain	*[5]6*	après	[5]65
Américain(e)	*[5]6*	après son arrivée	[5]65
Amérique	女 [5]6	après-midi	男 (女) [5]18
ami(e)	男 女 [5]26	arbre	男 [5]16, *66*
amical(ale)	*[4]164, 174*	*arc-en-ciel*	*[4]164*
amicalement	副 [4]174	argent	男 [5]33
amitié	女 [4]164, *174*	armoire	女 [3]186
amour	男 [5]29	arrêter	他 代動 [5]54
amusant(e)	形 [4]101	arrière	男 [3]237
amusement	*[4]101*	arrivée	女 *[5]65*, [4]144
an	男 [5]19, *63, 64, 74*	arriver	自 [5]49, *[4]144*
		arrondir	*[4]117*
ancien(ne)	形 [5]41	arrondissement	男 [4]141
anglais	*[5]6*	arroser	他 [3]255
Anglais(e)	*[5]6*	*arrosoir*	*[3]255*
Angleterre	女 [5]6, *61*	art	男 *[4]159*, [3]181
animal	男 [5]17	article	男 [4]157

単語索引

| 見出し語 | 品詞 [級] 頁数 |

artifice 男 [3]237
artificiel(le) *[3]237*
artificiellement *[3]237*
artiste 男 女 [4]159, *[3]181*
artistique *[4]159*
ascenseur 男 [4]161
Asie 女 [5]6
asseoir 代動 [4]110, *154*
assez 副 [5]73
assis(e) 形 *[4]110*, 154
association 女 [3]253
associer *[3]253*
assurance *[4]107*
assurer 他 代動 [4]106
atteindre 他 [3]220
attendre 他 [5]56
attention 女 [5]29
attitude 女 [3]233
attraper 他 [3]185
au printemps [5]20, *59*
Au revoir! [5]2
aucun(e) 形 代 [4]93
augmentation 女 [3]239
augmenter *[3]239*
aujourd'hui 副 *[5]69*, 74
aussi 副 [5]76
aussitôt 副 [4]85
autant 副 [5]76
auteur 男 [3]184
autobiographie *[3]259*
autocar 男 [4]152
automatique 形 [3]236
automatiquement *[3]236*
automne 男 [5]20
automobiliste 男 女 [3]235
autorité 女 [3]226
autoroute 女 [4]160
autour 副 [4]93
autre 代 [5]37
autrefois 副 [4]93
autrement 副 [3]236
avance 女 *[4]119*, 162
avancer 他 自 [4]119, *162*
avant 前 [5]65
avant cinq heures [5]65
avec 前 *[5]2*, 62
avec moi [5]62
avec plaisir [5]2, 62
avec un couteau [5]62
avenir 男 [4]170
avenue 女 [4]141
averse 女 [3]222
avion 男 [5]10, *62*
avis 男 [4]112
avocat(e) 男 女 [5]24
avoir 他 [5]46
avoir besoin de [5]30
avoir chaud [5]30
avoir envie de [5]30
avoir faim [5]30
avoir froid [5]30
avoir l'air＋形容詞 [5]30
avoir mal à＋定冠詞＋身体 [5]30
avoir peur [5]30
avoir raison [5]30
avoir rendez-vous avec＋人 [5]30
avoir soif [5]30
avoir sommeil [5]30
avoir tort [5]30

avril	男[5]21	bientôt	副*[5]3*, 78
[B]		bière	女[5]14
bagage	男[4]137	billet	男[5]10, 33
baguette	女[4]166	biographie	女[3]259
baigner	代動[4]132	*biographique*	*[3]259*
baignoire	*[4]132*	bizarre	形[4]150
bain	*[4]132*	blanc(che)	男形[5]82
balle	*[3]253*	blé	男[3]230
ballon	男[3]253	blesser	他代動[4]152
banlieue	女[3]229	*blessure*	*[4]152*
banlieusard(e)	*[3]229*	bleu(e)	男形[5]82
banque	女[5]12	blond(e)	男形[5]82
barbe	女[4]173	blouse	女[4]164
bas	男[5]38, [4]146	bœuf	男[4]153
bas(se)	形[5]38	boire	他[5]48
base	女[3]213	bois	男[5]16
baser	*[3]213*	boisson	女[4]164
bateau	男[5]10	boîte	女[5]34
bâtiment	男[4]124	bon(ne)	形*[5]2, 39*, 40
bâtir	*[4]124*	Bon courage!	[5]4
battre	他自代動[4]149	bon marché	形[5]39
battu(e)	*[4]149*	Bon voyage!	[5]4
beau (belle)	形[5]42	bonheur	男[4]160
beau-frère	男[3]256	Bonjour.	[5]2
beaucoup (de)	副[5]73	Bonne chance!	[5]4
bébé	男[5]28	Bonne nuit.	[5]2
Belge	*[5]6*	Bonnes vacances!	[5]4
Belgique	女[5]6	Bonsoir.	[5]2
belle-sœur	女[3]256	bord	男[4]153
besoin	男[5]29, 30	bouche	女[5]25
bête	女形[4]149	boucher(ère)	男女[4]153, *174*
beurre	男[5]13	boucherie	女*[4]153*, 174
bibliothèque	女[5]32	boulangerie	女[3]249
bicyclette	*[5]32*	boulevard	男[4]143
bien	副*[5]2*, 78	bout	男[5]35, [4]147
Bien sûr.	[5]2	bouteille	女[5]34

単語索引

見出し語	品詞 [級] 頁数

boutique	女 [5]12
bras	男 [5]25
brave	形 [4]132
bravement	*[4]132*
bref(ève)	形 副 [4]161
brièvement	*[4]161*
brillant(e)	*[4]159*
briller	自 [4]159
brouillard	男 [3]227
bruit	男 [5]34
brun(e)	男 形 [5]82, 161
brusque	形 [3]245
brusquement	*[3]245*
bureau	男 [5]11, 65
bus	男 [5]10
[C]	
C'est combien?	[5]71
C'est quel jour aujourd'hui?	[5]69
c'est-à-dire	接句 [4]94
ça et là	副 [5]72
cache-cache	*[4]118*
cacher	他 代動 [4]118
cadeau	男 [5]33
café	男 [5]12, *14*
cahier	男 [5]8
calcul	男 [3]216
calculer	*[3]216*
calme	形 男 [4]163
calmement	*[4]163*
camarade	男 女 [5]26
camion	男 [4]104
campagne	女 [5]35
Canada	男 [5]6, 60
Canadien(ne)	*[5]6*
candidat(e)	男 女 [3]254
candidature	*[3]254*
capable	形 [4]132
capacité	*[4]132*
capital	形 男 [5]35, [4]164
capitale	*[4]165*
caractère	男 [3]206
caractéristique	*[3]206*
carafe	女 [4]171
carnet	男 [3]199
carré(e)	男 形 [3]207
carrefour	男 [4]171
carte	女 [5]34
cas	男 [4]96
casser	他 代動 [4]109
cathédrale	女 [3]241
cause	女 [5]66, [4]108
causer	*[4]108*
céder	他 自 [3]232
célèbre	形 [3]247
célébrité	*[3]247*
célibataire	形 男 女 [3]258
cent	男 形 *[5]62*, 80, *[4]172*
centre	男 [4]127
certain(e)	形 [4]92
certainement	副 [4]92
cesse	女 [4]164
cesser	他 自 *[4]164*, [3]233
chacun(e)	代 [4]93
chaise	女 [5]9
chaleur	女 [3]181
chambre	女 [5]9, 61
chance	女 *[5]4*, 33
change	*[4]150*
changement	男 [4]150
changer	他 [5]54, *[4]150*

《データ本位》でる順仏検単語集

chanson	女[5]31	*chômeur(se)*	*[3]227*
chanter	自 他[5]52	chose	女[5]33, *37*
chapeau	男[5]15	ciel	男[4]163
chapitre	男[3]258	*cigare*	*[3]199*
chaque	形[5]42	cigarette	女[3]199
charge	*[4]154*	cinéma	男[5]12, *31*
chargement	*[4]154*	cinq	男 形 *[5]62, 65*, 79
charger	他 代動[4]154	cinq pour cent	[5]62
chat(te)	男 女[5]17	cinquante	男 形[5]80
château	男[5]11	cinquième	男 女 形[5]81
chaud(e)	形 *[5]30*, 44	circulation	女[3]218
chauffage	男[4]123	*circuler*	*[3]218*
chauffeur	男[3]184	ciseau	男[3]233
chaussette	女[3]213	citoyen(ne)	男 女[3]254
chaussure	女[5]15	citron	男 形[4]167
chef	男[4]101	*citronnade*	*[4]167*
chemin	男[5]35	*citronnier*	*[4]167*
cheminée	女[4]157	*civil(e)*	*[3]254*
chemise	女[5]15	clair(e)	形 副[5]39, [4]131
chèque	男[4]138	*clairement*	*[4]131*
cher(ère)	形[5]39	*clareté*	*[4]131*
chercher	他[5]54	classe	女[5]8, *60, 61 [4]89*
cheval	男[5]17	classement	男[3]256
cheveu	男[5]25	*classer*	*[3]256*
chèvre	女 男[3]234	classique	形[4]147
chez	前[5]67	clé, clef	女[5]9
chez moi	[5]67	client(e)	男 女[3]248
chien(ne)	男 女[5]17	*clientèle*	*[3]248*
Chine	女[5]6	climat	男[3]211
chinois	*[5]6*	*climatique*	*[3]211*
Chinois(e)	*[5]6*	climatisation	女[3]238
chocolat	男[5]14	*climatiser*	*[3]328*
chœur	男[3]225	cœur	男[5]25, *29*
choisir	他[5]47, *[3]232*	coiffeur(se)	男 女[3]203
choix	男[3]231	*coiffure*	*[3]203*
chômage	男[3]227	coin	男[5]35

単語索引

| 見出し語 | 品詞 [級] 頁数 |

colère 女 *[5]61*, [4]146
colis 男 [3]224
collant [4]146
collection 女 [3]209
collectionner [3]209
collège 男 [4]151
collégien(ne) [4]151
collègue 男 女 [3]238
combien 疑 副 [5]71
Combien d'enfants avez-vous? [5]71
Combien de temps restez-vous ici? [5]71
comédie 女 [3]210
comme 副 接 [5]76
commande [4]115
commander 他 [4]115
commencement 男 [3]239
commencer 他 自 [5]51, *[3]239*
comment 疑 副 [5]71
Comment allez-vous? [5]71
Comment vous appelez-vous? [5]71
commerçant(e) [4]120
commerce 男 [4]120, *152*
commercial 形 *[4]120*, 151
commode [3]186
communication [3]222
communiquer 他 自 [3]222
compagnie 女 [4]133
complément 男 [3]258
complet(ète) 形 男 [5]15, [3]179, *222*
complètement 副 [3]222
compliment 男 [4]174
compliqué(e) [3]193

compliquer 他 [3]192
comprendre 他 [5]58
compte 男 *[4]89*, 149
compter 他 自 [4]89, *149*
compter sur toi [5]64
concernant 前 [4]175
concerner [4]175
concert 男 [5]31
concours 男 [3]186
concret(ète) 形 [3]196
concrètement [3]196
condamnation [3]243
condamner 他 [3]243
condition 女 [3]186
conditionnel(le) [3]186
conduire 自 他 [4]92
conférence 女 [3]231
confiance 女 [3]181
confiant(e) [3]181
confirmation [3]248
confirmer 他 [3]248
confrère 男 [3]259
congé 男 [4]156
connaissance 女 [4]130
connaître 他 代動 [5]58, *[4]130*
connu(e) 形 [4]130
consacrer 他 代動 [3]217
conseil 男 [4]141, *[3]217*
conseiller 他 *[4]141*, [3]217
conserve [4]159
conserver 他 [4]159
consister 自 [3]235
construction 女 [3]226
construire [3]226
contact 男 [4]175

contenir	他 [3]193	cour	女 [5]11, [4]151
content(e)	形 [5]44, *[3]229*	courage	男 *[5]4*, 29
contentement	*[3]229*	couramment	副 [3]196
contenter	他 [3]229	courant(e)	形 [3]196
continuer	他 自 [4]103	courir	自 [5]53
contraire	形 男 [4]123	cours	男 [4]106
contrairement	*[4]123*	course	女 [4]107
contre	前 [5]66	court(e)	形 [5]38
contribuer	*[3]238*	cousin(e)	男 女 [5]28
contribution	女 [3]238	*couteau*	*[5]62*
contrôle	男 [3]239	coûter	自 [4]111
contrôler	*[3]239*	craindre	他 [3]193
convaincre	他 [3]247	*crainte*	*[3]193*
convenable	*[3]211*	cravate	女 [5]15
convenir	自 [3]211	crayon	男 [5]8
conversation	女 [3]187	création	女 [4]163, *[3]189*
converser	*[3]187*	*créature*	*[4]163*
copain	男 女 [3]183	crédit	男 [3]201
(女 copine)		créer	他 *[4]163*, [3]189
Corée	女 [5]6	*cri*	*[3]183*
coréen	*[5]6*	crier	自 [3]183
Coréen(ne)	*[5]6*	croire	他 自 [5]58
corps	男 [4]99	cuiller, cuillère	女 [4]126
correct(e)	形 [4]139	cuir	男 [3]208
correctement	*[4]139*	cuire	他 自 [4]139, *140*
correspondance	女 [3]234	cuisine	女 [5]9, 13
correspondre	動 *[3]234*	cuit(e)	形 [4]140
côte	女 [5]16	cultiver	他 *[4]122*, [3]203
côté	男 [5]36	culture	女 [4]122, *[3]203*
cou	男 [4]155	*culturel(le)*	*[4]122*
coucher	他 代動 [5]48	*curieusement*	*[3]178*
couler	自 [4]125	curieux(se)	形 [3]178
couleur	女 [5]82	*curiosité*	*[3]178*
couloir	男 [4]162	**[d]**	
coup	男 *[5]73*, [4]129	d'abord	[5]5, 73
couper	他 [4]88	D'accord.	[5]2

単語索引

見出し語 　品詞 [級] 頁数

d'occasion 　形 [5]41	dedans 　副 [5]72, [4]166
D'où venez-vous? [5]70	défaut 　男 [3]204
dactylo 　女 [3]225	défendre 　他 代動 [3]178, 241
dame 　女 [5]26, [4]107	défense 　女 *[3]178*, 241
danger [4]159	*définir [3]245*
dangereusement [4]159	définitif(ve) 　形 [4]170, *[3]245*
dangereux(se) 　形 [4]159	définition 　女 [3]245
dans 　前 [5]61	*définitivement [4]170, [3]245*
dans deux heures [5]61	degré 　男 [3]209
dans huit jours 　副 [5]74	dehors 　副 [5]72, [4]166
dans le monde entier [5]61	déjà 　副 [5]78
dans ma chambre [5]61	déjeuner 　男 自 [5]13
danse 　女 [4]140	délicieux(se) 　形 [4]145
danser 　自 [5]52, *[4]140*	demain 　副 *[5]3*, 74
danseur(se) [4]140	demande 　女 [4]152
date 　女 [5]19, 69	demander 　他 [5]58, *[4]152*
de 　前 [5]60	*déménagement [3]230*
de cette manière [5]60	déménager 　自 他 [3]230
de huit heures à midi [5]60	*déménageur [3]230*
De quoi parlez-vous? [5]68	demeurer 　自 [3]226
De rien. [5]4	demi 　男 [5]81
de ta classe [5]60	demi(e) 　形 [5]45
de temps en temps 　副 [5]75	dent 　女 [5]25, *[4]158*
débat 　男 [3]236	*dentaire [4]158*
débattre [3]236	dentiste 　男 [4]158
debout 　副 [4]154	départ 　男 [4]131
début 　男 [4]116	département 　男 [3]240
débutant(e) [4]116	*départemental(ale) [3]241*
décembre 　男 [5]22	dépêcher 　代動 [4]98
décharger [4]154	*dépendance [4]121*
décider 　他 代動 [5]58	dépendre 　自 [4]121
déclaration 　女 *[4]172*, [3]250	*dépense [4]122*
déclarer 　他 代動 [4]172, *[3]251*	dépenser 　他 [4]122
découverte [3]179	depuis 　前 [5]64
découvrir 　他 [3]179	depuis 1970 [5]64

depuis deux ans	[5]64	développement	男 [4]145, *[3]202*
Depuis quand habitez-vous à Paris?		développer	他 代動 [3]202
	[5]70	devenir	自 [5]50
dérangement	*[4]137*	devoir	男 他 [5]34, 46
déranger	他 代動 [4]137	dictionnaire	男 [5]8
dernier(ère)	形 [5]45	dieu	男 [3]244
derrière	前 [5]66	différent(e)	形 [5]43
derrière	副 [5]72	difficile	形 [5]38, *[4]154*
derrière l'arbre	[5]66	*difficilement*	*[4]154*
dès	前 [4]175	difficulté	女 [4]153
descendre	自 [5]49	digne	形 [3]242
désert(e)	形 男 [3]246	*dignité*	*[3]242*
désir	男 *[4]147*, [3]232	dimanche	男 [5]23
désirer	他 [4]147, *[3]232*	dîner	男 自 [5]13
désolé(e)	形 [5]44	*diplomate*	*[3]236*
désoler	他 [4]160	diplomatie	女 [3]236
désormais	副 [3]260	*diplomatique*	*[3]236*
dessert	男 [4]170	diplôme	男 [3]236
dessin	男 [4]129	dire	他 [5]52, *[4]118*
dessiner	他 [4]128, *129*	*dire un mensonge*	*[4]118*
dessous	副 男 [4]166	direct(e)	形 男 [3]243
dessus	副 男 [4]166	*directement*	*[3]244*
destination	女 [3]251	directeur(trice)	男 女 [3]220
détail	男 [4]146	direction	女 [3]202
détester	他 [4]131	*dirigeant(e)*	*[3]188*
détour	男 [3]258	diriger	他 代動 [3]188
détourner	*[3]258*	*discussion*	*[4]123*
deux	男 形 *[5]61, 64*,	discuter	他 自 [4]123
	74, 79	disparaître	自 [4]145
deuxième	男 女 形 [5]81	disponible	形 [3]197
devant	前 [5]66	disposer	他 自 *[3]206*, 207
devant	副 [5]72	disposition	女 複 [3]206, *207*
devant la porte	[5]66	disque	男 [4]121
devant vous	[5]66	distance	女 [3]228
développer	*[4]145*	*distant(e)*	*[3]228*
développé(e)	*[3]203*	*distinction*	*[3]223*

単語索引

見出し語	品詞 [級] 頁数
distinguer	他 代動 [3]223
divorce	男 [3]241
divorcer	*[3]241*
dix	男 形 [5]79
dix-huit	男 形 [5]80
dix-neuf	男 形 [5]80
dix-sept	男 形 [5]80
dixième	男 女 形 [5]81
docteur	男 [5]24, *67*
document	男 [4]170
doigt	男 [5]25
domaine	男 [3]250
domestique	形 [3]199
domicile	男 [3]224
dommage	男 [4]145
donc	接 副 [4]101
donner	他 [5]51
donner sur la mer	[5]64
dormir	自 [5]48
dos	男 [5]25, [3]191
double	形 [4]141
doubler	*[4]141*
doucement	*[4]139*
douceur	女 [4]139
douche	*[3]253*
doucher	代動 [3]252
douleur	女 [3]201
douloureux(se)	*[3]201*
doute	男 [4]146
douter	*[4]146*
doux(ce)	形 [5]44, *[4]139*, [3]193
douzaine	女 [5]81
douze	男 形 [5]79
droit	男 [5]33
droit(e)	女 形 [5]37
droit(e)	形 副 [4]97
droite	*[5]59*
drôle	形 [4]99
drôlement	*[4]99*
dur(e)	形 副 [5]39, [4]97
dynamique	女 形 [3]259
dynamiquement	*[3]259*
[E]	
eau	女 [5]14
éclair	*[3]201*
éclairer	他 代動 [3]201
école	女 [5]8, *65*
économie	女 [4]146
économique	*[4]147*
économiser	*[4]147*
écouter	他 [5]47
écraser	他 代動 [3]217
écrire	他 [5]52
éducatif(ve)	*[3]200*
éducation	女 [3]200
éduquer	*[3]200*
effet	男 [3]218
effort	男 [4]126
égal	形 [4]134
également	*[4]134*
égalité	*[4]134*
église	女 [5]11
élection	女 [3]242
électricité	女 *[4]131*, [3]208
électrique	形 [4]131, *[3]208*
élégance	*[4]170*
élégant(e)	形 [4]169
élève	男 女 [5]24
élever	他 代動 [4]119
élire	*[3]242*
éloignement	*[3]240*

éloigner	他 代動 [3]239	*énergique*	*[3]240*
embarras	*[4]164*	enfance	女[3]252
embarrassant(e)	*[4]164*	enfant	男 女[5]28, *71*
embarrasser	他[4]164	enfermer	他 代動 [3]194
embouteillage	男[3]195	enfin	副[4]92
émettre	*[3]215*	*engagement*	*[4]122*
émission	女[3]215	engager	他 代動 [4]121
emmener	他[4]133	*enlèvement*	*[4]104*
émotion	女[3]229	enlever	他[4]104
émotionnel(le)	*[3]229*	*ennui*	*[4]120*
empêchement	*[4]113*	ennuyer	他 代動 [4]120
empêcher	他[4]113	*ennuyeux(se)*	*[4]120*
emploi	*[4]100*	*énorme*	*[3]205*
employé(e)	*[4]101*	énormément	副[3]205
employer	他 代動 [4]100	enquête	女[3]219
emporter	他[3]255	*enseignant(e)*	*[4]132*
emprunt	*[4]171*	*enseignement*	*[4]132*
emprunter	他[4]171	enseigner	他[4]132
en	前[5]61	ensemble	副[5]78
en 2010	[5]61	ensuite	副[4]87
en automne	[5]20	entendre	他[5]47
en classe	[5]61	entier(ère)	形 男*[5]61*, [3]231
en été	[5]20, 61	*entièrement*	*[3]231*
en face de	前[5]66	entraînement	男[3]260
en face de cette maison		*entraîner*	*[3]260*
	[5]66	entre	前[5]65
en français	[5]61	entrée	女[4]124
en général	副[5]75	*entreprendre*	*[4]166*
en hiver	[5]20	*entrepreneur(se)*	*[4]166*
en train	[5]61	entreprise	女[4]165
enchanté(e)	形[4]142	entrer	自[5]49
Enchanté(e).	[5]5	entrer dans un magasin	
enchanter	*[4]142*		[5]61
encore	副[5]78	*entretenir*	*[3]211*
endroit	男[4]103	entretien	男[3]211
énergie	女[3]240	envelopper	他 代動 [3]246

単語索引

見出し語	品詞 [級] 頁数

enveloppe *[3]246*
envie 女 *[5]30*, [4]140
environ 副 男[4]93
envoyer 他[5]54
épais(se) 形[3]228
épaisseur *[3]228*
épargne *[3]258*
épargner 他[3]257
épaule 女[4]164
épicerie *[4]163*
épicier(ère) 男 女[4]163
époque 女[3]178
épouse *[3]218*
épouser 他[3]218
époux *[3]218*
équipe 女[4]138
erreur 女[4]136
escalier 男[5]32
Espagne 女[5]6
espagnol *[5]6*
Espagnol(e) *[5]6*
espèce 女[4]106
espérer 他[5]58, *[3]242*
espoir 男[3]241
esprit 男[4]100
essayer 他[5]54, 60
essence 女[3]183
essentiel(le) 形 男[3]206
est 男 形[5]37, *59*
estomac 男[3]207
établir 他 代動[3]192
établissement *[3]192*
étage 男[5]11
état 男[4]96
États-Unis 男[5]6, *[4]96*
été 男[5]20, *61*

éteindre 他 代動[3]240
étendre 他 代動[3]194
étoile 女[5]17
étonné(e) *[3]180*
étonner 他 代動[3]180
étrange 形[3]240
étrangement *[3]240*
étranger(ère) 形 男 女[4]122
être 自[5]46
être en colère [5]61
être surpris(e) de [5]60
étroit(e) 形[5]38
étude 女[4]107
étudiant(e) 男 女[5]24
étudier 他[5]58, [4]107
euro 男[5]34
Europe 女[5]7
évidemment 副[4]97, *[3]203*
évident(e) 形 *[4]97*, [3]203
évoluer 自[3]249
évolution 女[3]249
exact(e) 形[3]187
exactement *[3]187*
exagérer 他 自[3]199
examen 男[5]8
examiner 他[3]205
excellent(e) 形[5]43, [3]185
exception *[3]242*
exceptionnel(le) 形[3]242
exceptionnellement *[3]242*
excursion 女[4]157
Excusez-moi. [5]4
exemple 男[5]8
exercer 他 代動[3]234
exercice *[3]234*
existence *[4]117*

exister	自[4]117	faute	女 *[4]112*, 117
expérience	女[3]188	fauteuil	男[4]148
expérimental(ale)	*[3]188*	faux (fausse)	形[5]40, [4]112, *118*
explication	*[4]107*	félicitations	女 複[3]233
expliquer	他[4]107	*féliciter*	*[3]233*
exploser	自[3]253	femelle	女 形[3]249
explosif(ve)	*[3]253*	*féminin(e)*	*[3]249*
explosion	*[3]253*	femme	女[5]27
exportation	*[3]219*	fenêtre	女[5]9, *62*
exporter	他[3]219	fer	男[4]121
exposer	*[4]155*	ferme	形 女[4]125
exposition	女[4]155	fermé(e)	形[5]40
expression	*[3]211*	fermer	他[5]51
exprimer	他[3]211	fête	女[5]33, *[3]222*
extérieur(e)	男 形[4]100	fêter	他[3]222
extraordinaire	形[3]183	feu	男[5]10, 17
extraordinairement	*[3]183*	*feuillage*	*[4]141*
[F]		feuille	女[4]141
face	女[5]35, *66*	février	男[5]21
facile	形[5]38	fiancé(e)	男 女 形[4]159
facile à lire	[5]59	*fiancer*	*[4]159*
facilement	副[5]78	fier(ère)	形[4]155
façon	女[4]86	fièvre	女[4]158
facteur	男[4]147	*fiévreux(se)*	*[4]158*
faculté	女[4]167	figure	女[4]125
faible	形[5]39, [4]129	*figurer*	*[4]125*
faiblesse	*[4]129*	fil	男[3]193
faim	女[5]29, *30*	fille	女[5]27
faire	他[5]52, *68, 69*	film	男[5]31
fait	男[4]174	fils	男[5]27
falloir	非[5]46	fin	女[4]110
fameux(se)	形[4]137	fin(e)	形[4]87
famille	女[5]27	*final(ale)*	*[3]190*
fatigue	*[4]95*	*finale*	*[3]190*
fatigué(e)	形[5]44, *[4]95*	finalement	副 *[4]110*, [3]190
fatiguer	他 代動[4]95		

単語索引

見出し語	品詞 [級] 頁数

見出し語	品詞 [級] 頁数
finir	他 [5]51
fixe	*[3]212*
fixer	他 [3]212
fleur	女 [5]16, *[4]172*
fleuriste	男 女 [4]172
fois	女 [4]84
fond	男 [4]94
fondamental(ale)	*[4]94*
fondation	*[3]225*
fondement	*[3]225*
fonder	他 代動 [3]225
football	男 [5]31
force	女 [3]213
forcer	他 代動 [3]189
forêt	女 [5]16
formation	*[3]186*
forme	女 [4]106
former	他 代動 [3]186
formidable	形 [5]43, [4]125
fort(e)	形 [5]39
fortune	女 [3]217
fou (folle)	形 [5]43
foule	女 [3]221
fourchette	女 [4]160
fournir	他 代動 [3]237
frais	男 [3]231
frais(fraîche)	形 [4]134
franc (franche)	*[3]226*
français	*[5]7, 61*
Français(e)	*[5]7*
France	女 [5]7, 60, 61
franchement	副 [3]226
frapper	他 自 [4]112
fréquemment	副 [5]75, *[3]216*
fréquent(e)	*[3]216*
fréquenter	他 [3]216
frère	男 [5]27
frire	*[4]163*
frit(e)	形 女 [4]163
froid	*[5]30*
froid(e)	形 [5]44
fromage	男 [5]13
front	男 [4]158
frontière	女 [3]199
fruit	男 [5]13
fumer	他 自 [4]135
fumeur(se)	*[4]136*
fureur	*[3]220*
furieux(se)	形 [3]220
fusée	女 [3]259
[G]	
gagner	他 自 [5]48
gai(e)	形 [4]145
gaiement	*[4]145*
gaieté	*[4]145*
gant	男 [5]15
garage	男 [4]129
garçon	男 [5]26
gare	女 [5]10
gâteau	男 [5]13
gauche	女 形 [5]37
gaz	男 [4]105
général	形 男 [5]75, [4]88, [3]191
généralement	副 [4]88, [3]191
généralisation	*[3]191*
généraliser	*[4]88*
généralité	*[4]88*
genou	男 [4]112
genre	男 [3]238
gens	男 [5]26
gentil(le)	形 [5]43

geste	男 [3]229	grossir	自 他 [3]247
glace	女 [4]146	*grossissement*	*[3]247*
glacé(e)	*[4]146*	guerre	女 [4]96
gomme	女 [4]173	guitare	女 [5]32
gorge	女 [5]25	*gymnase*	*[4]174*
goût	男 [4]130	gymnastique	女 [4]174
goûter	他 自 [4]130	**[H]**	
gouvernement	男 [3]194	*habillé(e)*	*[4]127*
gouvernemental(ale)	*[3]194*	habiller	他 代動 [4]127
grâce	女 [4]151	habiter	自 他 [5]53, *70*
grâce à	前 [5]66	habiter à Paris	[5]59
grâce à vous	[5]66	habiter au Japon	[5]59
gracieusement	*[4]151*	habiter en France	[5]61
gracieux(se)	*[4]151*	habitude	女 [4]100
gramme	男 [3]227	*habituel(le)*	*[4]100*
grand-mère	女 [5]28	haricot	男 [4]168
grands-parents	男 複 [5]28	harmonie	女 [3]237
grand-père	男 [5]28	*harmonieux(se)*	*[3]237*
grand(e)	形 [5]38, *[4]163*	hasard	男 [3]179
grandeur	女 [4]163	haut(e)	形 男 [5]38
grandir	*[4]163*	*hésitation*	*[4]153*
gras(se)	形 [3]215	hésiter	自 [4]152
gratuit(e)	形 [4]173	heure	女 *[5]3*, 19, 59,
gratuite	*[4]173*		60, 61, 65, 69, 73
gratuitement	*[4]173*	heureux(se)	形 [5]44, *[4]160*
grave	形 [4]129	hier	副 [5]74
gravement	*[4]129*	histoire	女 [5]8
grec	*[5]7*	hiver	男 [5]20
Grec(que)	*[5]7*	*Hollandais(e)*	*[5]7*
Grèce	女 [5]7	*hollandais*	*[5]7*
grève	女 [3]224	Hollande	女 [5]7
grippe	女 [3]223	homme	男 [5]26
grippé(e)	*[3]223*	hôpital	男 [5]11
gris(e)	男 形 [5]82	*horreur*	*[3]245*
gronder	他 自 [3]221	horrible	形 [3]245
gros(se)	形 [5]38	hors	前 [3]197

単語索引

| 見出し語 | 品詞 [級] 頁数 |

hors-d'œuvre 男 [3]182
hostile 形 [3]196
hostilité *[3]196*
hôtel 男 [5]11
huile 女 [3]249
huit 男 形 *[5]60, 74, 79*
huitième 男 女 形 [5]81
humain(e) 形 [3]227
humanité *[3]227*
humide 形 [3]214
humidité *[3]214*

[I]

ici 副 *[5]71,* 72
idéal 形 男 [3]219
idéaliser *[3]219*
idée 女 [5]33
identifier *[3]243*
identité 女 [3]243
ignorance *[3]213*
ignorant(e) *[3]213*
ignorer 他 [3]213
il y a longtemps 副 [5]74
il y a trois jours 副 [5]74
île 女 [4]149
image 女 [3]216
imaginable *[3]180*
imaginaire *[3]180*
imagination *[3]180, 217*
imaginer 他 代動 [3]180, 216
imitation *[3]227*
imiter 他 [3]227
immédiat(e) *[3]208*
immédiatement 副 [3]208
immeuble 男 [4]121
immobilier(ère) *[4]121*

importance 女 [4]144
important(e) 形 [5]43, *[4]144*
importation *[3]219*
importer 自 [4]123
importer 他 [3]219
impossible 形 [5]39
impôt 男 [3]230
impression 女 [4]105
impressionnant(e) *[4]105*
imprimé *[3]225*
imprimer 他 [3]225
imprimerie *[3]225*
incapable 形 [3]224
inconnu(e) 形 [3]246
incroyable 形 [4]143
indépendance *[4]168*
indépendant(e) 形 [4]168
indication *[4]136*
indiquer 他 [4]136
individu *[3]210*
individuel(le) 形 [3]210
individuellement *[3]210*
industrie 女 [3]209
industriel(le) *[3]209*
inférieur(e) 形 [3]223
infériorité *[3]223*
infirmier(ère) 男 女 [5]24
influence 女 [3]245
influencer *[3]246*
information *[3]246*
informer 他 代動 [3]246
ingénieur 男 [3]196
inquiet(ète) 形 *[4]172,* [3]216
inquiéter 他 代動 [4]172
inquiétude *[4]172, [3]216*
inscription *[3]207*

inscrire	他 代動 [3]207	*inventer*	*[3]215*
insistance	*[3]241*	invention	女 [3]215
insister	自 [3]241	invitation	女 [3]218
installation	*[4]114*	inviter	他 [5]51, *[3]218*
installer	他 代動 [4]114	isolé(e)	形 [3]234
instant	男 [4]141	*isoler*	*[3]234*
instituteur(trice)	男 女 [4]110	Italie	女 [5]7
instruction	女 複 [3]257	*italien*	*[5]7*
instruire	*[3]257*	*Italien(ne)*	*[5]7*
instrument	男 [3]225	**[J]**	
intelligent(e)	形 [5]43	jamais	副 [5]75
intention	女 [3]195	jambe	女 [5]25
intentionnel(le)	*[3]195*	jambon	男 [4]158
intentionnellement	*[3]195*	janvier	男 [5]21
interdiction	*[3]212*	Japon	男 [5]7, *59*
interdire	他 *[4]150*, [3]212	*japonais*	*[5]7*
interdit(e)	形 [4]150, *[3]212*	*Japonais(e)*	*[5]7*
intéressant(e)	形 [5]44, *[3]186*	jardin	男 [5]11, *35*
intéresser	他 [5]56	jaune	男 形 [5]82
intérêt	男 [3]186	Je vous en prie.	[5]4
intérieur(e)	男 形 [4]100	jeter	他 代動 [4]108
international	形 [3]243	jeu	男 [3]198
internationalisation	*[3]243*	jeudi	男 [5]23
internet	男 [4]156	jeune	形 [5]41
interprète	男 女 [4]162	jeunesse	女 [4]140
interpréter	*[4]162*	jogging	男 [5]31
interrompre	*[3]239*	joie	女 [4]155, *[3]256*
interruption	女 [3]239	joli(e)	形 [5]42
intime	形 [3]196	joue	女 [4]168
intimement	*[3]196*	jouer	自 [5]53, *[3]198*
intimité	*[3]196*	jouet	男 [4]152
introduction	*[3]229*	jour	男 [5]18, *62, 69, 74*
introduire	他 代動 [3]229	journal	男 [5]32
inutile	形 [3]221	journée	女 [5]18
inutilement	*[3]221*	joyeux(se)	形 *[4]155*, [3]255
inutilité	*[3]221*	*juge*	*[3]180*

単語索引

見出し語	品詞 [級] 頁数
jugement	*[3]180*
juger	他 [3]180
juillet	男 [5]21
juin	男 [5]21
jupe	女 [5]15
jusqu'à	前 [5]64
jusqu'à 10kg	[5]64
jusqu'à midi	[5]64
juste	形 [5]45, *[3]194*
juste à ce moment	副 [5]74
juste avant cette école	[5]65
justement	副 [3]194
justice	女 [3]214

[L]

là	副 [5]72
là-bas	副 [4]86
lac	男 [5]16
lâcher	他 [3]257
laid(e)	形 [5]42, [3]246
laidement	*[3]246*
laisser	他 [5]54
lait	男 [5]14
lampe	女 [4]116
lancement	*[3]249*
lancer	他 代動 [3]249
langue	女 [4]88
large	形 [5]38, [4]113
largement	*[4]113*
largeur	*[4]113*
lavabo	男 複 [4]174
lavage	*[4]174*
laver	他 代動 [5]54, [4]174
leçon	女 [5]8
lecteur(trice)	*[3]195*
lecture	女 [3]195
légal	[3]188
léger(ère)	形 [5]38
légume	男 [5]13
lendemain	男 [5]19
lent(e)	形 [5]39, *[4]168*
lentement	副 [4]168
lettre	*[5]60*
lever	他 代動 [5]56
lèvre	女 [3]235
liberté	女 [3]188
librairie	女 [3]232
libraire	*[3]232*
libre	形 [5]40, *[3]188*
licence	女 [3]195
licencié(e)	*[3]195*
lieu	男 [4]98
ligne	女 [3]248
linge	男 [3]185
lingerie	*[3]185*
lire	他 [5]52, 59, *[3]195*
lit	男 [5]9
litre	男 [3]190
littéraire	*[3]209*
littérature	女 [3]209
livraison	*[3]220*
livre	男 [5]8
livrer	他 代動 [3]220
location	女 [3]198
logement	男 [3]195
loger	*[3]195*
loi	女 [3]188
loin (d'ici)	副 [5]72
loisir	男 [4]171
Londres	*[5]64*
long(ue)	形 [5]38
longtemps	*[5]74*

280 deux cent quatre-vingts

louer	他 [4]113, *[3]198*	manteau	男 [5]15, *[4]104*
lourd(e)	形 [5]38	marche	女 [4]102
lunaire	*[4]157*	marché	男 *[5]39*, [4]102
lundi	男 [5]23	marcher	自 [5]52
lune	女 [4]157	mardi	男 [5]23
lunette	女 [5]15	mari	男 [5]27
lycée	男 [5]8	mariage	男 [5]24

[M]

machine	女 [4]96	marié(e)	形 男 女 [4]98
madame	女 [5]26	*marier*	*[5]56, [4]98*
mademoiselle	女 [5]26	*marque*	*[3]200*
magasin	男 [5]12, *61*	marquer	他 [3]200
magnifique	形 [4]131	mars	男 [5]21
mai	男 [5]21	match	男 [4]166
maigre	形 男 女 [4]148	*matériel(le)*	*[4]119*
maigrir	*[4]148*	mathématique	女 形 [4]167
mail	男 [4]155	matière	女 [4]119
main	女 [5]25	matin	男 [5]18
maintenant	副 [5]74	matinée	女 [5]18, [4]162
maire	*[3]199*	mauvais(e)	形 [5]40
mairie	女 [3]199	*méchanceté*	*[4]161*
maison	女 [5]11, *59, 66*	méchant(e)	形 [4]161
maître (maîtresse)	男 女 [4]85	médecin	男 [5]24
mal	副 [5]78	*médecine*	*[3]254*
mal	男 *[5]30*, 29	*médical(ale)*	*[3]254*
malade	形 [5]43, *[4]110*	médicament	男 [3]254
maladie	女 [4]110	meilleur(e)	形 [5]40
maladresse	*[3]257*	membre	男 [3]217
maladroit(e)	形 [3]257	même	形 [5]43
maladroitement	*[3]257*	ménage	男 [4]111
malheur	男 [3]179	ménager	他 [4]161
malheureusement	*[3]179*	*ménager(ère)*	*[4]111*
malheureux(se)	形 [5]44, *[3]179*	mener	他 [3]182
manger	他 [5]48	mensonge	男 *[4]118*, [3]231
manière	女 *[5]60*, [3]186	*menteur(se)*	*[3]231*
manquer	自 他 [4]100	*mentir*	*[3]231*
		menu	男 [4]160

単語索引

見出し語	品詞 [級] 頁数

見出し語	品詞 [級] 頁数
mer	女 [5]16, *64*
merci	*[5]4*
Merci.	[5]4
mercredi	男 [5]23
mère	女 [5]27
mérite	*[3]222*
mériter	他 [3]222
merveille	*[3]203*
merveilleusement	*[3]203*
merveilleux(se)	形 [3]203
message	男 [4]156
mesure	女 複 [4]165
mesurer	他 自 [4]165
métal	男 [3]234
métallique	*[3]234*
météo	女 [4]120
métier	男 [3]208
mètre	男 [4]167
métro	男 [5]10
mettre	他 [5]55
meuble	*[3]183*
meublé(e)	形 [3]183
midi	男 [5]18, *60*, *64*, *67*
mieux	副 *[5]68*, 76
mignon(ne)	形 [4]150
milieu	男 [4]103
mille	男 形 [5]80, *[3]240*
milliard	*[3]240*
millier	男 [3]240
million	男 [5]80, *[3]240*
mince	形 [5]38, [4]152
mine	女 [3]224
minuit	男 [5]18
minute	女 [5]19
mise	女 [4]167
misérable	形 [3]256
misère	*[3]256*
mode	女 男 [4]147
moderne	形 [5]41, [4]127
moderniser	*[4]127*
moindre	形 [3]198
moins	副 [5]77
mois	男 [5]21, 65
moitié	女 [3]185
moment	男 [5]19, *74*
monde	男 [5]26, *61*
monnaie	女 [4]155
monsieur	男 [5]26
montagne	女 [5]16
monter	*[5]49*
montre	女 [5]19
montrer	他 [5]55
monument	男 [3]192
moquer	代動 [3]215
moral	形 男 女 [3]204
morceau	男 [3]214
mort(e)	形 [5]40
mot	男 [5]8
moto	女 [4]128
mou (molle)	形 [3]39
mouchoir	男 [4]95
mourir	自 [5]50
mouton	*[3]246*
mouvement	男 [4]98
moyen	男 [4]96
mur	男 [5]9
mûr(e)	形 [3]242
musée	男 [5]11
musicien(ne)	男 女 [4]152
musique	女 [5]31, *[4]152*
mystère	男 [3]257
mystérieux(se)	*[3]257*

[N]

nager	自 [5]53
naissance	*[4]125*
naître	自 [5]50, [4]125
nasal(ale)	*[4]95*
natal(e)	形 [3]257
natalité	*[3]257*
natation	女 [3]256
nation	女 *[3]193*, 224
national	形 [3]193, *224, 255*
nationalité	女 *[3]193*, 255
nature	女 [3]191
naturel(le)	形 男 *[4]106*, 109, *[3]191*
naturellement	副 [4]106, *109, [3]191*
Ne quittez pas.	[5]4
né(e)	形 [5]40
nécessaire	形 男 [4]128
nécessairement	*[4]128*
nécessité	*[4]128*
neige	女 [5]17
neiger	非 [5]46
nerveusement	*[3]208*
nerveux(se)	形 [3]208
nervosité	*[3]208*
neuf	男 形 [5]79
neuf(ve)	形 [5]41
neuvième	男 女 形 [5]81
nez	男 [4]95
ni	接 [5]77
Noël	男 [4]139
noir(e)	男 形 [5]82
nom	男 [5]24
nombre	男 [4]114, *[3]190*
nombreux(se)	形 *[4]114*, [3]190
Non merci.	[5]4
Non.	[5]2
nord	男 形 [5]37
normal	形 [4]111
normalement	*[4]111*
note	*[4]154*
noter	他 [4]154
nouveau (nouvelle)	形 [5]41
nouvelle	女 [4]118
novembre	男 [5]22
noter	自 [5]49
nuage	男 [4]168
nuageux(se)	*[4]168*
nuit	女 [5]2, 18
numéro	男 [5]32

[O]

obéir	自 [4]142
obéissance	*[4]142*
obéissant(e)	*[4]142*
objectif	*[3]213*
objet	男 [3]213
obligation	*[4]94*
obligatoire	*[4]94*
obliger	他 [4]94
obtenir	他 [3]200
obtention	*[3]200*
occasion	女 [4]132
occupé(e)	形 [5]40, *[4]86*
occuper	他 代動 [4]85
octobre	男 [5]21
odeur	女 [3]244
œil	男 [5]25
œuf	男 [5]13
œuvre	女 [3]189
offrir	他 [5]51, *[4]113*
oiseau	男 [5]17

単語索引

見出し語	品詞 [級] 頁数

omelette	女 [4]167
oncle	男 [5]28
onze	男 形 [5]79
opéra	男 [5]32
opération	女 [3]196
opérer	*[3]196*
opinion	女 [4]156
opposé(e)	形 男 [4]165
opposer	*[4]165*
opposition	*[4]165*
or	男 [4]175
orange	男 形 [5]82
ordinaire	形 [4]122
ordinairement	*[4]122*
ordinateur	男 [5]9
ordonné(e)	*[4]105*
ordonner	*[4]105*
ordre	男 [4]105
oreille	女 [4]108
organisation	*[3]180*
organiser	他 代動 [3]179
où	疑 副 [5]70
Où allez-vous?	[5]70
Où sont les toilettes?	[5]70
oublier	他 [5]58
ouest	男 形 [5]37
Oui.	[5]2
ouvert(e)	形 [5]40
ouverture	女 [3]199
ouvrage	男 [3]245
ouvrier(ère)	男 女 形 [3]260
ouvrir	他 [5]51, *[3]199*

[P]

paie	女 [4]85
pain	男 [5]14
paisible	*[4]96*
paix	女 [4]96
palais	男 [3]248
panier	男 [4]175
panne	女 [4]133
pansement	*[3]258*
panser	他 [3]258
pantalon	男 [5]15
papier	男 [4]118
par	前 [5]62
par an	[5]63
par avion	[5]62
par ici	副 [5]72
par la fenêtre	[5]62
par M. Mishima	[5]63
paraître	自 [4]87
parapluie	男 [5]32
parc	男 [5]35
pardon	*[3]254*
Pardon(?)	[5]4
pardonner	他 [3]254
pareil(le)	形 [4]99
parents	男 複 [5]27
paresse	*[3]252*
paresser	*[3]252*
paresseux(se)	形 男 女 [3]252
parfait(e)	形 [4]113
parfaitement	*[4]113*
parfois	副 [4]86
Paris	*[5]59, 70*
parler	他 自 [5]52, *68*
parler à M. Suzuki	[5]59
parler de ce problème	[5]60
parmi	前 [4]101
part	女 *[5]72*, [4]89
participation	*[4]150*
participer	自 [4]150

particulier(ère) 形 [4]109	*perfection* *[4]113*
particulièrement *[4]109*	période 女 [4]142
partie 女 [5]36	*périodique* *[4]142*
partir 自 [5]49, 70, *[4]131*	*périodiquement* *[4]142*
partir pour Osaka [5]62	permanent(e) 形 女 [3]235
partout 副 [5]72	permettre 他 [4]97, *[3]198*
pas 副 [5]77	permis 男 形 [3]198
pas 男 [4]85	*permission* *[4]98*
pas du tout 副 [5]77	personnage 男 [3]201
passeport 男 [5]34	personne 女 [5]26, *[4]103*
passer 自 他 [5]49, 68	personnel(le) 形 [4]103
patiemment *[3]214*	*personnellement* *[4]103*
patience 女 [3]214	peser 他 自 代動 [4]148
patient(e) *[3]214*	petit déjeuner 男 [5]13
patin *[3]260*	petit(e) 形 [5]38
patinage 男 [3]260	pétrole 男 [3]244
patron(ne) 男 女 [3]249	*pétrolier(ère)* *[3]244*
pauvre 形 [5]39	peu (de) 副 [5]73
paye 女 [4]85	peur 女 [5]29, *30*
payer 他 [5]48	peut-être 副 [5]76
pays 男 [4]92	pharmacie 女 [4]168
paysage 男 [3]232	*pharmacien(ne)* *[4]168*
péché 男 [3]223	photo 女 [5]31
pêche 女 [4]121	phrase 女 [4]174
pécher *[3]223*	piano 男 [5]31
peindre *[4]111*	pièce 女 [5]9
peine 女 [4]91	pied 男 [5]25, *59*
peinture 女 [4]111	piéton 男 [3]253
pendant 前 [5]65	*piétonnier(ère)* *[3]253*
pendant plusieurs années [5]65	pire 形 [5]40
	piscine 女 [4]149
pendant six mois [5]65	place 女 [5]35
penser 自 他 [5]58, 68	plafond 男 [3]251
penser à vous [5]59	plage 女 [4]149
perdre 他 代動 [4]84	plaire 自 代動 *[5]5, 47,* [4]90
père 男 [5]27, *60*	

単語索引

見出し語	品詞 [級] 頁数
plaisir	男 *[5]2, 62*, [4]90, 95
plan	男 [4]114
plan(e)	*[4]114*
plat(e)	男 形 [4]109
plein(e)	形 [4]90
pleinement	*[4]90*
pleurer	自 [5]53
pleuvoir	非 [5]46
pluie	女 [5]17, 65
plupart	女 [4]144
plus	副 [5]77
plusieurs	形 代 *[5]65*, [3]197
plutôt	副 [5]77
poème	男 [3]221
poids	*[4]148*
point	男 [5]8
poisson	男 [5]14
poivre	男 [3]224
poli(e)	形 [3]220
poliment	*[3]220*
politesse	*[3]220*
pomme	女 [4]99
pont	男 [4]123
populaire	形 [4]149
port	男 [4]136
porte	女 [5]9, 66
porter	他 [5]55
poser	他 [5]56
posséder	他 [3]218
possession	*[3]218*
possibilité	女 [3]204
possible	形 [5]39, *[3]204*
poste	女 [4]95, *[3]243*
poster	他 [3]243
poulet	男 [5]14
pour	前 [5]62, *[4]173*
pour cent	[4]172
pour ou contre	[5]66
pour quelques jours	[5]62
pour son âge	[5]62
pour toi	[5]62
pourquoi	疑 副 [5]71
Pourquoi?	[5]71
pourtant	副 [4]86
pousser	他 代動 [5]56, [4]98
pouvoir	他 [5]46
pratique	形 女 [4]128, *[3]225*
pratiquement	*[4]128, [3]225*
pratiquer	他 [3]225
précaution	女 [3]250
précautionneux(se)	*[3]250*
précieusement	*[3]208*
précieux(se)	形 [3]207
précis(e)	形 [3]214
précisément	*[3]214*
préciser	*[3]214*
préférence	*[4]99*
préférer	他 [5]47, *[4]99*
premier(ère)	男 女 形 [5]45, 81
prendre	他 [5]55
préparer	他 [5]54
près (d'ici)	副 [5]72
présence	女 [3]227
présent(e)	男 形 [4]148, *[3]227*
présenter	他 代動 [5]57
président	男 [4]171
presque	副 [5]73
pressé(e)	形 [4]134

presser	他 自 代動 [4]134	propre	形 [5]42, [3]202
prêt(e)	形 [4]135	*proprement*	*[3]202*
prêter	他 [4]143	*propreté*	*[3]202*
prévenir	他 [3]180	*protection*	*[3]229*
prévision	*[3]188*	protéger	他 代動 [3]229
prévoir	他 [3]188	*protestation*	*[3]244*
prier	*[5]4*	protester	自 [3]244
principal	形 男 [4]124	public(que)	形 [4]103, *[3]244*
principalement	*[4]124*	*publication*	*[3]244*
printemps	男 [5]20, *59*	publier	他 [3]244
prioritaire	*[3]259*	puis	副 [5]76
priorité	女 [3]259	puisque	接 [3]197
privé(e)	形 [4]103	pull-over	男 [4]166
prix	男 [4]90	pur(e)	形 [3]192
probable	形 [3]247	*pureté*	*[3]192*
probablement	*[3]247*	**[Q]**	
problème	男 *[5]60*, [4]132	Qu'en pensez-vous?	[5]68
prochain(e)	形 [5]45, [4]115	Qu'est-ce que c'est?	[5]68
prochainement	*[4]115*	Qu'est-ce qui s'est passé? [5]68	
producteur(trice)	*[3]228*	quai	男 [3]185
production	女 [3]228	qualité	女 [4]108
produire	*[3]228*	quand	疑 副 [5]70
produit	*[3]228*	Quand partez-vous?	[5]70
professeur	男 [5]24	quarante	男 形 [5]80
profession	女 [3]235	quart	男 [5]81
professionnel(le)	*[3]236*	quatorze	男 形 [5]79
programme	男 [4]143	quatre	男 形 [5]79
progrès	男 [3]223	quatre saisons [5]19	
progresser	*[3]223*	quatre-vingts	男 形 [5]80
projet	男 [4]151	quatre-vingt-dix	男 形 [5]80
prolonger	他 代動 [3]253	quatrième	男 女 形 [5]81
promenade	女 [5]34, *[4]120*	que (quoi)	疑 代 [5]68
promener	代動 [4]120	Que faites-vous?	[5]68
promeneur(se)	*[4]120*	Que faites-vous (dans la vie)?	
proposer	他 代動 [3]178		[5]68
proposition	*[3]178*	Quel âge avez-vous?	[5]69

単語索引

見出し語 品詞 [級] 頁数

Quel est mon verre? [5]69	rapporter 他 代動 [3]223
Quel temps fait-il? [5]69	rare 形 [4]115
quel(le) 疑 形 [5]69	rarement 副 [5]75, *[4]115*
Quelle est la date aujourd'hui? [5]69	rater 他 [3]203
	ravi(e) 形 [4]172
Quelle heure est-il? [5]69	*réalisateur(trice)* *[3]190*
quelque 形 [5]42	*réalisation* *[3]190*
quelqu'un 代 [5]37	réaliser 他 代動 [3]190
quelque chose 代 [5]37	*réaliste* *[3]190*
quelque part 副 [5]72	*réalité* *[3]204*
quelquefois 副 [5]78	récemment 副 [4]170, *[3]243*
quelques *[5]62*	récent(e) 形 *[4]170,* [3]243
question 女 [5]8	*réception* *[4]89*
queue 女 [4]138	recette 女 [3]245
qui 疑 代 [5]68	recevoir 他 [5]51, [4]89
Qui (Qui est-ce qui) a dit cela? [5]68	*recherche* *[4]158*
	rechercher 他 [4]158
Qui est-ce? [5]68	*recommandation* *[4]161*
Qui est-ce que tu aimes le mieux? [5]68	recommander 他 [4]161
	recommencer 他 自 [4]117
quinze 男 形 [5]79	*reconnaissance* *[3]248*
quitter *[5]4*	reconnaître 他 [3]248
quoi 疑 代 [5]68	réduction 女 *[3]184,* 231
quotidien(ne) 形 男 [4]153	réduire 他 [3]184, *231*
[R]	*réduit(e)* *[3]184*
raconter 他 [4]172	réel(le) 形 [3]204
radio 女 [5]9	*réellement* *[3]204*
raison 女 [5]29, *30*	réfléchir 自 [3]212
ralentir 自 他 代動 [3]242	*réflexion* *[3]212*
ramassage *[3]250*	réfrigérateur 男 [4]173
ramasser 他 [3]250	*refus* *[4]121*
rangement *[3]209*	refuser 他 [4]121
ranger 他 [3]209	regarder 他 [5]47
rapide 形 [5]39	régime 男 [3]207
rappeler 他 代動 [5]57	région 女 [3]192
rapport *[3]223*	*régional(ale)* *[3]192*

288 deux cent quatre-vingt-huit

règle	女[3]221	reprendre	他 自[3]239
règlement	*[3]221*	représentant(e)	男 女[3]255
régler	*[3]221*	*représenter*	*[3]255*
regret	*[3]189*	*républicain(e)*	*[3]238*
regrettable	*[3]189*	république	女[3]238
regretter	他[3]189	*réservation*	*[4]116*
régulier(ère)	形[3]201	réserver	他[4]116
régulièrement	副[3]201	*respect*	*[4]85*
rejoindre	他[3]206	respecter	他[4]85
religieux(se)	*[3]207*	*responsabilité*	*[4]126*
religion	女[3]207	responsable	形 男 女[4]126
remarquer	他[4]105	*ressemblance*	*[4]128*
remerciement	*[3]190*	ressembler	自 代動[4]128
remercier	他[3]190	restaurant	男[5]12
remettre	他 代動[3]210	reste	男[4]160
remonter	自[3]258	rester	自[5]50, *71*, *[4]160*
remplir	他[3]193	résultat	男[4]124
rencontre	*[4]111*	*résulter*	*[4]124*
rencontrer	他 代動[5]56, [4]111	retard	男[4]135
		retenir	他 代動[3]251
rendez-vous	男 *[5]30*, 33	retirer	他 代動[3]251
rendre	他 代動[4]84	retour	男[4]136, *[3]214*
renseignement	男[3]205, *212*	retourner	他 自 代動
renseigner	他 代動*[3]205*,211		*[4]136*, [3]214
rentrer	自[5]49	retraite	女[4]126, *[3]252*
réparation	*[3]238*	retrouver	他 代動[4]104
réparer	他[3]238	réunion	女[4]138
repartir	自[4]171	*réunir*	*[4]138*
repas	男[5]13	réussir	自 他[5]54, [4]104
répéter	他[4]107	*réussite*	*[4]104*
répétition	*[4]107*	rêve	男[4]154
répondeur	男[4]156	*réveil*	*[4]98*
répondre	自 他[4]142, *156*	réveiller	代動 *[5]56*, [4]98
réponse	女[4]143	revenir	自[5]49, [4]84
repos	男 *[4]135*, 157	*rêver*	*[4]154*
reposer	代動[4]135, *157*	revoir	他 *[5]2*, 56

単語索引

見出し語	品詞 [級] 頁数
revue	女[4]150
rez-de-chaussée	男[4]142
riche	形[5]39, [4]115
richesse	*[4]115*
rideau	男[4]145
ridicule	形[3]224
rien	代*[5]4*, 37
rire	自 男[4]91
rive	女[3]230
rivière	女[5]16, *64*
robe	女[5]15
rôle	男[3]200
rond(e)	形 男[4]117
rose	男 女 形[5]82
rouge	男 形[5]82
route	女[4]87
routier(ère)	*[4]87*
rue	女[5]35
Russie	女[5]7
russe	*[5]7*
Russe	*[5]7*

[S]

s'amuser	*[4]101*
s'asseoir	代動[4]110, *154*
s'efforcer	*[4]126*
S'il vous plaît.	[5]5
s'inquiéter	*[3]217*
sac	男[5]15
sage	形[4]127
sagement	*[4]127*
sagesse	*[4]127*
sain(e)	*[4]126*
saigner	*[3]179*
saison	女[5]19
salade	女[4]135
sale	形[5]42, [3]181
salé(e)	*[4]144*
salement	*[3]181*
salle	女[5]9
salon	男[4]123
Salut!	[5]2
samedi	男[5]23
sang	男[3]179
sanguin(e)	*[3]179*
sans	前[5]67
sans votre aide	[5]67
santé	女[4]126
s'arrêter	代動[5]54
sauf	前 形[5]65, [3]205
sauf moi	[5]65
saut	*[3]258*
sauter	自[3]258
sauver	他 代動[3]250
savoir	他[5]47
savon	男[4]168
scène	女[3]181
science	女[4]138
scientifique	*[4]138*
scolaire	形[3]219
se baigner	代動[4]132
se connaître	代動[5]58
se coucher	代動[5]48
se décider	代動[5]58
se dépêcher	代動[4]98
se doucher	代動[3]252
se fiancer	*[4]159*
se figurer	*[4]125*
se laver	代動[5]54, *[4]174*
se lever	代動[5]56
se marier	代動[5]56, *[4]98*
se moquer	代動[3]215
se passer	代動[5]49, *68*

se promener	代動 [4]120	service	男 [5]33, *[4]88*
se rencontrer	代動 [5]56	servir	他 自 代動
se reposer	代動 [4]135, *157*		[5]48, [4]88
se retirer	*[4]126*	seul(e)	形 [5]45
se réveiller	代動 [5]56, [4]98	seulement	副 [5]76
se souvenir	代動 [5]58, [4]100	sévère	形 [3]218
sec (sèche)	形 [5]44	*sévérité*	*[3]218*
second(e)	男 女 形 [5]81	sexe	男 [3]255
seconde	女 [4]169	*sexuel(le)*	*[3]255*
secourir	*[3]221*	si	副 [5]76
secours	男 [3]221	Si.	[5]2
secret(ète)	形 [4]137	siècle	男 [4]144
secrétaire	[5]24	siège	男 [3]188
secrètement	*[4]137*	*signal*	*[3]216*
sécurité	女 [3]228	signaler	他 [3]216
seize	男 形 [5]79	silence	男 [3]206
séjour	男 [4]157	*silencieux(se)*	*[3]206*
séjourner	*[4]157*	simple	形 [5]43
sel	男 [4]144	sincère	形 [3]256
selon	前 [3]182	*sincèrement*	*[3]256*
semaine	女 [5]23	*sincérité*	*[3]256*
sembler	自 [4]115	s'intéresser	代動 [5]56
sens	男 [4]91	situation	女 [4]120, *[3]235*
sensationnel(le)	形 [4]175	situé(e)	形 [3]235
sentiment	男 [4]139	*situer*	*[3]235*
sentir	他 [5]47, *[4]139*	six	男 形 *[5]65*, 79
séparation	*[3]182*	sixième	男 女 形 [5]81
séparément	*[3]182*	ski	男 [5]31
séparer	他 代動 [3]182	social	形 [4]124, *[3]184*
sept	男 形 *[5]59*, 79	société	女 *[4]124*, [3]184
septembre	男 [5]21	*sociologie*	*[4]124*
septième	男 女 形 [5]81	sœur	女 [5]27
sérieux(se)	*[4]112*	soif	女 [5]29, *30*
sérieusement	副 [4]112, *113*	soigner	他 代動 [3]212
sérieux(se)	形 男 [4]112	*soigneusement*	*[3]212*
serrer	他 代動 [3]191	*soigneux(se)*	*[3]212*

単語索引

見出し語	品詞 [級] 頁数
soin	男 複 [3]205
soir	男 [5]18
soirée	女 [5]18, [4]139
soixante	男 形 [5]80
soixante-dix	男 形 [5]80
solaire	形 *[4]97*, [3]238
soleil	男 [5]17, *[4]97*, *[3]238*
solide	形 [3]194
solidité	*[3]194*
solution	女 [3]227
sombre	形 [5]39, [4]172
somme	女 [3]210
sommeil	男 [5]29, 30
sonner	自 [3]204
sonnette	*[3]205*
sort	男 [3]247
sorte	女 [4]99
sorti(e)	*[3]192*
sortie	女 *[4]124*, [3]192
sortir	自 他 [5]49, *[3]192*
souci	男 [3]193
soucieux(se)	*[3]193*
soudain(e)	形 副 [3]209
soudainement	*[3]209*
souffrance	*[3]181*
souffrir	自 [3]181
souhaitable	*[4]159*
souhaiter	他 [4]158
soupe	女 [5]13
source	女 [3]232
sourire	自 男 [4]137
sous	前 [5]65
sous la pluie	[5]65
sous le bureau	[5]65
soutenir	他 [3]241
soutien	*[3]241*
souvenir	代動 *[5]58*, [4]100
souvent	副 [5]75
spécial	形 [3]184
spécialement	*[3]184*
spécialiste	*[3]185*
spécialité	*[3]185*
sport	男 [5]31, *[4]169*
sportif(ve)	形 男 [4]169
stage	男 [3]246
stagiaire	*[3]246*
station	女 [5]10, [4]134
stationnement	*[3]245*
stationner	自 [3]245
steak	男 [5]14
studieux(se)	形 [3]257
studio	男 [4]133
stylo	男 [5]8
succès	男 [4]144
sucre	男 [4]145
sud	男 形 [5]37
suffire	自 [4]116
suffisant(e)	*[4]116*
suffisamment	*[4]116*
Suisse	女 [5]7
suite	*[5]73*
suivant(e)	形 前 [3]197
suivre	他 [4]94
sujet	男 [3]216
superbe	形 [3]260
supérieur(e)	形 [3]183
supériorité	*[3]183*
supermarché	男 [4]167
supplément	*[3]228*
supplémentaire	男 [3]228
supposer	他 [3]189
supposition	*[3]189*

sur	前[5]64	télégramme	男[4]170
sur la rivière	[5]64	*télégraphier*	*[4]170*
sur la table	[5]64	téléphoner	自[5]57
sûr(e)	形 *[5]2, 43,* *[3]187, 228*	télévision	女[5]9
		tellement	副[4]135
sûrement	副[3]187	température	女[3]215
surface	女[3]230	temps	男[5]19, *59, 69,* *71, 74*
surprendre	*[3]222*		
surpris(e)	*[5]60*	tendre	他 自 代動 [4]110
surprise	女[3]222	tendre	形[4]125
surtout	副[5]76	*tendrement*	*[4]125*
surveillance	*[3]187*	*tendresse*	*[4]125*
surveiller	他[3]187	*tendu(e)*	*[4]110*
sympathie	*[4]138*	tenir	他 自 [4]84
sympathique	形[4]136	tennis	男[5]31
syndicat	男[3]187	*tentation*	*[3]226*
systématique	*[3]240*	*tentative*	*[3]226*
système	男[3]240	tenter	他[3]226
[T]		terminer	他 代動 [4]133
tabac	男[5]34	terre	女[5]17
table	女[5]9, 64	terrible	形[3]178
tableau	男[5]32	*terriblement*	*[3]178*
tâche	女[3]217	tête	女[5]25
taille	女[4]140	thé	男[5]14, *60*
talent	男[4]156	théâtre	男[5]12
tandis que	接句[3]198	ticket	男[3]241
tant	副[5]76	timbre	男[5]31
tante	女[5]28	timide	形 男 女 [3]230
taper	他[4]131	*timidité*	*[3]230*
tapis	男[3]184	tirer	他 代動 [5]56, [4]87
tard	副[5]78, *[4]173*		
tarder	自[4]173	tissu	男[3]180
tarif	男[4]169	toile	女[3]215
tasse	女 *[5]60*, [3]203	*toilettes*	*[5]70*
taxi	男[5]10	toit	男[3]251
tel(le)	形[5]43	tomber	自[5]50

単語索引

| 見出し語 | 品詞 [級] 頁数 |

見出し語	品詞 [級] 頁数
tort	[5]30
tôt	副 [5]78
toucher	他 自 [4]119
toujours	副 [5]75
tour	男 [5]36, [4]87
tourisme	[4]162
touriste	男 女 [4]162
touristique	形 [4]162
tourner	他 自 [4]87
tous les deux ans	副 [5]74
tous les deux jours	副 [5]74
tousser	自 [3]252
tout	[5]3, 77
tout à coup	副 [5]73
tout à l'heure	副 [5]73
tout d'abord	副 [5]73
tout de suite	副 [5]73
tout(e)	形 [5]45
toutefois	副 [3]182
toux	[3]252
traduction	[3]243
traduire	他 [3]243
train	男 [5]10, 61
tranquille	形 [4]114
tranquillité	[4]114
transformation	[3]210
transformer	他 代動 [3]210
transmettre	他 代動 [3]182
transmission	[3]182
transport	男 [3]212, 252
transporter	他 [3]212, 252
travail	男 [5]8, 24
travailler	自 他 [5]54
traversée	[4]136
traverser	他 [4]136
treize	男 形 [5]79
tremblement	男 [4]138, [3]231
trembler	自 [3]231
trente	男 形 [5]80
très	副 [5]76
triste	形 [5]44
trois	男 形 [5]74, 79
troisième	男 女 形 [5]81
tromper	他 代動 [4]116
trop	副 [5]73
trouver	他 [5]54
tuer	他 代動 [4]102
tueur(se)	[4]102
type	男 [3]208
typique	[3]208

[U]

un, une	男 形 [5]79
un peu (de)	副 [5]73
une lettre de mon père	[5]60
une tasse de thé	[5]60
unième	[5]81
unique	形 [3]211
uniquement	[3]211
unité	女 [3]248
université	女 [5]8
urgence	女 [3]238
urgent(e)	[3]238
usine	女 [4]117

[V]

vacances	女 複 [5]4, 34
vache	女 [3]219
valeur	女 [4]91, 117
valise	女 [4]153
valoir	自 [4]91, 117
vélo	男 [5]32
vendre	他 [5]48, [4]142
vendredi	男 [5]23

venir	自 [5]49, *60, 70*	visite	女 [4]130
venir de France	[5]60	visiter	他 [5]56
venir du Canada	[5]60	vite	副 [5]78, *[4]119*
vent	男 [4]118	vitesse	女 [4]119
vente	女 [4]142	vivre	自 他 [4]88
ventre	男 [4]97	voici	副 [5]78
vérifier	他 [3]251	voilà	副 [5]78
véritable	*[4]118*	voir	他 [5]47
véritablement	*[4]118*	voisin(e)	形 男 女 [4]128
vérité	女 [4]118	*voisinage*	*[4]128*
verre	男 *[5]69*, [4]127	voiture	女 [5]10
vers	前 [5]67	voix	女 [4]123
vers midi	[5]67	volcan	男 [3]253
verser	他 [3]209	*volcanique*	*[3]253*
vert(e)	男 形 [5]82	voler	自 他 [4]114, *138*
veste	女 [5]15, [3]202	voleur(se)	男 女 *[4]114*, 138
vêtement	男 [5]15	volonté	女 [3]191
viande	女 [5]14	volontiers	副 [4]104
victime	女 [3]232	*vote*	*[3]243*
vide	形 男 [4]101	voter	自 他 [3]242
vider	*[4]101*	vouloir	他 [5]46
vie	女 [5]24, *68*	voyage	男 *[5]4*,34, *[3]202*
vieillesse	*[4]140*	*voyager*	*[3]202*
vieux (vieille)	形 [5]41	voyageur(se)	男 女 [3]202
vif(ve)	形 [3]234	vrai(e)	形 [5]40
vigne	女 [3]259	vraiment	副 [5]78
village	男 [5]36	vue	女 複 [4]95
ville	女 [5]35	**[W]**	
vin	男 [5]14, *[3]259*	week-end	男 [5]23
vingt	男 形 [5]80	**[Y]**	
vingt et unième		y	副詞的代 中性代 [4]86
	男 女 形 [5]81	yeux	男 複 [5]25
vingtième	男 女 形 [5]81	**[Z]**	
violet(te)	男 形 [5]82	zéro	男 [5]79
violon	男 [5]31		
visage	男 [4]105		

＊重版にあたり，小幡谷友二先生に丁寧な誤植チェックをしていただきました．心から感謝申しあげます．

装丁　平松　花梨

編著	久松 健一	明治大学の教壇にたつ.『ケータイ〈万能〉フランス語文法』『英語がわかればフランス語はできる』(中国語翻訳版:『懂英語就會説法語』)『英語・フランス語どちらも話せる![基礎エクササイズ篇]』などの著書で知られる.

著者　(2005年度　明治大学商学部・久松教養ゼミ生)
　　　織田大原 希美　　角丸 雄亮　　澤田 知枝
　　　高橋 未来　　　　塚原 慶子　　本多 杏

編集　目時 美穂

《データ本位》でる順仏検単語集
5級〜2級準備レベル

2006年 5月30日　初版発行
2017年12月24日　18刷発行

編著者 ⓒ 久　松　健　一
発行者　　井　田　洋　二
組　版　㈱フォレスト
印　刷　三友印刷㈱
発行所　㈱駿河台出版社
〒101-0062 東京都千代田区神田駿河台3の7
電話 03(3291)1676番／FAX 03(3291)1675番
振替 00190-3-56669
edit@e-surugadai.com
http://www.e-surugadai.com

ISBN 978-4-411-00501-4 C1085

JCOPY <(社)出版者著作権管理機構　委託出版物>

本書の無断複写は,著作権法上での例外を除き,禁じられています.複写される場合は,そのつど事前に,(社)出版者著作権管理機構(電話 03-3513-6969, FAX 03-3513-6979, e-mail: info@jcopy.or.jp) の許諾を得てください.

駿河台出版社 参考書

ロベール・クレ仏和辞典	西村牧夫／鳥居正文ほか編訳	3200円
新・リュミエール—フランス文法参考書—(MP3 CD-ROM付)	森本英夫／三野博司著	2100円
ケータイ〈万能〉フランス語文法	久松健一著	1600円
ケータイ〈万能〉フランス語文法実践講義ノート	久松健一著	2500円
最強の使える動詞59(CD付)	藤田裕二／小林拓也著	1900円
はじめての超カンタンフランス語(MP3 CD-ROM付)	塚越敦子著	1500円
10日間でフランス語のスペルが読める！(CD付)	大岩昌子著	1800円
聞けちゃう，書けちゃう，フランス語ドリル(MP3 CD-ROM付)	富田正二／S.ジュンタ／M.サガズ著	2300円
耳から覚えるカンタン！フランス語文法	國枝孝弘著	1700円
宇宙人のためのフランス語会話(CD・CD-ROM付)	國枝孝広監修・著	1800円
自然なフランス語の上達法教えます(CD付)	久田原泰子／C.モレル著	2300円
検索一発フランス語	杉村裕史著	2100円
ダジャ単 シル・ヴ・プレ	フランス語ダジャ単編集委員会編	1500円
教えて仏検先生(CD付)	久松健一監修	5級1800円／4級1900円／3級2000円
《暗記本位》フランス語動詞活用表—仏検対応5・4・3級(CD付)—	久松健一著	1200円
リカのフランス語単語帳500(CD付)	田中成和／渡辺隆司著	1000／各1900円
ヴォキャビュレール・ヴォキャビュレール(CD付)	大久保正憲／今関アン／小野ゆり子編著	2200円
フランス語単語の力を本当につけられるのはコレだ！—基礎養成編・応用編—	早川／小幡谷／久松著	各1900円
〈データ本位〉でる順 仏検単語集—5級～2級準備レベル—	久松健一著	1500円
〈仏検2級対応〉でる順 仏検単語集(CD付)	久松健一／P.マンジュマタン著	1900円
〈仏検2級・3級対応〉フランス語重要表現・熟語集	久松健一著	1800円
英語がわかればフランス語はできる！(CD付)	久松健一著	2000円
かしこい旅のパリガイド(CD付)	田中成和／渡辺隆司著	1500円
徹底攻略仏検準2級(MP3 CD-ROM付)	塚越敦子／太原孝英／大場静枝／佐藤淳一著	2300円
完全予想仏検2級	富田正二著	筆記問題編 2600円／聞きとり問題編(CD付)2000円
完全予想仏検3級	富田正二著	筆記問題編 2200円／聞きとり問題編(CD付)2000円
完全予想仏検4級(CD付)	富田正二著	2600円
完全予想仏検5級(CD付)	富田正二著	3200円
フランス語のシッフル(数字)なんてこわくない！(CD付)	F.ギュマン著	2000円
これは似ている！英仏基本構文100＋95(英仏日CD付)	久松健一著	2100円

〒101-0062 東京都千代田区神田駿河台3の7 電話03(3291)1676／FAX03(3291)1675 (税抜)

http://www.e-surugadai.com